"十三五"应用型人才培养规划教材

# 大学生沟通艺术

张岩松 主编

清华大学出版社
北京

## 内 容 简 介

本书结构严谨,具有较强的指导性和可操作性。它以实际工作和职业能力作为圈定教材范围的标准,设计了认识沟通、沟通方式、沟通技能、沟通应用和跨文化沟通五章内容。为了帮助大学生掌握并在实践中更好地应用沟通知识和技巧,提高沟通能力和职业素养,每章前设计了"学习目标"和"案例导入"栏目,其中学习目标包括"知识与能力目标"和"思政目标",为教师突出"课程思政"提供指导;每章后设计了"案例讨论""实训项目"和"课后练习",以促进学训结合,更好地实现教学目标。

本书可作为本科及高职高专院校各专业学生沟通课程的教材,也是提高大学生沟通能力的自我训练手册,还可作为企事业单位培养员工沟通能力的培训用书。

本书封面贴有清华大学出版社防伪标签,无标签者不得销售。
版权所有,侵权必究。举报: 010-62782989, beiqinquan@tup.tsinghua.edu.cn。

图书在版编目(CIP)数据

大学生沟通艺术/张岩松主编. —北京: 清华大学出版社,2020(2023.8重印)
"十三五"应用型人才培养规划教材
ISBN 978-7-302-54155-4

Ⅰ. ①大… Ⅱ. ①张… Ⅲ. ①大学生-心理交往-能力培养-高等学校-教材 Ⅳ. ①G645.5

中国版本图书馆 CIP 数据核字(2019)第 250244 号

责任编辑: 张龙卿
封面设计: 范春燕
责任校对: 袁 芳
责任印制: 宋 林

出版发行: 清华大学出版社
网　　址: http://www.tup.com.cn, http://www.wqbook.com
地　　址: 北京清华大学学研大厦 A 座　　邮　　编: 100084
社 总 机: 010-83470000　　邮　　购: 010-62786544
投稿与读者服务: 010-62776969, c-service@tup.tsinghua.edu.cn
质量反馈: 010-62772015, zhiliang@tup.tsinghua.edu.cn
课件下载: http://www.tup.com.cn, 010-83470410

印 装 者: 北京鑫海金澳胶印有限公司
经　　销: 全国新华书店
开　　本: 185mm×260mm　　印　张: 16　　字　数: 355 千字
版　　次: 2020 年 1 月第 1 版　　印　次: 2023 年 8 月第 4 次印刷
定　　价: 49.00 元

产品编号: 083330-01

# FOREWORD 前言

习近平总书记在党的二十大报告中指出：教育、科技、人才是全面建设社会主义现代化国家的基础性、战略性支撑；必须坚持科技是第一生产力、人才是第一资源、创新是第一动力；深入实施科教兴国战略、人才强国战略、创新驱动发展战略，这三大战略共同服务于创新型国家的建设。

当今社会，沟通能力是一个人必须具备的重要能力之一。一个人能够与他人准确、及时地沟通，才能建立起牢固的、长久的人际关系，进而使自己在事业上左右逢源、如虎添翼，最终取得成功。因此，加强当代大学生的沟通能力，使之能够随时有效地与人沟通就显得尤为重要和迫切了，这既是新时代对大学生能力的呼唤和要求，也是大学生实现自我人生价值的有效手段之一。鉴于此，我们不揣浅薄，编写了本书。

全书在基本内容阐述中充实了大量"小贴士""小案例""小故事""小幽默""小训练"等栏目，适应了新时代读者碎片化阅读的特点，增加了全书的可读性、趣味性和实用性。

本书突出大学生职业能力培养，紧密结合其在职场工作中将遇到的沟通问题来确定教材内容。全书包括认识沟通、沟通方式、沟通技能、沟通应用和跨文化沟通五章内容。第一章介绍了沟通的概念、类型、作用、原则，以及沟通的过程与策略等沟通的基本问题；第二章介绍了语言沟通、非语言沟通和网络沟通等沟通方式；第三章介绍了倾听、提问、回答、赞美、说服、拒绝等沟通技能；第四章介绍了沟通在面试、职场和会议等不同领域的应用；第五章介绍了跨文化沟通的特点、障碍及克服的方法，并探讨了与不同国家人的沟通技巧。

本书由张岩松担任主编，刘晓燕、韩金担任副主编。具体分工如下：张岩松、韩金编写第一章；刘晓燕编写第二章和第三章；韩金编写第四章；韩金、薛大明编写第五章。全书由韩金统稿。

本书在编写过程中参考了大量文献，有些材料是参考互联网上发布或转发的信息，在此向各位作者表示衷心的感谢。

因编者水平所限，书中不足之处在所难免，敬请读者批评、指正。

编 者
2023 年 1 月

# CONTENTS 目录

## 第一章 认识沟通 …… 1
案例导入 …… 1
### 第一节 沟通的概念 …… 3
一、沟通的定义 …… 3
二、沟通的特点 …… 3
三、沟通的本质 …… 5
### 第二节 沟通的类型 …… 7
一、按照沟通方式划分 …… 7
二、按照组织系统划分 …… 8
三、按照信息流向划分 …… 9
四、按照是否进行反馈划分 …… 10
### 第三节 沟通的作用 …… 11
一、改善关系 …… 11
二、交换信息 …… 12
三、澄清事实 …… 12
四、相互学习 …… 13
五、提高效率 …… 13
### 第四节 沟通的原则 …… 14
一、尊重原则 …… 14
二、清晰原则 …… 15
三、理解原则 …… 15
四、宽容原则 …… 16
五、坦诚原则 …… 16
六、互利原则 …… 17
### 第五节 沟通的过程与策略 …… 17
一、沟通的过程模型 …… 17
二、沟通过程中的要素 …… 18
三、有效沟通的策略 …… 21
案例讨论 …… 24

实训项目 …………………………………………………………………… 26
课后练习 …………………………………………………………………… 28

## 第二章　沟通方式 …………………………………………………………… 29

案例导入 …………………………………………………………………… 29
### 第一节　语言沟通 ………………………………………………………… 30
一、有声语言沟通 …………………………………………………… 30
二、书面语言沟通 …………………………………………………… 51
### 第二节　非语言沟通 ……………………………………………………… 68
一、非语言沟通概述 ………………………………………………… 68
二、非语言沟通的作用 ……………………………………………… 71
三、非语言沟通的运用 ……………………………………………… 75
### 第三节　网络沟通 ………………………………………………………… 91
一、网络沟通的特点 ………………………………………………… 91
二、网络沟通的工具 ………………………………………………… 93
三、网络沟通的策略 ………………………………………………… 95
案例讨论 …………………………………………………………………… 96
实训项目 …………………………………………………………………… 99
课后练习 …………………………………………………………………… 103

## 第三章　沟通技能 …………………………………………………………… 104

案例导入 …………………………………………………………………… 104
### 第一节　倾听 ……………………………………………………………… 105
一、倾听的意义 ……………………………………………………… 105
二、倾听的障碍 ……………………………………………………… 108
三、倾听的策略 ……………………………………………………… 112
### 第二节　提问 ……………………………………………………………… 118
一、提问的作用 ……………………………………………………… 118
二、提问的原则 ……………………………………………………… 120
三、提问的方式 ……………………………………………………… 122
### 第三节　回答 ……………………………………………………………… 126
一、回答的作用 ……………………………………………………… 126
二、回答的原则 ……………………………………………………… 128
三、回答的方式 ……………………………………………………… 129
### 第四节　赞美 ……………………………………………………………… 134
一、赞美的类型 ……………………………………………………… 134
二、赞美的艺术 ……………………………………………………… 136
### 第五节　说服 ……………………………………………………………… 140

一、说服的条件 ……………………………………………………… 141
　　二、说服的方法 ……………………………………………………… 143
第六节　拒绝 …………………………………………………………… 148
　　一、拒绝的要求 ……………………………………………………… 149
　　二、拒绝的艺术 ……………………………………………………… 151
案例讨论 ………………………………………………………………… 154
实训项目 ………………………………………………………………… 158
课后练习 ………………………………………………………………… 160

## 第四章　沟通应用 …………………………………………………… 164

案例导入 ………………………………………………………………… 164
第一节　面试沟通 ……………………………………………………… 165
　　一、面试的沟通原则 ………………………………………………… 166
　　二、面试的沟通技巧 ………………………………………………… 168
第二节　职场沟通 ……………………………………………………… 176
　　一、与领导的沟通 …………………………………………………… 177
　　二、与同事的沟通 …………………………………………………… 188
　　三、与下属的沟通 …………………………………………………… 195
第三节　会议沟通 ……………………………………………………… 201
　　一、组织会议 ………………………………………………………… 202
　　二、主持会议 ………………………………………………………… 207
　　三、参加会议 ………………………………………………………… 211
案例讨论 ………………………………………………………………… 213
实训项目 ………………………………………………………………… 217
课后练习 ………………………………………………………………… 219

## 第五章　跨文化沟通 ………………………………………………… 222

案例导入 ………………………………………………………………… 222
第一节　文化与跨文化沟通 …………………………………………… 223
　　一、文化的含义及其构成 …………………………………………… 223
　　二、跨文化与跨文化沟通 …………………………………………… 224
　　三、跨文化沟通的特点 ……………………………………………… 226
第二节　跨文化沟通的障碍及克服的方法 …………………………… 228
　　一、跨文化沟通的障碍 ……………………………………………… 228
　　二、克服跨文化沟通障碍 …………………………………………… 232
第三节　与不同国家人的沟通 ………………………………………… 234
　　一、与法国人的沟通 ………………………………………………… 235
　　二、与英国人的沟通 ………………………………………………… 236

三、与德国人的沟通 ………………………………………………… 238
　　四、与美国人的沟通 ………………………………………………… 239
　　五、与日本人的沟通 ………………………………………………… 240
　案例讨论 ………………………………………………………………… 242
　实训项目 ………………………………………………………………… 244
　课后练习 ………………………………………………………………… 244

**参考文献** ……………………………………………………………………… 245

# 第一章
# 认识沟通

> 如果你有一个苹果,我有一个苹果,彼此交换,我们每个人仍然只有一个苹果;如果你有一种思想,我有一种思想,彼此交换,我们每个人就有了两种思想。
>
> ——[英]萧伯纳
>
> 沟通是把一个组织中的成员联系在一起以实现共同目标的手段。
>
> ——[美]巴纳德

## 学习目标

**知识与能力目标**：掌握沟通的定义、特点和本质；了解沟通的类型和作用；掌握沟通的原则；熟悉沟通的过程及要素；把握沟通过程中的障碍，在人际交往中提高克服各种沟通障碍的能力。

**思政目标**：沟通是教育之根，语言是沟通之魂，运用沟通的基本原理加强人际交流，协调人际关系，提高组织凝聚力和向心力。

## 案例导入

### 小王的烦恼

管理专家杜慕群曾在其著作中介绍了以下案例：小王大学毕业后进入某知名企业工作。工作的第一天，小王对公司情况有了一个大致了解，接受了一些内部培训，一周以后便开始上岗了。

（1）首次任务

两周过去了，小王逐渐熟悉了公司的情况。领导开始给小王分派任务了，交给小王的第一个任务他不是特别熟悉，并被告知一周后完成。由于小王对任务不熟悉，他感到无从下手。但领导此时出差在外，小王觉得不便打扰，所以并没有向领导请示，他自己用几天时间收集资料做了大致的了解。一周之后领导回来了，跟小王要资料，小王说这个任务他不是特别懂，希望领导给他点意见。谁知领导非常生气地训斥他："不懂可以打电话问，或者发邮件也可以，但是绝对不可以一周什么事情也不做！要主动和领导沟通！"当时小王就感觉有点无地自容了，但是也没多说什么，请领导多给他一周时间，他会尽力做好。

(2) 与外部门沟通

由于此次任务有很多事项需要和其他部门沟通,小王心想自己跟他们不熟,采用发邮件的方式会好些,只要把事情说明白就应该没有太大问题。因此,小王给别的部门同事发了邮件,其中有些还是外省公司代表处的。部分同事反应很快,将小王要的资料迅速回复给他。但外省公司可能由于经常在外面有销售活动未能及时回复,小王又发送邮件催了一次,对方依旧没有回复。这样,三天过去了,小王开始着急了,赶紧给他们打电话。接电话的人还算客气,但是说:"不好意思,你要的这些资料我这里暂时没有,而且我在外地出差,三天以后才有可能发给你,如果早点告诉我,情况会好点。"小王有点不知所措了,因为领导很快就会要资料,时间上已经来不及了。又过了一周,领导跟小王要报告。小王说:"由于部分分公司资料没给齐,暂时做不出来,需要延后几天。"领导质问道:"两周时间,他们资料还没给齐?"小王没有多作辩解,只是跟领导保证过几天将任务完成。

(3) 与领导沟通

又过了两天,小王好不容易将报告做出来了,他用邮件发给了领导。他以为有什么问题领导肯定会让他修改,因此就若无其事地等领导回复。但是两天过去了,一点儿动静都没有。小王心想:难道领导没收到邮件?因此又检查了一下邮箱,确定领导的确收到了邮件。一周过去了,领导又问他那份报告的事情,小王说:"一周前就给您发过去了。"领导埋怨说做完了怎么也不告诉他,他邮件很多,有时不一定会看到所有的邮件。小王觉得很委屈,明明自己辛苦完成的工作发给领导了,是领导自己没看,还怪罪他。

(4) 坐"冷板凳"

做完这份报告之后,领导也没提什么修改意见,也没安排什么任务,过了几天又出差了。小王有了属于自己的空闲时间,但是不知道上班要干点什么。两天之后领导回来了,小王本以为领导会安排一点任务给他,但领导并没有找他。他还是悠闲地等着领导给他安排任务。一周过去了,小王依然没有接到任何任务,领导似乎也不管他了。他开始有点担心了,但又顾忌到领导太忙,自己不敢去找领导主动要求安排任务,因此他就继续等待。晚上同事们加班,他也不得不留下来,尽管无事可做,但还是在那里耗时间。

(5) 沟通不畅,离职

又过了一周,小王进公司大概一个月的时间,领导总算来找小王了。小王十分忐忑,不知道领导会给他安排什么任务。可这次领导并没有提到工作的事情,只是跟小王谈工作态度问题。领导说:"小王啊,你来公司也已经有一个月了,有什么工作业绩没有啊?"小王说:"没什么,就完成了一个报告,还在等着您给我下达任务呢。"领导说:"小王,你是我亲自招聘进来的,本来我是很看好你的,然而我经过观察发现,你做事情最大的一个缺点就是不够积极主动,什么时候都要别人给你布置任务,你为什么不能主动来找我沟通工作问题呢?"小王此刻深受启发,但接下来在与领导的沟通上依旧没有什么大的改观。又过了一个月,试用期要结束了,小王也觉得在这里工作不受重用,没有什么激情,因此试用期还没过,小王就主动离职了。

## 第一章 认识沟通

**【问题】**

(1) 结合此案例谈谈沟通的意义体现在哪些方面。

(2) 在沟通上,你认为小王存在哪些问题?应该如何改进?

沟通是各种技能中最富有人性化的一种技能,社会就是由人与人之间相互沟通所形成的网络。沟通渗透于人们的一切活动之中,人们已经习惯于生活在沟通的汪洋大海中。很难设想要是没有沟通,人们该怎样生活。美国相关机构曾经对 25 名优秀的管理人员进行调查,发现他们有 76% 的工作时间是用于沟通的。在现代社会,沟通能力已经成为决定其职场竞争力的关键因素。

# 第一节 沟通的概念

### 王总经理的一天

王伟是一家公司的经理,下面我们看一下他一天的工作情况。

8:00 来到办公室,打开计算机开始处理、收发邮件。

8:20 开始批阅文件,然后开始撰写年度工作报告的提纲。

9:00 浏览了一个地区经理提交的关于改变某项工作流程的备忘录,于是决定要为这件事召开一次会议。

按照约定,他在 10:00 就新招聘员工的相关事宜听取了人力资源部经理小宋的汇报。

11:00 他亲自去机场迎接来自美国的客商,并与其共进午餐。

13:30 他引导美国客商去公司参观,并对进一步合作的事宜进行了磋商。

15:30 他接受了一名记者的采访。

16:00 他针对与美国客商合作事宜召集各部门经理开了一个紧急会议。

……

上述他一天中的每一件事情,都可以称为是一种"沟通"。

## 一、沟通的定义

沟通(Communication)是人们通过语言和非语言方式传递并理解信息、知识的过程,是人们了解他人思想、情感、见解和价值观的一种双向的互动过程,是将信息编译,通过各种媒介在人与人之间传递并得到理解和反馈的过程。

## 二、沟通的特点

**1. 沟通内容的多样性**

沟通不仅要传递信息,还要传递情感。在沟通的过程中,传递的信息包罗万象,可分为以下两点。

(1) 语言信息。包括口头语言信息和书面语言信息。

(2) 非语言信息。包括身体语言和辅助语言系统等,如语音、语调、语速,语言中的重音、停顿、语气等,这些因素都能够帮助传递大量的信息。

对于信息的传递,一个良好的沟通者应该能够区别出哪些是基于推论的信息,哪些是基于事实的信息。

**2. 沟通双方的参与性**

沟通既包括发送者对信息的传递,也包括接收者对信息的理解。如果发送者的信息和想法没有传递到接收者,那么沟通就没有发生。也就是说,说话者没有听众或作者没有读者,都不能构成沟通。因此,在沟通过程中,沟通双方都占有重要的地位,缺一不可。信息发送者要充分考虑信息接收者的知识经验、思维方式、文化水平,用对方熟悉的语言进行编码,确保所传递的信息能被接收方理解,才能达到沟通的目的。

**3. 沟通结果的不定性**

沟通并不意味着双方一定要达成一致的意见。人们常常错误地认为良好的沟通就是双方达成一致协议,而不知道真正的答案是准确理解信息的意义。沟通双方能否达成一致意见,对方是否接受信息发送者的观点,往往并不是沟通有效与否可以决定的,它还涉及双方根本利益是否一致、价值观念是否相似等其他关键因素,这样的案例在商业谈判中屡见不鲜。

**4. 有效沟通的双向性、互动性**

有效沟通是一个双向的、互动的反馈和理解的过程。人们每天都在与他人进行各种各样的沟通,但并不意味着每个人都是优秀的沟通者,也不是每一次沟通都会成功,这是因为有效沟通往往不是一个纯粹单向的沟通过程。有时你已经告诉对方自己所要表达的信息,但这并不意味着对方已经与你有效沟通了,因此,有效沟通是一个双向、互动的反馈和理解的过程。

**5. 沟通过程的完整性**

沟通是一个完整的过程。沟通过程始于信息源发出信息,终止于得到反馈。只有信息接收者准确理解了信息发送者的意思,沟通过程才算完成。即使有一个环节没有完成,都不算真正的沟通。[①]

📖 **【小故事】**

### 土著人的最高礼节

有一天,哈佛商学院的一位教授接到非洲土著人的请柬,邀请他到非洲讲授部落的竞争力战略。

教授为了表示对土著人的尊敬,准备了好几套西服上路。土著人为了表示对文明国度知名教授的尊敬,准备按照部落至高礼节欢迎他的到来。

讲课的第一天,教授西装革履地出现在土著人面前,讲了一整天,一直在冒汗。为什

---

① 丁宁. 管理沟通[M]. 北京:清华大学出版社,2011.

么呢？原来土著人以最高礼仪在听课——男女全部都一丝不挂，只戴着项圈，凡私处也只遮盖着树叶，在下面黑压压地站成一片。

第二天，教授的讲课同样也是一个冒汗的过程。为了入乡随俗，教授也脱得一丝不挂，只戴了个项圈，私处也只遮盖着树叶；但是土著人为了照顾教授的感情，吸取了头一天的教训，于是全部都西装革履。

直到第三天，双方做了很好的沟通，台上台下全穿西装，竞争力战略才顺利地传授下去。

【问题】 本案例对你有何启示？

## 三、沟通的本质

本质是指事物本身所固有的属性、面貌和发展的根本性质。事物的本质是隐蔽的，是通过现象来表现的。那么，沟通的本质是什么呢？显然，探寻沟通的本质必须从沟通活动的现象入手。从沟通的定义来看，沟通是信息的传递过程，由此可以引申为沟通的本质是交流信息。但这并没有真正揭示沟通的本质，只是从表面上认识沟通。可以说，对沟通本质的认知与理解，是树立沟通意识、运用沟通技巧进行有效沟通的关键问题或核心问题。

随着管理沟通理论与实务研究的不断深入，长期从事沟通教学研究和从事管理实践的专家、学者和实际工作者，开始探究沟通的本质问题。归纳起来主要有以下几种观点。

第一种观点认为：沟通的本质就是达成共识。福建中庚实业集团有限公司董事长助理吴铁认为："管理就是沟通并达成共识。因此，无论是对内做协调，还是对外公共关系的维护，最本质的东西是达成共识。"

第二种观点认为：管理沟通的本质是换位思考。持这一观点的是学者魏江。他在其编写的MBA教材《管理沟通——理念与技能》中，从"换位思考"这一沟通本质的角度探究了如何开展建设性沟通、沟通对象分析和自我分析。

第三种观点认为：坦诚是沟通的本质。新加坡（北京）中圣国脉管理咨询有限公司高级顾问曹勃认为："坦诚是沟通的本质和企业成功的核心要素。"

第四种观点认为：沟通的本质是信任。持这种观点的是英国的莱克斯曼（Laksman）教授等。国内学者赵波在其所著的《陷阱——中国企业案例启示录》中提出："由于信任属于意识领域，而沟通属于行为范畴，意识并不一定代表行为的必然发生。"他质疑："是在信任基础上产生有效沟通，还是在有效沟通基础上产生信任？"他提出了一个问题：即使完全信任，是不是就能达成有效沟通？他引用了一个古老王国的故事以供人们思考。

【小故事】

### 走向哪扇门

在一个古老的王国，美丽的公主爱上了英俊善良的青年侍卫。国王发现了他们之间的恋情，暴怒之下，将青年关进了监狱。

国王让青年做出这样的选择：在竞技场里，面对全国的百姓，他只能打开两扇门中的一扇,一扇门里是一头饥饿凶猛的狮子,打开后青年会被吃掉;另一扇门里是全国最为年轻美丽的少女,打开后整个王国将会为青年与少女举办盛大的婚礼。

在抉择的头天晚上,公主偷偷去监狱探望了青年。

青年并不知道哪扇门后面是狮子、哪扇门后面是少女,而公主也只是到了竞技场才探知到底细。当青年被带到竞技场时,他看到看台上的公主用眼神示意了其中的一道门,公主的眼神虽然矛盾复杂,然而却充满了浓浓爱意。那么,青年要选择走向哪扇门呢?

信任能否产生有效沟通?

他们是相互信任的,然而在此信任的基础上能否产生有效沟通?他们之间可能会有沟通,然而,在此特殊环境下,他们之间能否还会相互信任?

如果他们共同选择爱情,以死来抗争,公主示意里面有狮子的那扇门,青年会毫不迟疑地去打开,公主也会殉情,从此成就人世间一段伟大的爱情。

如果他们共同决定先活下去,公主会示意里面有少女的那扇门,青年也会极不情愿地去打开。从此,世间又多了一幕人间悲剧,演绎出悲欢离合。

这时,目标相同,信任与沟通是一致的。

然而,当青年选择以死抗争,而公主希望青年活下来时,结果会怎样呢?

她如果向青年示意里面有少女的那扇门,出于对公主的信任,青年会义无反顾地走向另一扇门。

正是担心这一点,出于对青年的了解与信任,她想应该示意里面有狮子的那扇门。她希望欺骗青年走向少女,从而挽救他的生命。可问题是,青年也可能会意识到这一点,从而导致他走向公主示意的那扇门(狮子)。

这时,公主已无法判断青年的选择,青年也难以把握公主的示意。因此,(在此问题上)他们对对方都难以再建立信任。

他们都陷入两难的境地。

**【点评】** 从这个故事中我们发现,当双方目标选择相同时,信任与沟通是保持一致的;而当双方目标选择不同时,信任并不一定能导致有效沟通,并且,沟通的结果反而可能招致互不信任产生。赵波也认为:"没有信任也就根本无法建立有效沟通。"但他又强调:"在企业里,有效沟通并不仅仅因为信任而产生,它必须通过建立有效机制来解决。"

通过以上分析,我们认为沟通的本质是基于共同目标,建立在信任基础上的坦诚交流。在关于员工和管理人员需求调查中,"信任感"通常被排在需求的第一位。没有信任,自然无法做到坦诚,没有坦诚也就不可能有效沟通。反之,有了信任,才能以诚相见;有了信任,才会换位思考;有了信任,才愿意倾心交谈、无所顾忌、畅所欲言。①

---

① 郭文臣.管理沟通[M].北京:清华大学出版社,2017.

# 第二节 沟通的类型

根据不同的标准,沟通的类型可以划分为以下几种。

## 一、按照沟通方式划分

按照沟通方式划分,沟通可分为口头沟通、书面沟通、非语言沟通、电子媒介沟通、手机媒体沟通等。各种沟通方式的比较如表 1-1 所示。

表 1-1 各种沟通方式的比较

| 沟通方式 | 举例 | 优点 | 缺点 |
| --- | --- | --- | --- |
| 口头 | 交谈、讲座、讨论会、电话 | 快速传递、快速反馈、信息量很大 | 传递中途经过层次越多,信息失真越严重,核实越困难 |
| 书面 | 报告、备忘录、信件、文件、内部期刊、布告 | 持久、有形,可以核实 | 效率低,缺乏反馈 |
| 非语言 | 声、光信号、体态、语调 | 信息意义十分明确,内涵丰富 | 传递距离有限,界限模糊,只可意会而不可言传 |
| 电子媒介 | 传真、闭路电视、计算机网络、电子邮件(E-mail) | 快速传递、信息容量大、一份信息可同时传递给多人,十分廉价 | 单向传递;电子邮件可以交流,但看不见表情 |
| 手机媒体 | 微信、QQ、短信 | 体积小巧,便于携带,隐蔽性好;普及率高,覆盖面广;手机功能强大,传播迅速 | 国内手机资费高、网速慢;手机用户结构复杂;手机传播中存在虚假、诈骗、色情、暴力等有害信息 |

【小案例】

### 病人面前莫摇头

医学院的主任带着学生到附属医院上临床实习课。一群穿白大褂的实习学生来到某一个病房前,主任说:"大家进去后,看一看这个病人的症状,仔细想想他得了什么病。知道的就点头,不知道的就摇头。大家不要多说话,免得吓着病人,明白了吗?"众实习生连忙点头,很怕给主任留下不良印象而影响成绩。病房中的病人本来只是轻微的肺积水,看到一大群穿着白大褂的"医生"走了进来,心中不免有几分紧张。

实习医生甲走进病房后,看了病人一会儿,咬着笔杆想了想,无奈地摇了摇头;换实习医生乙走进病房,把病人看来看去,判断不出该病人是何症状,想到自己可能要面临重修学业,眼角含着泪水摇了摇头;轮到实习医生丙,看了看病人,只是叹了一口气,一副垂头丧气的样子,摇摇头就走了出去;当实习医生丁开始看病人时,只见病人冲下床来,满脸泪水地跪着磕头说:"医生啊,请你救救我吧,我还不想死呀!"

【点评】 面对不同情况,应选择不同的沟通方式。不恰当的沟通方式,即使出发点是好的,其沟通结果也可能会适得其反。

## 二、按照组织系统划分

按照组织系统划分,沟通可分为正式沟通和非正式沟通。

**1. 正式沟通**

(1) 链式沟通。在链式沟通中,居于两端的人只能与邻近的一个成员联系,居中的人则可分别与其两侧的人沟通信息。

(2) 轮式沟通。轮式沟通网络在组织中代表一个主管直接管理部属的权威系统。

(3) 圆式沟通。此形态可以看成是链式沟通的一个封闭式控制结构,表示 5 个人之间依次联络和沟通。其中,每个人都可同时与两侧的人沟通信息。

(4) 全通道式沟通。这是一个开放式的网络系统,其中每两个成员之间都有一定的联系,彼此可随时沟通情况。此方式集中化程度很低。

(5) Y 链式沟通。Y 链式沟通中只有一个成员位于沟通的中心,成为沟通的媒介。在组织中,这一网络大体相当于组织领导、秘书班子再到下级主管人员或一般成员之间的纵向关系。

正式沟通方式如图 1-1 所示,各种正式沟通方式的比较如表 1-2 所示。

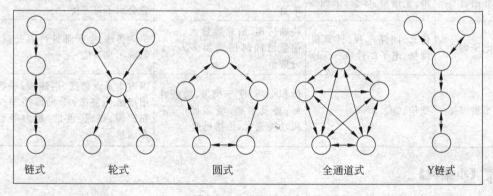

图 1-1　正式沟通方式

表 1-2　各种正式沟通方式的比较

| 沟通方式<br>沟通特点 | 链式 | 轮式 | 圆式 | 全通道式 | Y 链式 |
| --- | --- | --- | --- | --- | --- |
| 解决问题速度 | 较快 | 快 | 慢 | 快 | 中 |
| 正确性 | 高 | 高 | 低 | 中 | 高 |
| 突出领导者 | 相当显著 | 非常显著 | 不显著 | 无 | 中 |
| 士气 | 低 | 非常低 | 高 | 高 | 中 |

**2. 非正式沟通**

非正式沟通主要包括以下 4 种。

(1) 单线式沟通。单线式沟通的传播方式是通过一连串的人,把信息传播给最终的接收者。

（2）集中式沟通。集中式沟通的传播方式是把信息有选择地告诉自己的朋友或有关的人，这是一种藤式的沟通传递。

（3）偶然式沟通。偶然式沟通的传播方式是按偶然的机会来传播信息，有些人未接收到信息，这与个人的交际面有关。

（4）流言式沟通。流言式沟通的传播方式是一个人主动将信息传播给所有与他接触交往的人。

非正式沟通网络如图1-2所示。

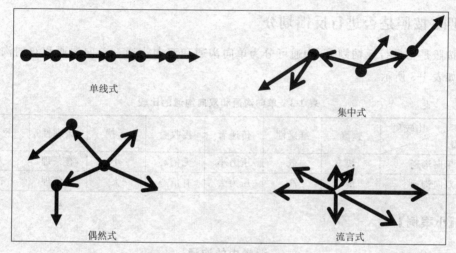

图1-2　非正式沟通网络

## 三、按照信息流向划分

按照信息流向划分，沟通可分为下行沟通、上行沟通和平行沟通。在群体和组织中，从一个层次向另外一个更低层次的沟通称为下行沟通。这主要是指管理人员对员工进行的沟通，包括管理者给下属分配任务、介绍工作，指导员工解决工作中出现的障碍，指出员工日常工作中的表现等。下行沟通不仅仅是口头沟通和面对面的接触，还包括书面沟通等。上行沟通是指员工向上级主管报告或建议的沟通。平行沟通是组织内部同阶层工作人员的横向联系。一般来说，组织由上而下的沟通渠道很多，而且主管们常拥有较多说话的机会，因此，下行沟通不需要鼓励就可以大行其道。相对而言，上行沟通在很大程度上被忽视了，沟通渠道也不够畅通。应该说，上行沟通可以增加职工的参与感，而平行沟通可以打破部门间各自为政的低效率局面。

**【小故事】**

### 获得工作评价

一个替人割草的男孩出价5美元，请他的朋友为他给一位老太太打电话。电话拨通后，男孩的朋友问道："您需不需要割草？"老太太回答说："不需要了，我已经有个割草工。"男孩的朋友又说："我会帮您拔掉花丛中的杂草。"老太太回答说："我的割草工已经做了。"男孩的朋友又说:"我会帮您把走道四周的草割齐。"老太太回答说:"我请的那个割草工也已经做了,他做得很好。谢谢你,我不需要新的割草工。"男孩的朋友便挂了电话,接着不解地问割草的男孩:"你不是就在老太太那儿割草打工吗?为什么还要打这个电话?"割草男孩说:"我只是想知道老太太对我工作的评价。"

【点评】 这个故事的寓意是:只有勤与老板或上级领导沟通,你才有可能知道自己的长处和短处,才能够了解自己的处境。但现实情况是,很多人因为怕领导打官腔,很少有人愿意去跟领导沟通,这就会对自己的发展产生一些影响!

## 四、按照是否进行反馈划分

按照是否进行反馈划分,沟通可分为单向沟通和双向沟通。单向沟通和双向沟通的比较如表1-3所示。

表1-3 单向沟通和双向沟通的比较

| 类型 \ 比较项 | 速度 | 准确性 | 传递者 | 接收者 | 干扰 | 条理性 | 反馈 |
| --- | --- | --- | --- | --- | --- | --- | --- |
| 单向沟通 | 快 | 低 | 压力小 | 无信心 | 小 | 有条理 | 无 |
| 双向沟通 | 慢 | 高 | 压力大 | 有信心 | 大 | 无条理 | 有 |

【小案例】

### 课堂中的沟通

阳阳是一个调皮的学生,常常在课堂上捣乱。有一天,第一节上音乐课,阳阳一会儿捅一下前面的同学,一会儿乱唱曲子,一会儿大声地翻音乐书,结果因为他不遵守纪律而导致全班同学被扣了一颗星。

朱老师上第二节的思想品德课,走在去教室的路上得知这件事。当她走进教室的时候,学生们便纷纷告状,诉说阳阳今天课堂上如何不好。而阳阳坐在位子上,低头不语,好似一个犯了天大错误的罪人。等学生们一一说罢,朱老师请阳阳到讲台上。阳阳慢吞吞地挪了上来,看上去情绪很低落。

"阳阳,我想听听你的想法。"朱老师说。

阳阳默不作声。

"那么,就让朱老师站在你的角度,感受一下你此时的内心想法吧!"朱老师关切地看着阳阳,继续说道,"我想,你听到同学们如此说你的问题,一定感到很没面子,你也一定没有想到同学们对你竟有如此大的意见。"阳阳一个劲地点头。

"那么,你认为同学们对你有这么大的意见,今后在班级里还有人愿意跟你做朋友吗?"

说到这里,阳阳的泪水"哗"地一下夺眶而出,一边抽泣一边说:"没有了,没有人愿意和我做朋友了!"

朱老师看时机成熟了,便因势利导,说道:"那么,如果你想让同学都认可你,愿意和你交朋友,今后上音乐课你应该如何做?"

阳阳一下子说了好多平时老师教育学生课堂上该如何遵守纪律的话。

朱老师听了很高兴，鼓励他："老师相信你能用实际行动来证明给同学们看！"

"好的，看我的吧！"看着灿烂的笑容重又回到阳阳的脸上，朱老师也笑了。

【问题】 朱老师与阳阳采用了何种沟通方式？有何特点？效果如何？

## 第三节　沟通的作用

【小训练】

看图回答问题（图1-3）。

图　1-3

【问题】

(1) 图1-3所示的漫画说明了什么问题？

(2) 如何避免以上问题的发生？

(3) 在生活中你有没有遇到过类似的情形？你是如何处理的？

沟通使人们彼此了解，相互理解，彼此谅解，相互认同。"了解自己，了解别人"是沟通的基本目的。沟通的意义主要体现在以下4个方面。

## 一、改善关系

沟通能够改善人际关系。美国前总统罗斯福曾说："成功的第一要素是懂得如何搞好人际关系。"有效的沟通可以帮助人们协调社会、生活、工作中的各种关系，并赢得和谐的人际关系，而和谐的人际关系又使沟通更加顺畅。可见，沟通和人际关系两者是相互促进、相辅相成的关系。

【小故事】

### 无声胜有声

据说，当美国前总统罗斯福的专用轿车被送到白宫时，造车工人也被介绍给总统。当总统兴高采烈地与前来参观的人寒暄之际，这位生性腼腆的工人一直默默地站在一旁。最后,他们要离去时,罗斯福找到这位造车工人,叫出了他的名字,并和他亲切握手、热情致谢。这位工人非常感动。这件事也成为罗斯福的美谈。从中可以看出总统与普通民众的密切关系。

## 二、交换信息

信息的采集、传送、整理、交换,无一不是沟通的构成。通过沟通,人们交换有意义、有价值的各种信息。英国作家萧伯纳有一个很好的比喻:"如果你有一个苹果,我有一个苹果,彼此交换,我们每个人仍然只有一个苹果;如果你有一种思想,我有一种思想,彼此交换,我们每个人就有了两种思想。"两种思想发生碰撞,甚至还可以产生出两种思想之外的其他思想。

【小故事】

### 法拉第与英国首相

法拉第发明电机时,留下一个有趣的插曲。他想让当时的英国首相威廉·哥拉德斯特对这个发明产生兴趣,以获取后援。因此,他拿着未完成的模型——那是个用电线缠在磁铁上的粗糙的东西,拜访了那位政治家。可是,哥拉德斯特首相对它并不感兴趣。

"这个发明究竟能干什么用呢?"首相问法拉第。

"将来,你可以通过它来增加税收。"这位伟大的科学家这样回答。

通过使用左右人类言行的最大杠杆,他达到了自己的目的,为他提供了完成试制任务的保证。

发明电机可谓是法拉第的汗水和智慧的结晶,如果有人问它的好处是什么,他可以洋洋洒洒地说出自己将来的理想和新的使用方法。

可是,那是法拉第自己的观点。他很清楚如果他说出这些,只能得到讪笑和抢白。

如果你希望让他人做些什么事情,也必须准确说出对他人来说有利的理由。这是说服他人的第一阶段。

【点评】 科学家法拉第发明电机,希望得到英国首相的支持。英国首相了解到这项发明可以有"增加税收"的作用,于是给予法拉第大力的支持,使法拉第发明电机的事业取得了成功。

## 三、澄清事实

沟通能够让人们达成一致的意见,可以澄清不同的观点、误解,可以避免相互的猜疑或第三方的挑拨,核实"小道消息"等。学会沟通,你的生活会更加快乐,工作会更加顺利。

【小案例】

### 陈经理的烦恼

陈经理新到一个企业做中层管理人员,上任3个月他就显示出突出的才能。可是他发现,自己的工作并没有得到充分的肯定和鼓励,反而招来了上司不断的质疑和不信任,于是他更加努力地工作,半年后终于取得了一些明显的成绩。这时上司找他认真地谈了一次话,表扬了他的工作业绩,提出了他存在的几个问题,其中最重要的一点就是缺乏沟通,举例之一是他很少主动进入上司的办公室谈工作进展。陈经理有些不解……

【点评】 上司明确指出陈经理"缺乏沟通",不知这位陈经理的烦恼是否消除了。不管怎样,陈经理应当学会沟通,掌握沟通艺术。

## 四、相互学习

沟通能够促进人们相互学习、相互补充知识的不足,能够明确对事物的看法,促进智力的发展,增强向他人学习的机会,学会多角度看问题。

【小案例】

### 高明的父亲

有一个男孩的脾气很坏,于是他的父亲就给了他一袋钉子,并且告诉他,每当他发脾气的时候就钉一颗钉子在后院的围篱上。

第一天,这个男孩钉下了37颗钉子。慢慢地,他每天钉下的钉子的数量减少了。他发现控制自己的脾气要比钉下那些钉子来得容易些。

终于有一天,这个男孩再也不会因失去耐性而乱发脾气,他决定告诉他的父亲这件事。而父亲告诉他,现在开始,每当他能控制自己脾气的时候,就拔出一颗钉子。

一天天过去了,最后男孩告诉他的父亲,他终于把所有的钉子都拔出来了。父亲握着他的手来到后院说:"你做得很好,我的孩子。但是看看那些围篱上的洞,这些围篱将永远不能恢复成从前的样子。你生气的时候说的话将像这些钉子一样留下疤痕。如果你拿刀子捅别人一刀,不管你说了多少次对不起,那个伤口将永远存在。话语的伤痛就像真实的伤痛一样令人无法承受。"

【点评】 高明的父亲,值得借鉴的家教,孩子在这样的家庭里生活,一天天学习,一步步进步,会健康、茁壮地成长起来。

## 五、提高效率

沟通有助于提高团队的效率。沟通是组织管理的基础,离开了沟通,管理功能的发挥以及管理目标的实现是不可能的。良好的沟通能够把个人的知识、专长和经验融合在一起,使其能够更好地与他人合作,从而构建一支高效的工作团队,取得事业的成功。

【小案例】

### 通用汽车公司的"全员决策"

通用汽车公司(GM)是全球最大的汽车公司之一,其核心汽车业务及子公司遍及全球。1981年,杰克·韦尔奇接任总裁后,认为公司管理得太多,而领导得太少,他曾说过:"工人对自己的工作比老板清楚得多,经理们最好不要横加干涉。"为此,他实行了"全员决策"制度,使那些平时没有机会相互交流的职工、中层管理人员都能出席决策讨论会。杰克·韦尔奇开展的"全员决策"消除了公司中官僚主义的弊端,减少了烦琐程序。实行"全员决策"后,通用汽车公司在经济不景气的情况下取得了巨大成功。杰克·韦尔奇本人被誉为全美最优秀的企业家之一。当企业的运营管理出现了新问题,管理者与被管理者,以及管理者与管理者、被管理者与被管理者之间必须通过良好、有效的沟通交流才能找准症结,并通过分析、讨论、决策,及时将管理问题解决。

## 第四节 沟通的原则

人们在社会生活中进行人际沟通和人际交往时,不仅要有良好的、正当的动机,遵循普遍的社会道德规范,而且还需要采取正确的方法并遵循一定的原则。

### 一、尊重原则

人人都有自尊心,都有受人尊重的需要,都期望得到别人的认可、注意和欣赏,这种需要的满足会增强人的自信心和上进心;反之则会使人失去自信,产生自卑,甚至影响其人际交往。因此,在沟通中首先要遵循相互尊重的原则。尊重原则要求沟通者讲究言行举止的礼貌,尊重对方的人格和自尊心,尊重对方的文化背景,这里既包括要善于运用相应的礼貌用语,如称呼语、迎候语、致谢语、致歉语、告别语、介绍语等;也包括遣词造句的谦恭得体、恰如其分,如多用委婉征询的语气;还包括平易近人、亲切自然的态度。尊重是不分对象的,学会善待每一个人,有时你会得到意外的收获。当然,对对方的尊重不仅仅表现在沟通形式上,更表现在沟通中所交流的信息和思想观念上,即要把对方放在平等的地位上,摒弃偏见,待人以诚。

【小案例】

### 苏东坡与老和尚

有一天,苏东坡与老和尚一起打禅。老和尚问苏东坡:"你看我打禅像什么?"苏东坡想了一下,并没有回答,同时反问老和尚:"那你看我打禅像什么?"老和尚说:"你真像是一尊高贵的佛。"苏东坡听了这一番话,心中暗暗地高兴。于是老和尚说:"换你说说你看我像什么。"苏东坡心里想气气老和尚,便说:"我看你打禅像一堆牛粪。"老和尚听完苏东坡的话淡淡地一笑。苏东坡高兴地回家找家里的苏小妹谈论起这件事,苏小妹听完后笑了出来。苏东坡好奇地问:"有什么可笑的?"苏小妹斩钉截铁地告诫苏东坡,人家和尚心中有佛,所以看你如佛;而你心中有粪,所以看人如粪。

【点评】 这个饶有趣味的故事给我们的启示是:从批评者的言行能看出其眼界和见识。当你骂别人的同时,也是在骂自己。运用言语骂人的人,必定得不到对方的认同,也会失去别人的信任。一个良好的沟通应是建立在彼此尊重的角度,人与人之间和谐相处,才能达到沟通的结果。

## 二、清晰原则

与人沟通时要提供清晰的信息，才能达到预想的效果。只有你的思路逻辑清晰，沟通才能顺利进行。人的语言表达的逻辑思路很重要，应该把握住表达的主线。如果你的每句话都很清晰，但是连贯起来，对方却弄不清楚你的观点，就是你的逻辑出现了问题。无论在工作、学习和生活中，都一定要提供指导性、清晰、明确的重要信息，使得同事、朋友及亲人对下一步工作或未来的目标都有着清晰的思路，达到沟通的目的。

【小案例】

### 敏感"散伙"二字

林小姐是一家广告公司的总经理。年初，公司与电视台签订了合同，承办了电视台半个小时的汽车栏目。为了更好地承办这个栏目，公司引进了一个新的合伙人。新的合伙人非常有能力，但优点明显的人，缺点往往也同样明显。林小姐与新合伙人在工作中产生一些摩擦，有时会因为一些小事情发生争执。一天，因为林小姐修改了他的方案，两个人发生了争执。林小姐随口说出："不行就散伙吧。"合伙人听了后没有再说什么，但是，从那天起，两个人的矛盾逐渐加深。后来，合伙人对林小姐讲述了自己的看法，觉得林小姐说出"散伙"二字让他听起来特别刺耳。林小姐这才知道，这个合伙人几年前离了婚，所以对"散伙"特别敏感。

其实林小姐也不是真的想"散伙"，而只是随口说出，却使用了对方无法接受的语言和方式，她也没有想到对合伙人造成这样大的伤害。

【点评】 在沟通前应该认真思考对方能够接受什么样的语言，什么样的方式，要选择对方能够接受的方式、方法进行沟通，这是沟通获得成功的第一个步骤。

## 三、理解原则

理解原则就是要求沟通者要善于换位思考，要站在对方的处境上设身处地地考虑，体会对方的心理状态与感受，这样才能产生与对方趋向一致的共同语言。同时还要耐心、仔细地倾听对方的意见，准确领会对方的观点、依据、意图和要求，这既可以表现出对对方的尊重和重视，也可以更加深入地理解对方。

正如《圣经·箴言》中写道："掌握理解的人是幸福的/善于理解的人卖掉的是银子/得到的是比金子还珍贵的东西/理解比宝石还要宝贵/上帝用智慧构成了大地的基础/以理解奠定天柱。"沟通不仅是信息的传递，更是对信息的理解和把握，准确地理解信息的意义才是良好的沟通。理解又是人际沟通的润滑剂，凡事一被理解就顺畅了。我们说"理解万岁"，懂得理解的人，其沟通能力一定强，并且到处受欢迎。

【小案例】

### 理　　解

一家电梯公司与某酒店订有维修合同。有一天，电梯坏了。酒店经理不愿让电梯一次停两个小时以上,因为这样将会给客人造成不便,但这次维修起码需要8小时。电梯公司的代表给酒店总经理打了电话,不过他并没有开口在时间上讨价还价,而是说:"我知道你们酒店生意很好。不愿让电梯停太长时间,这样会给客人带来不方便,我理解您的忧虑,我们一定尽力使您满意。可是我们检查后发现需要大修理,否则将会带来更大的损失,那样电梯可能得停更长时间了。我想您更不愿给客人造成几天的不便吧。"最后经理同意停8小时,这比停几天更可取一些。正因为代表对经理方便客人的立场表示理解,才能够说服经理接受他的主张,且没有引起经理的不悦。

【问题】 沟通中如何做到理解对方?

## 四、宽容原则

人际沟通的双方要心胸开阔、宽宏大量,把原则性和灵活性结合起来。只要不是原则性的重大问题,应力求以谦恭容忍、豁达超然的风度来对待各种分歧、误会和矛盾,以诙谐幽默、委婉劝导等与人为善的方式,来缓解紧张气氛、消除隔阂。事实证明,沟通中心胸开阔、态度宽容、谦让得体、诱导得法,会使沟通更加顺畅并赢得对方的配合与尊重。

【小案例】

### 特殊的房子

贝聿铭是著名的华裔建筑设计师。在一次正式的宴会中,他遇到这样一件事:当时的宴会嘉宾云集,在他邻桌坐着一位美国百万富翁。在宴会中这个百万富翁一直在喋喋不休地抱怨:"现在建筑师不行,都是蒙钱的,他们老骗我,根本没有水准。我要建一个正方形的房子,很简单嘛,可是他们做不出来,不能满足我的要求,都是骗钱的。"贝聿铭听到后,没有直接地反驳这位百万富翁,他问:"那您提出的是什么要求呢?"百万富翁回答:"我要求这个房子是正方形的,房子的四面墙全朝南!"贝聿铭面带微笑地说:"我就是一个建筑设计师,您提出的这个要求我可以满足,但是我建出来的这个房子您一定不敢住。"这个百万富翁说:"不可能,你只要能建出来,我肯定住。"贝聿铭说:"好,那我告诉您我的建筑方案是,建在北极。在北极的极点上建这座房子,因为在极点上,所以各个方向都是朝南的。"

## 五、坦诚原则

日本企业之神、著名国际化电器企业松下电器公司的创始人松下幸之助有句名言:"伟大的事业需要一颗真诚的心与人沟通。"松下幸之助正是凭借这种真诚的人际沟通艺术,驾轻就熟于各种职业、身份、地位的客户之中,赢得了他人的信赖、尊重和敬仰,使松下电器成为全球电器行业的巨人。

有人做过一个统计,从描述人品的词语中选出你认为最重要的几个,真诚被排在了第一位。崇尚真诚是时代的主旋律。真诚既然是人心所向,在沟通中我们就应该坚持它。沟通最基本的心理保证是安全感,没有安全感的沟通交往是难以发展的,只有抱着真诚的态度与人沟通,才会得到意想不到的效果。一个人尽管不善言辞,但有真诚就足够了,没有什么比真诚更能打动人。

**【小案例】**

女孩用真诚打动了他

西方经济萧条时期,有个女孩子好不容易找了份工作,在一家首饰店做销售员。一天早晨清扫时,她不小心打翻了首饰盒,六枚戒指只找回了五枚。这时她发现有位男青年匆匆向门口走去,女孩凭直觉断定准是他捡走了,因为早晨商店里人很少。女孩赶上去叫住了他,很真诚地说:"你知道现在工作很难找,这是我的第一份工作,家里还有母亲等我赡养。"男青年顿了一会儿,跟她握了一下手(戒指在手里),说:"祝你好运!"女孩用真诚打动了他。

【问题】 女孩的沟通有何独到之处?

## 六、互利原则

在沟通的过程中,双方互惠互利,能够加深双方的感情。你热情地帮助了别人,反过来别人有机会也可能帮助你;有时,在帮助别人的过程中,本身也是一件互惠互利的事。帮助别人要有不图回报的心态,以建立良好的人际关系。

**【小故事】**

卖房老人与买房警官

有一位老人,在一个环境幽静的山谷中拥有一座占地500平方米的建筑,因受其健康状况的影响,他要卖掉房子和花园搬到养老院去。老人想将房子的价格定在30万美元。而有一位叫罗伊的警官很想买下这栋房子,可他只有3万美元,余款只能按每月2000美元支付。

罗伊知道老人是出于无奈才卖房子的,老人对房子有很深的感情。于是罗伊找到老人与之商量:"如果你能将房子卖给我,我保证每个月接你回来一两次,带你回到花园,坐在这儿,和往日一样,赏花散步。"老人微笑着点点头,双方都很满意。老人还把整屋的古董家具都送给罗伊,还包括一架大钢琴。当爱的因素加进交易之中时,罗伊不可思议地赢得了经济上的胜利,更重要的是老人赢得了快乐和他们之间的亲密关系。

【点评】 卖房老人与买房警官在房屋交易过程中建立了友谊,逐渐加深了感情,双方都给予了对方很多帮助,双方也都收获了友谊与快乐。

# 第五节 沟通的过程与策略

## 一、沟通的过程模型

从沟通的定义中人们了解到,沟通过程涉及沟通主体(发送者和接收者)和沟通客体(信息)之间的关系。沟通的过程是一个完整的、双向的过程:发送者要把想表达的信息、思想和情感,通过语言发送给接收者;当接收者接到信息、思想和情感以后,会提出一些问题,给对方一个反馈,这就形成了一个完整的双向沟通的过程。具体如下。

(1)发送者获得某些观点或事实(即信息),并且有把信息传送出去的意向。

(2)发送者将其观点、事实以言辞来描述或以行动来表示(即编码),力求不使信息失真。

(3)信息通过某种通道传递。

(4)接收者由通道接收到信息。

(5)接收者将获得的信息解码,转化为其主观理解的意思。

(6)接收者根据他理解的意思加以判断,以采取不同的反应或行动。

沟通的过程模型如图1-4所示。

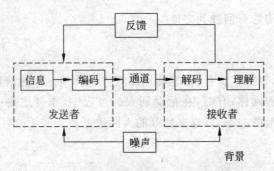

图1-4 沟通的过程模型

由此可见,一个看起来简单的沟通过程,事实上包含着许多环节,这些环节都有可能产生沟通的障碍,从而影响沟通目的的实现。现在可以理解,为什么每天我们都有可能遇到一些因沟通而出现的误解、尴尬甚至是矛盾和冲突的事件了。

## 二、沟通过程中的要素

要想取得沟通的最佳效果,必须首先把握沟通过程中的要素,这主要包括以下几个方面。

**1. 发送者与接收者**

沟通的主体是人,任何形式的信息交流都需要有两个或两个以上的人参加。由于人与人之间的信息交流是一种双向的互动过程,所以,把一个人定义为发送者而把另一个人定义为接收者,这只是相对而言,这两种身份可以发生转换。在信息交流过程中,发送者的功能是产生、提供用于交流的信息,是沟通的初始者,处于主动地位;而接收者则被告知事实、观点或被迫改变自己的立场、行为等,所以处于被动地位。发送者和接收者这种地位对比的特点,对信息交流的过程有着重要影响。

**2. 编码与解码**

编码是发送者将信息转换成可以传输的信号的过程。解码就是接收者将获得的信号翻译、还原为原来的含义的过程。编码与解码的两个过程是沟通成败的关键。最理想的沟通,应该是经过编码与解码两个过程后,接收者形成的信息与发送者发送的信息完全吻合,也就是说,编码与解码完全"对称"。"对称"的前提条件是双方拥有类似的知识、经验、态度、情绪和感情等。如果双方对信息符号及信息内容缺乏共同经验,则容易缺乏共同的语言,那么就无法达到共鸣,从而使编码、解码过程不可避免地出现误差和障碍。

### 3. 信息

在沟通过程中,人们只有通过"符号—信息"的联系才能理解信息的真正含义,由于不同的人往往有着不同的"符号—信息"系统,因而接收者的理解有可能与发送者的意图存在偏差。

【小案例】

什 么 是 雪

很多南方的孩子没见过雪,所以不知道雪是什么东西。

教师说雪是纯白的,南方的儿童就将雪想象成盐;

教师说雪是冷的,南方的儿童就将雪想象成冰激凌;

教师说雪是细细的,南方的儿童就将雪想象成沙子。

最后,南方的儿童在考试的时候,这样描述雪:雪是淡黄色、味道又冷又咸的沙。

### 4. 通道

通道是发送者把信息传递到接收者那里所借助的媒介物。口头交流的通道是声波,书面交流的通道是纸张,网上交流的通道是互联网,面对面交流的通道是口头语言与身体语言的共同表现。在各种通道中影响力最大的仍是面对面的原始沟通方式,因为它可以最直接地发出及感受到彼此对信息的态度与情感。因而,即使是在通信技术高度发达的美国,在总统竞选时,候选人也总是不辞辛苦地四处奔波去选民面前演讲。

### 5. 背景

背景就是指沟通所面临的总体环境,任何形式的沟通都必然受到各种环境因素的影响。沟通的背景通常包括以下几个方面。

(1)心理背景。即沟通双方的情绪和态度。它包括两方面内容:一是沟通者的心情和情绪,或兴奋,或激动,或悲伤,或焦虑,不同的心情和情绪会影响沟通的效果;二是沟通双方的态度,如果沟通双方彼此敌视或关系淡漠,则其沟通常常会由于偏见而出现误差,双方都较难准确理解对方的意思。

(2)社会背景。即沟通双方的社会角色及其相互关系。不同的社会角色关系有着不同的沟通模式。上级可以拍拍你的肩头,告诉你要勤奋、敬业,但你绝不能拍拍他的肩头,告诉他要乐于奉献。因为对应于每一种社会角色关系,无论是上下级关系,还是朋友关系,人们都有一种特定的沟通方式,只有采取与社会角色关系相适应的沟通方式,才能得到人们的认可。

(3)文化背景。即沟通者的价值取向、思维模式、心理结构的总和。通常人们体会不到文化背景对沟通的影响。实际上,文化背景影响着每一个人的沟通过程,影响着沟通的每一个环节。当不同文化发生碰撞、交融时,人们往往能较明显地发现这种影响。例如,由于文化背景的不同,东西方人在沟通方式上存在着较大的差异:东方人重礼仪,多委婉;西方人重独立,多坦率。东方人多自我交流、重心领神会;西方人少自我交流、重言谈沟通。东方人认为和谐重于说服,西方人认为说服重于和谐。这种文化差异使得不同文化背景下的管理人员在沟通时遇到不少困难。

(4)物理背景。即沟通发生的场所。特定的物理背景往往造成特定的沟通气氛。如在能容纳千人的大礼堂进行演讲与在自己的办公室高谈阔论,其气氛和沟通过程是大相径庭的。而在嘈杂的市场听到一则小道消息与接到一个电话特意告知你一则小道消息,给你的感受也是截然不同的:前者显示出的是随意性,而后者体现的却是神秘性。

【小案例】

**不同的沟通环境**

一家公司由于受到全球经济危机的冲击,经营受到严重影响,最后公司决定裁员。

第一次裁员,地点选在公司的会议室,公司通知全部被裁人员到会议室开会。在会上公司宣布裁员计划,并且每一个人要立刻拿着自己的东西离开办公室,公司所有被裁员工感到非常沮丧,甚至包括很多留下的人也感到沮丧不已,这极大地影响了员工的士气。

第二次裁员的时候,公司总结了上次的教训,不是把大家叫到会议室里,而是选择了另一种方式,在咖啡厅单独约见被裁人员。在这样的环境里宣布公司的决策:由于公司的原因致使其暂时失去了这份工作,请他谅解,并给其一个月的时间寻找下一份工作。

这次裁员的效果和上一次相比有天壤之别,基本上所有员工得知这个消息后,都会欣然地接受,并且表示如果公司需要,随时都会毫不犹豫地再回到公司。

两次裁员,由于选择了不同的沟通环境,所得到的效果是截然不同的。

环境是沟通发生的地方。人们之间的沟通总是在特定的、自然的或人文的环境中进行的。环境能对沟通产生重大的影响,它涉及时间、空间、温度、通风、光线和色彩等外在的因素。

**6. 噪声**

噪声就是妨碍信息沟通的任何因素,噪声存在于沟通过程的各个环节。典型的噪声包括以下几个方面。

(1)影响信息发送的噪声:表达能力不佳、词不达意;逻辑混乱、艰深晦涩;知识经验的不足,使解码造成局限;发送者不守信用、形象不佳等。

(2)影响信息传递的噪声:信息遗失,外界噪声干扰,缺乏现代化的通信工具进行沟通,沟通媒介选择不合理等。

(3)影像信息接收和理解的噪声:知觉的选择性,使人们习惯于对某一部分信息敏感,而对另一部分信息"麻木不仁""充耳不闻";接收者的选择性理解,他们往往根据自己的理解和需要对信息进行"过滤",造成信息传递的差异;信息量过于巨大,过犹不及,使接收者无法分清主次,对信息的解码处于抑制状态等。

### 7. 反馈

反馈即将信息返回给发送者，并对信息是否被接收和理解进行核实，它是沟通过程的最后一个环节。通过反馈，信息交流变成一种双向的动态过程，双方才能真正把握沟通的有效性。如果反馈显示接收者接收到并理解了信息的内容，这种反馈称为正反馈；反之则称为负反馈。反馈可以检验信息传递的程度、速度和质量。获得反馈的方式有很多种，直接向接收者提问，或者观察接收者的面部表情，都可获得其对传递信息的反馈。但只借助观察来获得反馈还不能确保沟通的效果，将观察接收者与直接提问法相结合能够获得更为可靠、完整的反馈信息。

【小案例】

**老板的脸是办公室的"晴雨表"**

很多德国公司的中国员工，往往待不了几天就跳槽，原因是德国公司的气氛太压抑，导致气氛压抑的直接原因就是"可怕"的德国老板。

赫敦咨询管理有限公司的菲比虽然年轻，但已经是位有好几年工作经验的人力资源经理了。大学刚毕业那会儿，她进入一家外资银行，行长就是德国人。菲比有幸在20世纪90年代初就领略到德国人"古板""严谨"的工作作风。她回忆，那个时候，所有人对德国行长都怕得不得了，连中国香港地区员工也不例外。不到万不得已，谁都不会主动和行长说话，对他都是敬而远之。老板脸一沉，办公室一片死寂；老板心情好，大家统一微笑。老板的脸就是办公室的"晴雨表"。

对于老板的命令，员工只有服从的份，更别说商量了。菲比清楚地记得，她刚到银行不久，行长的秘书休产假去了。她在毫无准备的情况下，被指派暂时接替行长秘书的工作。一次，行长让她找出 Mercedes-Benz 和 DaimlerChrysler-Benz 两个文件，他开会要用。菲比听了半天，还是不知道 Mercedes-Benz 和 DaimlerChrysler-Benz 到底是什么东西，也不知老板要的文件是关于哪方面的。行长没有考虑到她是新来的，对文件不熟悉，没有给予她任何解释和提示。菲比也根本不敢问，毫无头绪地对着一大堆文件，不知从何下手。

第二天，不见文件的老板给她下了最后通牒，明天早餐会前必须把文件放在他桌上。德国行长压根不关心为什么菲比没能找到文件，而她更不敢解释。菲比一度曾想请假而不去上班，避免见到德国行长。可是躲得过初一，躲不过十五，只好硬着头皮去单位。最后，她终于找到了 Mercedes-Benz 和 DaimlerChrysler-Benz 这两个文件，才发现原来就是奔驰车方面的文件！

【问题】 在与人沟通过程中有哪些需要注意的因素？

【小训练】

在通过电子邮件联系外地的朋友时，沟通的各个要素是什么？

## 三、有效沟通的策略

只要我们树立了正确的沟通理念，采用科学的沟通渠道和方法，就能实现有效沟通。

具体来说,有效沟通的策略主要有以下几个方面。

**1. 明确沟通目的**

沟通双方在沟通之前必须弄清楚沟通的真正目的是什么,动机是什么,要对方理解什么。确定沟通目标,沟通内容就容易理解和规划了。

**2. 组织好沟通信息**

为了使信息顺畅地传递至听众并使其易于接受,有策略地组织信息是至关重要的。从人的生理角度来看,人们因感受新鲜事物而产生的记忆与谈话进程密切相关。由图1-5所示的听众的记忆曲线可知,在过程的初始阶段及终止阶段,听众的记忆最深刻。显然,不能期待听众对一个长达1~2小时的报告自始至终保持满腔的热情和高度的兴趣。因此,在组织信息内容的时候,应该特别注重开头与结尾,把最重要的内容注入开场白中或融入后面的结尾部分;切忌将主要观点和内容淹没在漫无边际的中间阶段。

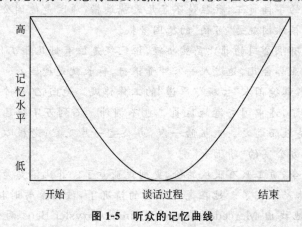

图1-5 听众的记忆曲线

**3. 保持积极的态度**

态度对人的行为具有非常重要的影响。在人际沟通中要尽可能保持乐观、积极、向上的态度,避免消极、悲观的态度,在沟通中保持平和的心态,这样才能达到沟通的预期效果。

**4. 尊重别人的观点和意见**

在沟通中,无论自己是否同意对方的意见和观点,都要学会尊重对方,给对方说出意见的权利,同时将自己的观点更有效地与对方进行交换。

**5. 坚持实事求是,以理服人**

在人际沟通过程中,不仅说话办事要实事求是,言论行为还要符合社会规范,相处交往要体谅他人。与人交往发生矛盾时,最好的办法是避开对方最有力的攻击,寻找对方薄弱环节有理有力地进行反击,以理服人。如果与人交往中发现自己确实错了,切不可强词夺理,不妨主动认错,赔礼道歉,这样显得诚恳而又豁达,更易赢得别人的谅解、同情和赞许。

#### 6. 以情动人

在沟通中要善于驾驭自己的感情,根据不同的人、事以及环境、气氛,恰当地、情真意切地表达自己的喜、怒、哀、乐,以打动对方。只有真正的感情才具有力量,才能够感染和打动人。

#### 7. 正确地运用语言

在人际沟通过程中,语言是必不可少的工具。正确地运用语言,遣词造句准确恰当,中心鲜明突出,逻辑思维严密,语言流畅,语气语调依人依事合理选择,恰到好处,就能够保证人际沟通获得更大的成功。

什么叫"相对论"

有一次爱因斯坦参加一个晚会,有一位老太太跟他说:"爱因斯坦先生,你真是不得了啊,得诺贝尔奖了。"

爱因斯坦说:"哪里,哪里。"

"爱因斯坦先生,我听说你得诺贝尔奖的那篇论文叫作什么相对论,相对论是什么东西啊?"

什么叫作相对论呢?问他这句话的是一位70多岁的老太太。爱因斯坦要怎么回答呢?爱因斯坦马上就用比喻的方法告诉了她:

"亲爱的太太,当晚上12点钟,您的女儿还没有回家,您在家里面等她,10分钟久不久?"

"真是太久了。"

"那么亲爱的太太,如果您在纽约大都会歌剧院听歌剧《卡门》,10分钟快不快?"

"真是太快了。"

"所以太太,您看两个都是10分钟,相对不同,这就叫作相对论。"

"哦。我明白了。"

如果爱因斯坦一开始对老太太说:"亲爱的太太,您知道有个公式叫 $E=mc^2$ 吗?"估计老太太一下子就晕倒了!能量等于质量乘以光速的平方,这种相对论的公式,她怎么能听懂呢!

【点评】 爱因斯坦运用巧妙的比喻和通俗的语言,将原本深奥的科学问题用简洁通俗的语言解释清楚了。这种解决沟通障碍的方法就是灵活地运用了语言艺术。

#### 8. 用非语言信息打动人

非语言信息往往比语言信息更能打动人,因此,如果你是信息的发送者,你必须确保发出的非语言信息能够起到强化语言的作用;如果你是信息的接收者,则要密切注意对方的非语言信息的提示,以便全面理解对方的意思、情感。

#### 9. 选择恰当的时间和地点进行沟通

一定要选择对方清醒的时间传递信息,并且传递信息时有张有弛、疏密得当,让接收信息的人感到轻松愉快。在地点上,要尽量减少干扰因素,使沟通双方感到轻松自然。

**10. 针对沟通对象进行沟通**

发送者要根据接收者的心理特征、知识背景等状况,调整自己的谈话方式和措辞,要避免以自己的职务、地位、身份为基础去进行沟通。

【小训练】

请同学们自我检查一下,你在与同学、老师或朋友的沟通过程中,自身存在的沟通问题有哪些。与同桌交流,并互相商讨一下解决的策略。

# 案 例 讨 论

**1. 奶奶与孙子**

到吃饭的时间了,奶奶开始催促9岁的孙子:

"快点,准备吃饭了!"

"赶紧把作业收起来,把手洗一下!"

不一会儿,见孙子从洗手间出来了,奶奶又不放心地问:

"手洗干净了吗?你要洗得认真一点呀,用香皂了没有?"

见孙子没有反应,奶奶又说:"再去洗一遍,一定要洗干净,要不然会生病的!"

孙子有点不耐烦了:"奶奶,你好烦呀!"

"你这是什么话?我还不是为你好吗?"奶奶有点生气了,"我每天忙里忙外的,为了谁?还不是为了你,你这个没良心的!"

孙子装作没听见,赶紧跑到客厅看电视去了。

"你怎么还看电视呀?跟你说吃饭了,没听到吗?"

"你看看,刚洗干净的手又弄脏了吧,再去洗一下!"

奶奶喋喋不休地说着,孙子的眉头不知不觉皱得更紧了。

【思考题】

(1)祖孙之间的沟通障碍到底在哪里?问题出在谁的身上?

(2)如何解决祖孙之间的沟通障碍?

**2. 焦急的李经理**

星期一通常是公司最繁忙的日子,当李经理走进办公室的时候,秘书早将一沓文件放在他的办公桌上。每天都要花费大量的时间处理很多这样的文件,李经理十分头疼。

李经理开始埋头处理文件的时候,电话铃响了,是技术总监打来的,他告诉李经理他准备辞职。最近一直在公司内部流传的小道消息"公司的竞争对手在挖技术总监"的事情被证实了,李经理心中一阵恼火。技术总监了解公司最新开发产品所有的第一手资料,而这些资料是竞争对手梦寐以求的,技术总监此时投奔到对手旗下对公司是很不利的事情。既恼怒又担心的李经理在电话中没想好如何跟技术总监谈这件事,而技术总监又很快挂断了电话。

放下电话,李经理一时也想不出什么好办法,他着急地在屋子里踱步。此时,秘书推门进来,说员工们对此次裁员计划有很多不满,特别是前两天裁掉老刘这件事。老刘已在公司工作多年并接近退休,这样裁员让员工觉得公司很无情,大家也没有安全感,需要经理给出一个解释,此时被裁减的员工代表也聚集在会议室里等待经理的说法。裁员本身已经影响了公司的士气,但一想到可能要面对盛怒的离职员工的代表,李经理不由得产生一丝担忧,这可不是一般的谈话,如果处理不好,带来的后果可能是不堪设想的。

可是眼下由于技术总监的辞职电话干扰了他的注意力,他甚至猜想竞争对手是否已经掌握了新产品的技术,接下来他该怎么办?需要与竞争对手人力资源部经理联系吗?还是直接汇报上司?还是找技术总监本人谈话呢?

可是目前最紧急的问题是,他该如何面对并说服离职员工代表。由于焦急,他竟然找不到合适的说辞来向大家解释公司目前的处境。与员工代表会谈的时间就要到了,可李经理还在自己的办公室焦急地走来走去……

【思考题】
(1) 李经理的沟通能力如何?他应怎样解决目前面临的问题?
(2) 请谈谈如何提高沟通能力。

### 3. 飞机因何失事

1990年1月25日21:34,阿维安卡航空公司52航班一架燃料耗尽的飞机发生坠毁空难,机上共73名工作人员和旅客遇难。事后调查表明,这场悲剧的原因完全是由于沟通障碍,即燃料状况这一简单的信息,既没有被清楚地表述,也没有被充分接收所引起的。

当晚19:40,阿维安卡航空公司52航班一架飞机飞行到距离新泽西海岸上空11千米的高空,飞机上的燃油足够维持将近两个小时的航程。在正常情况下,飞机半小时后就可以降落在纽约肯尼迪机场。在20:00,机场航管人员通知52航班飞机,由于严重的交通问题,他们必须在机场上空盘旋待命。20:45,52航班上的副驾驶员向肯尼迪机场报告说他们的"燃料快用光了",肯尼迪机场地面控制人员做了应答,但在21:24前没有批准飞机降落。在此期间,阿维安卡机组成员再也没有向肯尼迪机场报告任何燃油短缺、情况危急的信息。但事后发现,在此期间飞机座舱中机组人员互相间焦急地讨论着燃油逐渐减少的问题。

21:24,飞机被迫降落,但由于飞行高度太低和能见度太差,第一次试降失败。当肯尼迪机场指示飞机进行第二次试降时,机组人员再次提到他们的燃油将要用尽,但飞行员却告诉地面控制人员新分配的飞行跑道"可行"。21:32,飞机的两个引擎停止工作。一分钟以后,另外两个引擎也停止了工作,燃油耗尽的飞机于21:34在长岛海滩坠毁。

当调查人员研究考察了飞机上的黑匣子并与当事的地面控制人员谈话后,他们发现导致这场悲剧的原因是沟通障碍。

分析那天晚上发生的事件,飞行员一直说他们"燃油不足",地面控制人员却告诉事故调查者,这是飞行员们经常使用的一句话。当降落延误时,地面控制人员假设每架飞机都有燃料缺乏的问题,但是如果飞行员发出"燃油危急"的呼叫,地面控制人员就有责任让这架飞机先于其他飞机降落。一位地面控制人员指出:"如果飞行员宣称'情况紧急',那么所有的规则程序都可以不顾,我们会尽可能以最快的速度引导其降落。"遗憾的是,该飞机飞行员从未说过"情况紧急",所以肯尼迪机场的地面控制人员从未了解飞行员当时所面临的真正困境。

此外,飞机飞行员的语调也并没有表现出燃油缺乏问题的严重性和紧迫性。这些地面控制人员接受过专门训练,可以在这种情境下捕捉到飞行员声音中极细微的语调变化。尽管52航班的机组成员之间非常不安地讨论着燃油问题,但是他们向肯尼迪机场沟通时的语调却是十分冷静和正常的。

最后,飞行员和机场管理部门的文化习惯,使得该飞机的飞行员不愿意声明飞机的情况紧急。飞行员在正式报告情况紧急之后,就需要写出大量的书面报告。另外,如果发现飞行员在计算飞行过程需要多少油量方面疏忽大意,联邦飞行管理局就会吊销其驾驶执照。这些不利因素极大地阻碍了飞行员发出紧急呼救的信息。

【思考题】
(1) 你认为飞行员和地面控制人员之间在沟通上存在什么问题?产生这些问题的原因是什么?
(2) 你认为应当如何克服飞行员和地面控制人员之间的沟通障碍?
(3) 这个案例对我们有什么启示和借鉴作用?

## 实 训 项 目

**1. 沟通模拟——与程先生谈谈**

品管部的程先生工作热情和工作效率一直都很高,每次都能圆满地完成工作任务,上司对其非常放心,并给予了很高的评价。上个月上司给他分配了一项新的工作,认为他完全有能力胜任这项工作。但是,程先生的表现却令人失望,上班时经常打私人电话,还犯了一些低级错误,并且心神不定,影响了工作。

上司请程先生10分钟后到其办公室来谈谈。

实训目的:通过现场沟通模拟,体验不同的沟通方式、不同的沟通效果,发现沟通障碍并总结改进。

实训步骤:

(1) 学生分组,3人为一组。由两名学生分别扮演上司和程先生,进行10分钟的沟通,然后互换角色。

(2) 另一名学生作为观察者,着重观察双方是怎样沟通的,并对此做出评价。双方的沟通是否具有成效? 是否有更好的沟通方式?

(3) 选择一到两组的同学在全班同学面前分享。

(4) 学生互评,教师综合点评并总结。

**2. 沟通游戏:找到合适的距离**

游戏目的:让游戏者知道沟通应该需要合适的距离;使双方通过沟通确定他们的最

佳距离。

游戏人数：10 人。

游戏场地：不限。

游戏时间：30 分钟。

游戏用具：无。

游戏步骤：

(1) 两人一组，让其面对面站着，间隔 2 米。让两个人一起向对方走去，直到其中有一方(如 A)认为是比较合适的距离(即再往前走，他会觉得不舒服)再停下。

(2) 让小组中的另一个(如 B)继续往前走，直到他认为不舒服为止。

(3) 现在每个小组都至少有一个人觉得不舒服，事实上，也许两个人都不舒服，因为 B 觉得他侵入了 A 的舒适区，没有人愿意这样。

(4) 现在请所有人都回到座位上去，给大家讲解四级自信模式(见后面)。

(5) 将所有的小组重新召集起来，让他们按照刚才的站法站好，然后告诉 A(不舒服的那一位)，现在他们进入自信模式的第一阶段，即很有礼貌地劝他的同伴离开他，例如："请你稍微站远一点好吗？这样让我觉得很不舒服！"注意，要尽可能地礼貌，面带微笑。

(6) 告诉 B 们，他们的任务就是对 A 们笑一笑，然后继续保持那个姿势，原地不动。

(7) A 中现在有很多人已经对他的搭档感到恼火了，他们进入第二级，有礼貌地重申他的界限，例如："很抱歉，但是我确实需要大一点的空间。"

(8) B 仍然微笑不动。

(9) 现在告诉 A 们，他们下面可以自由选择怎么做来达成目的，但是一定要依照四级自信模式。要有原则，但是要控制你的不满，尽量达成沟通和妥协。

(10) 如果你们已经完成了劝服的过程，就回到座位上。

四级自信模式如下。

- 第一级：通过有礼貌地提出请求，设定你个人的界限。你可以使用下面的表述："你介意往后退一步吗？""我觉得我们距离有点近。"
- 第二级：有礼貌地再次重申你的界限或边界。你可以使用下面的表达："很抱歉，我真的需要远一点的距离。"
- 第三级：描述不尊重你的界限的后果。你可以使用下面的表述："这对我很重要，如果你不能往后退一点，我就不得不离开。"
- 第四级：实施结果。你可以使用下面的表述："我明白，你选择不接受，正如我刚刚所说的，这意味着我将不得不离开。"

【思考与讨论】

(1) 当别人跨越到你的区域时，你是否会觉得很不舒服？如果别人不接受你的建议，你会有什么感觉？

(2) 是不是每一组的 B 都退到了让 A 满意的地步？是不是有些是 A 和 B 妥协以后的结果？

(3) 有多少人采用了全部的四级自信模式？有没有人只采用了一级，对方就让步了？有没有人直接使用了第四级或直接转身离开？

**培训师语录**：只要大家心平气和地沟通，总会找到双方的合适距离。人与人之间要保持合适的沟通距离，距离太远，不利于及时沟通和深入沟通；距离太近，会让人产生紧张感和压迫感，影响沟通效果。

## 课后练习

1. 沟通的内涵是什么？沟通有哪些种类？
2. 沟通有什么作用？沟通应遵循哪些原则？
3. 在沟通遇到障碍时，人们经常提到代沟，请问代沟主要体现在哪些方面？你与家长之间有代沟吗？代沟能不能消除？
4. 就你的组织而言，你认为目前存在着哪些沟通问题？应如何解决？
5. 你认为以下关于沟通的描述正确吗？为什么？
    (1) "沟通不是太难的事，我们每天不是都在做沟通吗？"
    (2) "我告诉他了，所以我已和他沟通过了。"
    (3) "只有当我想要沟通的时候，才会有沟通。"
6. 请回忆和分析一个自己沟通失败的例子，以书面的形式提交并复印10份，同学之间相互传看、借鉴交流。要求：
    (1) 具体描绘那次沟通事件的情境。
    (2) 逐条分析导致沟通不成功的原因。
    (3) 指出学习本章内容后，自己当初该怎样做才会取得好的沟通效果。

# 第二章 沟通方式

谈话,和作文一样,有主题,有腹稿,有头尾,不可语无伦次。

——梁实秋

有许多隐藏在心中的秘密都是通过眼睛被泄露出来的,而不是通过嘴巴。

——[美]爱默生

## 学习目标

**知识与能力目标**:掌握有声语言的特性;了解有声语言沟通的优缺点;灵活运用有声语言提高沟通效果;掌握提高声音质量的方法并能切实提高声音质量;了解书面语言沟通的特点和优缺点;掌握书面语言沟通的原则;掌握书面沟通的过程;掌握大学生常用文体的写作要求并切实提高写作能力;掌握非语言沟通的含义、特点;了解非语言沟通与语言沟通的区别;了解非语言沟通的作用;灵活运用目光语、表情语、体态语、手势语、动作语、服饰语、环境语等非语言沟通方式;提高沟通效果;了解网络沟通的特点并熟悉各类网络沟通工具;掌握网络沟通策略并切实提高网络沟通能力。

**思政目标**:遵循语言沟通、非语言沟通和网络沟通的基本礼仪规范,处处体现出对沟通对象的尊重;注重日常言谈举止和网络沟通行为,线上线下都能展现出良好的个人沟通形象。

## 案 例 导 入

### 有趣的数字"信函"

传说,司马相如与卓文君几经周折终成眷属,回到成都。不久,汉武帝下诏来召,相如与文君依依暂别。岁月如梭,不觉已过了五年的时间,文君朝思暮想,盼望丈夫的家书,万万没料到盼来的却是写着一、二、三、四、五、六、七、八、九、十、百、千、万这"十三"个数字的家书。文君反复看信,明白了丈夫的意思。数字中无"亿",表明已对她无"意"。卓文君既悲痛又愤恨,当即复信叫来人带回。信的内容是这样的:

一别之后,两地相思,说的是三四月,却谁知是五六年。七弦琴无心弹,八行书无可传,九连环从中折断,十里长亭望眼欲穿。百般想,千般念,万般无奈把郎怨。

万语千言道不尽,百无聊赖十凭栏。重九登高看孤雁,八月中秋月圆人不圆。七月半,烧香秉烛问苍天,六月伏天人人摇扇我心寒。五月榴花红似火,偏遇阵阵冷雨浇花端,四月枇杷未黄,我欲对镜心意乱。三月桃花随水流,二月风筝线儿断。噫!郎呀郎巴不得下一世你为女来我为男。

司马相如把这首用数字连成的诗一连看了好几遍,越看越感到惭愧,觉得对不起对自己一片痴情的妻子,于是亲自回乡,把文君接往长安。

【问题】

(1)假如卓文君哭哭啼啼地向司马相如直接倾诉,司马相如会感到愧疚而回心转意吗?

(2)本案例对你有何启发?

在沟通过程中,只有选择合适的沟通方式,才能进行最有效的沟通。沟通方式一般可以归纳为语言沟通和非语言沟通两类。但随着互联网技术的发展,网络沟通已成为一种十分重要的新型沟通方式,它改变了人们传统的沟通模式,已为越来越多的人所使用。本章就着重介绍语言沟通、非语言沟通和网络沟通等沟通方式。

# 第一节 语言沟通

语言是人类特有的一种非常好的、有效的沟通方式。语言沟通包括有声语言(或称口头语言)、书面语言、图片或者图形等。有声语言包括面对面的谈话和讨论、员工会议报告、电话交谈等;书面语言包括信函、广告和传真等;图片包括一些幻灯片和电影等。这些都统称为语言沟通。在沟通过程中,语言沟通更擅长传递的是信息。

本节着重介绍有声语言沟通和书面语言沟通。

## 一、有声语言沟通

**1. 有声语言沟通的特性**

有声语言是用语音表达或接受思想、感情,以说、听为形式的口头语言。从语言运用看,有声语言在传情达意的过程中最直接、最普遍、最常用。有声语言具有以下特性。

(1)有声性。有声语言是靠语音来表情达意的,其中各个语言单位均有声音。有声语言根据表达的需要,对声音的高低、升降、快慢做语调变化。有声性是有声语言的本质属性。

(2)自然性。有声语言通俗、平易、自然,它保留了生活中许多语音、词汇和语法现象,如方言、俚语、俗语、儿话、象声、叠音等词汇以及省略、移位现象,表达时生动、自然。

(3)直接性。有声语言的传达和交流以面对面为主要形式,信息传递直接、快捷。有声语言还以丰富的态势语和类语言来支配,使之更完美。

(4)即时性。有声语言突发性、现场性强,现想现说,可舒缓,可急迫,可重复,可更正,可补充。

(5)灵活性。有声语言的表达可根据所处的语言环境随时调整、变化。表达者在不同的地点、场合，面对不同的任务对象，对谈论的话题、选择的角度、切入的深度等都可以随机应变。

【小案例】

### 景泰蓝食筷

一家涉外宾馆的中餐厅，中午时分，用餐的客人很多，服务小姐忙碌地在餐台间穿梭。

一桌的客人中有好几位外宾，其中一位外宾在用完餐后，顺手将自己用过的一双精美的景泰蓝食筷放入随身携带的皮包里。服务小姐看在眼里，不动声色地转入后堂。不一会儿，她捧着一只绣有精致图案的绸面小匣，走到这位外宾身边说："先生，您好，我们发现您在用餐时，对我国传统的工艺品景泰蓝食筷表现出极大的兴趣，简直爱不释手。为了表达我们对您如此欣赏中国工艺品的感谢，餐厅经理决定将您用过的这双景泰蓝食筷赠送给您，这是与之配套的锦盒，请您笑纳。"

这位外宾明白自己刚才的举动已被服务小姐看到，颇为惭愧。只好解释说，自己多喝了一点，无意间误将食筷放入包中。感激之余，希望能出钱购下这双景泰蓝筷，作为此行的纪念。餐厅经理也顺水推舟，按最优惠的价格，记在这位外宾的账上。

【点评】 聪明的服务小姐既没有让餐厅受损失，也没有令客人难堪，圆满地解决了问题，并收到良好的效果。恰当得体的语言沟通，不但能够化解矛盾，解决问题，而且能达到良好的服务效果。在这个案例中，有声语言沟通的特性得以充分地彰显。

**2. 有声语言沟通的优点和缺点**

有声语言沟通的优点和缺点如表 2-1 所示。

表 2-1　有声语言沟通的优点和缺点

| 有声语言沟通的优点 | 有声语言沟通的缺点 |
| --- | --- |
| (1) 适合表达感情和感觉，并运用非语言要素，如语气和姿势来加强，使下属备受尊重，便于调动工作的积极性；<br>(2) 灵活多样，可以是两人的交谈，也可以是群体讨论；可以是正式的磋商，也可以是非正式的聊天；<br>(3) 需对多人沟通时成本较低；<br>(4) 双向沟通，通过语言和非语言要素的快速反馈，有利于及时收到接收者的反应；<br>(5) 传播速度较快 | (1) 话语一旦说出口就很难收回；<br>(2) 讲话时，有时很难控制时间；<br>(3) 因为传播速度快，信息接收者很难快速地思考；<br>(4) 口头表达带有很多的感情色彩，容易因情绪说错话，影响信息的可靠性；<br>(5) 偏向啰唆，很多情况下不够言简意赅 |

【小故事】

### 恰当的语言

法国皇帝路易十四的御用画师雷布洪在为路易十四画像时，路易十四突然问他："你看我是不是老了？"雷布洪不愿说谎，也不宜说真话，于是他婉转地说："陛下额上不过多了几道胜利的痕迹而已。"

【点评】 敢讲真话是一种精神,而会讲真话则是一种智慧。雷布洪用"胜利的痕迹"代表皱纹,表示"老了",让对方不但接受,而且很满意。

### 3. 有声语言沟通的技巧

在沟通过程中,常常会遇到一些矛盾、顾此失彼、难以两全的情况,使你处于两难的境地。例如,我们常会碰到下列情境:既想拒绝对方的某一要求,又不想损伤他的自尊心;既想吐露内心的真情,又不好意思表述得太直截了当;既不想说违心之言,又不想直接顶撞对方;既想和陌生的对方搭话,又不能把自己表现得太轻浮和鲁莽……凡此种种,难以一一列举。但概而言之,都是一种矛盾:行动和伤害对方的矛盾,自己利益和他人利益的矛盾,自己近期利益和长远利益的矛盾。

为适应这些情况,产生了各种各样的语言表达艺术,缓解了这些矛盾。这种表达的语言艺术从表面上看,似乎违背了有效口头表达的清晰、准确的要求,但实际上是对清晰、准确原则的一种必要的补充,是在更全面考虑了各种情况之后的清晰和准确,是在更高阶段上的清晰和准确。

语言艺术的具体方法因人、因事、因时、因地而异,没有绝对的适用任何情况的方法。这里介绍一些有声语言沟通的技巧,供参考。

1) 积极表达期望。心理学中的"皮格马利翁效应"启示我们:赞美、信任和期待具有一种能量,它能改变人的行为,当一个人获得另一个人的信任、赞美时,他便感觉获得了社会支持,从而提高了自我价值,变得自信、自尊,获得一种积极向上的动力,并尽力达到对方的期待,以避免对方失望,从而维持这种社会支持的连续性。语言沟通中,积极的语言反应表达出积极的心理期望。"皮格马利翁效应"也验证了积极的心理期望和暗示所产生的强大影响。要做到评议表达的积极,可从以下几个方面来把握。

(1) 避免使用否定字眼或带有否定口吻的语气。如双重否定句不如用肯定句来代替,必须使用负面词汇时,则尽量使用否定意味最轻的词语。"我希望""我相信"这两种说法有时表明你没有把握,或者传递出有些盛气凌人的信息;而赞扬现在的行为可能暗示对过去的批评。

(2) 强调对方可以做的,而不是你不愿或不让他们做的事情,以对方的角度讲话。如说"我们不允许刚刚参加工作就上班迟到"(消极表达),就不如说"刚刚参加工作的人保证按时上班很重要"(积极表达)。

(3) 把负面信息与对方某个受益方面结合起来叙述。可以说"你可免费享用20元以内的早餐"(积极表达),而不是说"免费早餐仅限20元以内,超出部分请自付"(消极表达)。

(4) 如果消极方面根本不重要,干脆省去。如对方决策时不需要这方面的信息,信息本身也无关紧要,或者以前已经提供了这方面的信息。

(5) 低调处置消极面,压缩相关篇幅。篇幅大,表明在强调信息。既然不想强调消极信息,就尽量少用篇幅,出现一次即可,不必重复。

2) 注意推论与事实。通常在观察外界的时候,人们在获得所有的必要事实之前就开始进行推论,推论的形成相当快,以致很少有人仔细考虑它们是否真的代表事实。"他未完成工作,因为偷懒。""如果您听了我的建议,您就了解我的意思了。"这些语句表示的并非是事实,而是推论。因此不良的沟通就产生了。徐丽君、明卫红曾对此进行了分析,认为有 6 种基本方法可以分辨事实陈述和推论陈述,如表 2-2 所示。

表 2-2 事实陈述和推论陈述

| 事 实 陈 述 | 推 论 陈 述 |
| --- | --- |
| 根据第一手资料下断言 | 在任何时间下断言——根据事前、事后、事情发生时的经验 |
| 根据观察下断言 | 根据任何一人的经验下断言 |
| 必须根据所经历的经验 | 超出自己所经历的经验之外 |
| 根据经验的陈述 | 无界限地根据经验推论陈述 |
| 达到最大限度的可信度 | 仅有很小程度的可信度 |
| 得到具有相同经验人士的认同 | 有此经验的人士不认同 |

为了避免妄下推论,在与人沟通过程中应当注意以下情况。

(1) 学会区分哪些是事实,哪些是推断。

(2) 当根据从别人那里得到的信息做出决策时,要评估推断的准确性,并获得更多信息。

(3) 听取别人的汇报时,让其陈述事实而不是听取他人的评价。

(4) 在说服别人时要使用具体的事实而非个人的价值判断。

(5) 意识到事情的复杂性,不要将其简单化。

(6) 当只看到两种选择结果时,有意识寻找第三种甚至更多种可能出现的情况。

(7) 意识到自己所得的信息是经过过滤的,自己并没有得到所有的事实。

(8) 尽量向别人提供背景信息,以便别人能够准确地解释自己的观点或看法。

(9) 以具体的证据、事实和事例来支持笼统的陈述与评价,避免诸如"这个人的素质不高"这样的论断。

(10) 检查自己的反应,保证自己的决策建立在合理的证据之上。

3) 进行委婉表达。"委婉"一词人们并不陌生,它在修辞学中又是修辞格的一种。但"委婉"并不仅仅指修辞的方法。在书面语中,它主要表现为一种语言的表达方式;在沟通中,它又是一种处理问题的态度和方法。恰当地运用委婉,能够鲜明地表明人们的立场、感情和态度。这样做,既使对方乐于接受,达到说话的目的,又可增强语言的形象性和生动性。

(1) 直意曲达。语言总要表达某种意思,也即说话者要达到表明自己态度和感情的目的。但这个意思是通过迂回委婉的说法来表达的,这也是利用了人们思维的曲折性和复杂性来达到的。

【小故事】

## "人 中"

传说汉武帝晚年时很希望自己能长生不老。一天,他对侍臣说:"相书上说,一个人鼻子下面的'人中'越长,命就越长;'人中'长一寸,能活一百岁。不知是真是假?"东方朔听了这话,知道皇上又在做长生不老的梦了,不禁呵呵一笑。皇上见东方朔的表情,喝道:"你怎么敢笑话我?"东方朔脱下帽子,恭恭敬敬地回答:"我怎么敢笑话皇上呢?我是在笑彭祖的脸太难看了。"汉武帝问:"你为什么笑彭祖呢?"东方朔说:"据说彭祖活了800岁,如果真像皇上刚才说的,'人中'就有8寸长,那么他的脸不是有丈把长吗?"汉武帝听了,也哈哈大笑起来。

【点评】 东方朔要劝谏皇上不要做长生梦了,但又不好直言去规劝,只能用旁敲侧击的方法,委婉地表达自己的意思。这种批评使汉武帝愉快地接受了。

要达到沟通的最佳效果,不一定都用直言不讳的说法,用委婉的说法可能会达到意想不到的效果。

(2)易于接受。人们总是希望对方能够接受自己所发出的信息,并做出相应的反应,这就首先要让对方能够接收你发出的信息,委婉的语言可以帮助你达到这个目的。

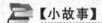【小故事】

### 聪明的蚊子

美国小说家马克·吐温到某地旅馆投宿,人家早告诉他此地蚊子特别厉害。他非常担心晚上是否能安稳睡觉,想要事先向服务员打招呼,又觉得这样做未必效果好,服务员不一定乐意接受。他在服务台登记房间时,一只蚊子正好飞过来。马克·吐温灵机一动,马上对服务员说:"早听说贵地蚊子十分聪明,果然如此,它竟然会预先看我的房间号码,以便夜晚光临,饱餐一顿。"服务员听了不禁大笑起来,结果就记住了他的房间号码,并相应地采取了一系列防蚊子措施,使马克·吐温这一夜睡得很好。马克·吐温如果生硬地告诉服务员要怎样赶蚊子,就不一定能达到这种效果。马克·吐温的话很委婉,让服务员易于接受,当然也就乐意尽心服务了。

在日常生活中也常有这样的例子:当你要求别人做一件事,或者指责别人哪里有过失的时候,你要尽量选择让对方感到有回旋的话,仿佛把主动权送给了对方。例如,某一员工衣帽不整,有碍企业形象,你可以说:"这样还算挺好的,但如果能够再把这种颜色换一下,会更好些。"这样的话语会使员工乐于接受,也就心悦诚服地愿意改正。

委婉的语言是曲折地表达自己的意思,听话者感到你是为他着想,或者感到合情合理,这就容易达到自己的目的,也给人以教育和启迪。

(3)言简意赅。委婉的语言表现形式是婉转温和,这就形成了它隐约、含蓄的特点,也就使委婉的语言容量较大,语言虽然很简洁通俗,含义却是相当深刻的。请看下面一段对话。

问:"你有过感叹吗?"

答:"感叹是弱者的习气,行动是强者的性格。"

问:"扬州大明寺一进门有尊大肚佛,两侧有副对联。上联是'大肚能忍忍尽人间难忍之事',下联是'慈颜常笑笑尽天下可笑之人'。你能做到吗?"

答:"我如果能做到我就成佛了。"

问:"你有烦恼与痛苦吗?"

答:"越有追求的人,烦恼与痛苦越多。成功之后将是快乐。"

可以看出,答话者回答问题时,总是用迂回的方式作答,语言浅显通俗,含义却值得咀嚼。

(4) 手法新颖。委婉表达产生于人际沟通中出现的一些不能直言的情况。一是总会存在一些因为不便、不忍或不雅等原因而不能直说的事和物,只能用一些与之相关、相似的事物来烘托要说的本意。二是总会存在接受正确意见的情感障碍,只能用没有棱角的软化语言来推动正确意见被接受的过程。还有一些其他类似的情况。黄漫宇在其编著的《商务沟通》(机械工业出版社,2016)中列举了以下新颖的委婉手法,值得我们在人际沟通中一试。

① 用相似相关事物取代本意要说的事物。如恩格斯的《在马克思墓前的讲话》中说:"3月14日下午两点三刻,当代最伟大的思想家停止了思想。……他在安乐椅上安静地睡着了——但已经是永远地睡着了。"恩格斯用"停止了思想""睡着了""永远地睡着了"来取代"死"的概念。

又如,在餐厅中人们谈到上厕所,一般都用"洗手间"来取代"厕所"这一概念。

② 用相似相关事物的特征来取代本意事物的特征。在一次记者招待会上,一位美国记者问周总理:"请问中国人民银行有多少资金?"周总理说:"中国人民银行现有18元8角8分。"——直接回答,涉及国家机密;拒绝回答损害招待会和谐气氛;不予回答,有损总理个人风度。借用人民币面值总额取代资金总额这一特征,真可谓三全其美,妙不可言。

③ 用相似相关事物的关系类推与本意事物的关系。作家谌容访美时,用"能与老共产党员的丈夫和睦生活了几十年"来间接回答关于她与共产党关系的提问。有人问:"听说你至今还不是中共党员,请问您对中国共产党的私人感情如何?"谌容回答:"你的情报很准确,我确实还不是中国共产党党员。但是我的丈夫是个老党员。而我同他共同生活了几十年尚无离婚迹象,可见……"

④ 用某些语气词如"吗、吧、啊、嘛"等来软化语气,这样可以使对方不感到生硬。比较下列两组句子。

别唱了!今天别去了!你不要强调理由!

别唱了好吗?今天别去了吧!你不要强调理由嘛!

无疑第二组中的每一句都显得比较客气婉转,会使对方易于接受,有更大的说服力。

⑤ 用个人的感受取代直接的否定。例如,把"我认为你这种说法不对"用"我不认为你这种说法是对的"来取代,把"我觉得你这样不好"用"我不认为你这样好"来取代。

⑥ 以推托之词行拒绝之实。例如,别人求你办一件事,你回答说办不到会引起不快。你最好说:"这件事目前恐怕难以办到,今后再说吧,我留意着。"——推脱给将来和困难。

再如,别人请你去他家玩,你要说没空,来不了,会令人扫兴,你最好说:"今天恐怕没有时间,下次一定来。"——推脱给将来和没空。又如,别人向你借钱,你手头也不宽裕,你可以说:"这件事我将同我的内当家商量商量。"——推脱给将来和爱人。

⑦ 以另有选择行拒绝之实。例如,有人向你推销一件产品,你不想要,可以说:"产

品还可以,不过我更喜欢另一种产品。"又如,有人要求下星期一进行洽谈,你不想在这天洽谈,可以说:"定在星期五怎样?"

⑧ 以转移话题行拒绝之实。例如,甲问:"星期天去不去工厂参观?"乙答:"我们还是先来商量一下,下次推销的安排怎样准备吧?"又如,甲问:"我们明天去展销大厅再见面好吗?"乙答:"好吧,不过我想时间定在展销前不如定在展销后。"

4) 使用模糊语言。我们在客观世界里所遇到的各种各样的客观事物,绝大多数都没有一个明确的界限。作为客观世界符号表现的语言也必然是模糊的。巧妙地利用语言的模糊性,使语言更能发挥它神奇的效用,是人际沟通追求的目标之一。

(1) 化难为易。"化难为易"也称"化险为夷"。在人际沟通中,常会遇到难以应付的棘手场合,也会有非说不可却难以启齿的局面,怎么办?成功的沟通者往往会用模糊语言,使自己摆脱这种尴尬的处境。

【小案例】

### 机智的售货员

在某商场,有一位顾客拿了几个西红柿,然后混杂在已经称好重量并交款的蔬菜中转身就走。这时,售货员发现了这一情况。如果她高喊"捉贼",势必会影响商场的秩序,损害商场的声誉,可能会大吵大闹一番。富有经验的售货员会两手一拍说:"哎呀!请您慢走一步。我可能刚才不注意,把蔬菜的品种拿错了,您再回来查查看。"这位顾客无奈也只得回来,售货员把蔬菜重新称过,随手就将西红柿拣了下来。售货员此时说"可能""查查看"都是模糊词语,收到了神奇的表达效果。

(2) 缓和语气。在某些情况下,对方可能故意损害你,使你怒发冲冠、情绪激动,气氛顿时紧张起来。在这种情况下,注意使用模糊语言,易于控制自己的情绪,缓和气氛,使事态朝好的方向发展。

【小案例】

### 司 机 下 车

在我国南方一个城市,正值下班时间,乘车的人特别多,车已爆满。乘客们把车堵得严严的,车内乘客不容易看到车已行驶到哪一站。尽管司机报告站名,但车内人声嘈杂,总有乘客没听清,错过站。有一位错过站的乘客慌慌张张地擂门大叫:"司机下车!"司机也非常生气,正要酝酿几句奚落挖苦的话,正巧这时一位乘客及时地插嘴说:"司机不能下车。司机下车了,谁来开车?"这时,不仅那位错过站的乘客情绪缓和下来,连司机也和颜悦色起来。

【点评】 这位聪明的乘客就是利用"司机下车"这句话的模糊性来为司机解了围,剑拔弩张的气氛缓和了,一场争吵避免了。可见,如果我们用模糊语言来淡化紧张气氛,就可以控制情绪。它能使我们与他人交往时不致紧张,即使在一触即发的关键时刻,也可以使我们从容地脱身而出,离开不愉快的窘境或矛盾旋涡。

(3) 点到为止。模糊语言要有分寸,要点到为止。不该说的不说,能把自己意思表达明白,却不伤害别人,不能直言不讳,要把自己的意思曲折地表达出来,并且要让对方明白。

**【小案例】**

精神病院的采访

我国著名的一位播音员到精神病院采访,采访提纲中原先写的是:"您什么时候得的精神病?"这位播音员感到这种话会刺激病人,就临时改口问道:"您在医院待多久了?住院前感觉怎么不好呢?"委婉含蓄的提问,采取的是模糊语言,使对方易于接受,不致产生反感。

在采访结束时,这位播音员说:"您很快就要出院了,真为您高兴。"

精神病病人对于"精神病"这个词十分忌讳,播音员在采访时自始至终注意回避这个词。

模糊语言的运用要掌握分寸,过于模糊,对方不了解自己的意思,就失去了交际的作用;过于直露,又会伤害别人。只有既模糊又适度,在模糊语言中透露出自己真实的语意,才能达到交际的目的。

(4)偷换概念。为了顺利沟通,有时候,我们还不得不使用更为"有趣"的一招——偷换概念,借以掐断矛盾的"导火索",模糊焦点,回避矛盾,转移谈话内容,起到平复对方心情的作用。

**【小故事】**

靳 阁 老

明代人靳贵曾当过武英殿大学士,人称"靳阁老"。他有一个儿子,科举屡屡落第。但多年后,靳阁老的孙子反倒金榜题名。靳阁老恨铁不成钢,训斥儿子无能。这时儿子笑道:"你的父亲不如我的父亲,你的儿子不如我的儿子,我怎么能算无能呢?"靳阁老听后转怒为喜。

**【点评】** 其实,靳阁老一开始关注的是儿子本身的才能,焦点指向在能力和表现上,而儿子的反驳牵扯到各自父亲和儿子的表现,实际上是偷换了概念。在实际交流中,由于对方并不会总是认真到拒绝任何逻辑错误,所以,这种方法经常能取得很好的效果。

(5)不妨幽默表达。"幽默"一词在古代汉语中已有,它的含义是寂静无声。现在人们早已不在原意上使用"幽默"一词,它倒成了一个外来词语,是英语 humor 的音译。幽默是一种含蓄而充满机智的辞令,是一种经过艺术加工的、最生动的语言形式和表达手法,是一个人的思想、学识、才华、灵感在语言运用中的结晶。正如林语堂先生所说:"幽默是一种人生态度。"在生活中,无论是文人雅士还是寻常百姓,无论是亲朋好友、邻里还是夫妻间,幽默的话语几乎无处不在,它成为一种健康的文化和艺术,是人际交往的调节剂。

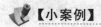

### 【小案例】

#### 服务员的幽默

一位顾客在一家餐馆用餐,有一道菜很久没送上来,他不耐烦地问服务员:"我还有一道菜怎么还没有送上来?"服务员笑着耐心询问:"请问您点的是什么菜?"顾客没好气地说:"炒蜗牛!"服务员立即说:"哦,蜗牛是只行动迟缓的动物。"一句话把顾客给逗乐了,然后,服务员马上说:"真是对不起,先生。请您稍等,我这就去催。"

【点评】 我们不仅要把话说得清楚明白、礼貌得体,还要把话说得有趣,增强语言的感染力。这就要借助幽默的力量。

① 幽默的作用。幽默的作用很多,主要有以下几方面的作用。

一是幽默可以化解难堪,融洽关系。举例如下。

在一个庆功会上,一个将军在与一个士兵碰杯的时候,士兵由于紧张,举杯时用力过猛,竟把一杯酒都泼到了将军的头上,士兵当时就吓坏了,可将军却用手擦了擦头顶的酒,笑着说:"小伙子,你以为用酒能治好我的秃顶啊,我可没听说过这个药方呀!"说得大家哈哈大笑。

二是幽默可以化解矛盾,缓和气氛。举例如下。

一个小孩看到一个陌生人长着很大的鼻子,马上大叫:"大鼻子!"小孩的父母感到很难为情,很对不起人。陌生人却幽默地说:"就叫我大鼻子叔叔吧!"大家都能由此一笑了之了。

一个人在车上不小心踩了别人一脚,忙连声道歉。被踩的这个人风趣地说:"不,是我的脚放错了地方。"这人大度地认为,事情发生了,已无可挽回,又不是故意的,也没有什么损失,何不一笑了之呢。

一个顾客在餐厅吃饭,米饭中沙子很多,服务员歉意地问:"净是沙子吧?"顾客大度地回答:"不,其中也有米饭。"既批评了餐厅,也免除了尴尬局面。

三是幽默可以用来含蓄地拒绝。举例如下。

一位好友向罗斯福问及美国潜艇基地的情况。罗斯福问道:"你能保密吗?"好友回答:"能。"罗斯福笑着说:"你能我也能。"好友也就知趣地不再问了。

四是幽默可以揭露缺点,针砭时弊。举例如下。

领导:"你对我的报告有什么看法?"
群众:"很精彩。"
领导:"真的? 精彩在哪里?"
群众:"最后一句。"
领导:"为什么?"
群众:"当你说'我的报告完了',大家都转忧为喜,热烈鼓掌。"

这段幽默讽刺了领导干部长篇大论、不着边际的作风。

五是幽默可以在轻松的气氛下进行严厉的批评。举例如下。

某商店经理在全体职工大会上说："要端正经营作风,加强劳动纪律,公私分明,特别是那'甜蜜的事业'——糖果柜台。"

六是幽默也是有力的反击武器。举例如下。

德国大文豪歌德有一次在公园散步,遇到了一个恶意攻击他的批评家。那位批评家不肯让路,并傲慢地说："我从不给傻瓜让路。"歌德立刻回答："我却完全相反!"说完,立即转到一边去了。

七是幽默可以放松心情,感受美好。当今社会高效率、快节奏、信息量大,这样必然会使人的大脑容易产生疲劳。如果我们的生活多点笑声,多点幽默,就会消除人们的烦躁心理,保持情绪的平衡。说话在某种程度上具有一定的娱乐性,它不应该让人感到紧张、费力,而应给人一种舒适轻松之感。举例如下。

有个大财主制定了个规矩:庄稼人遇到他,都得敬礼,否则便要挨鞭子。

一天,阿凡提经过这里,碰上了大财主。

"你为什么不向我敬礼,穷小子!"大财主怒不可遏。

"我为什么要向你敬礼?"

"我最有钱,有钱就有势。穷小子,你得向我敬礼,否则我就抽你。"

阿凡提站着不动。

围观的人越来越多,大财主有点心虚,便压低声音对阿凡提说:"这样吧,我口袋里有100元钱。我给你50元,你就向我敬个礼吧!"

阿凡提慢悠悠地把钱装进兜里,说:"现在你有50元钱,我也有50元钱,凭什么非要向你敬礼不可呢?"

周围的人大笑起来,大财主又气又急,一下子把剩下的50元钱抽了出来:"听着,如果你听我的,那我就把这50元钱也送给你!"

阿凡提又把这50元钱收了,接着严肃地说:"好吧,现在我有100元,你却1分钱也没有了。有钱就有势,向我敬礼吧!"大财主目瞪口呆。

这里,阿凡提的故事虽然带有寓言的色彩,但他的话语的确逗人,给人以轻松愉悦之感。

八是幽默语言可以婉转地提出要求。举例如下。

1953年,日本首相吉田茂设宴款待来访的美国副总统尼克松夫妇。席间,吉田茂突然转过头对身旁的尼克松夫人微笑着说:"有几艘美国驱逐舰在东京湾停泊,请问这些军舰是不是怕您受我们的欺负而来保护您的?"一句话引得大家都笑起来。但是,笑声之中,尼克松已经明白吉田茂的话中之话了。当时,这些军舰在东京湾停泊,引起了日本朝野的普遍不安,吉田茂正是借助幽默的语言来婉转地表达对美国军舰的不满,希望尼克松能命令军舰驶离东京湾。

运用幽默语言提出自己的要求,这种方法在外交谈判、贸易洽谈中使用较多。这种说话方式含蓄婉转,往往具有暗示性、启发性,不会伤害双方感情。如果对方能够接受你的要求,则可以在笑声中主动、乐意地采取措施;如果对方不能接受,那也无伤大雅,全当听了一则笑话,一笑了之。

九是幽默可以塑造交际中的自我形象。幽默的谈吐是良好性格特征的外露。在人际交往中,每个人都会遇到一些意想不到的情况。这时,为了避免出现僵局,就需要有一种随机应变的能力。而具有幽默感的人,则一定是一个机智、敏捷、善于应付各种棘手问题的能手。举例如下。

第二次世界大战期间,英国首相丘吉尔到华盛顿会见美国总统罗斯福,要求美国参战抗击德国法西斯。丘吉尔受到了热情款待,并被安排住进白宫。一天早晨,丘吉尔躺在浴盆里,抽着特大号的雪茄烟。门突然开了,罗斯福走了进来。丘吉尔大腹便便,肚子露出水面。两人都颇感窘迫。丘吉尔扔掉烟头,说道:"总统先生,我这个英国首相在您面前可真是一点也没有隐瞒。"说罢两个人哈哈大笑。丘吉尔的一句话体现出他不愧为一个机智、敏捷、处变不惊、具有良好风度的领导者。

一句幽默语,使两位国家领导人从尴尬中解脱出来,同时也加深了了解,增进了友谊。

② 幽默的表达方法。幽默是人的思想、学识、智慧和灵感的结晶,幽默风趣的语言风格是人的内在气质在语言运用中的外化,幽默风趣的语言风度固然有先天成分的影响,但更有后天的习得。应掌握一些构成幽默的方法,并在语言表达中注意加以运用。

一是飞白。白指白字,别字。所谓飞白,就是明知其错,故意将错就错地加以引用。根据错误产生原因的不同,可把飞白分为语音飞白和字形飞白两类。

语音飞白即因语音相同、相近而将错就错地加以引用的飞白。如中国古代有许多笑话就是利用错别字来制作的,如清代小石道人的《嘻谈续录》中有这么一个笑话。

一个人因为是捐钱得的官,所以不懂官场语言。到任后便去拜见上司。上司问:"贵处风土如何?"他回答说:"并无大风,更少尘土。"上司又问:"春花如何?"他回答说:"今春棉花每斤二百八。"又问:"绅粮如何?"答:"卑职身量,穿三尺六的衣服。"又问:"百姓如何?"答:"白杏只有两棵,红杏倒不少。"上司说:"我问的是黎庶。"他回答说:"梨树很多,但结的梨都很小。"上司说:"我不是问什么梨杏,我是问你的小民。"他赶紧站起来,说:"卑职小名叫狗儿。"

"风土"即风俗,"春花"是指鱼苗。那个花钱买官的人,把"风土"误解为"风"和"土",把"春花"误解为春天的棉花,这都是错误地理解了词语的意思,把它们当成是语素意义的简单相加。这种误解还不是语音飞白,属于语音飞白的是把"绅粮"误解为"身量","百姓"误解为"白杏","黎庶"误解为"梨树","小民"误解为"小名",它们的语音都相同或相近。

字形飞白即因为字形的相似而导致误认、误读的飞白。一个外国留学生在北京学习汉语。一日,他忽然对老师说:"贵国的民族自豪感宣传得极好,只是用语过于单调。到处都是'中国很行''中国人民很行''中国工商很行''中国农业很行''中国交通很行''中国建设很行'。"老师解释说:"你看得不仔细,那是'银行'。"外国留学生之所以把"银行"与"很行"混为一谈,就是因为这两个字的字形极为相似,中国人很容易区分这两个字,所以觉得可笑。以下电视剧《西游记》中猪八戒扮演者改名的故事也是飞白手法的运用。

在电视剧《西游记》中扮演猪八戒的马德华,原名叫马芮。有一天,老马因患重感冒,到一家颇有名气的医院看病,等了好久,值班护士拿着挂号簿在走廊上叫:"马内、马内!谁叫马内?"马芮见没人答应,心想:大概是在叫我吧,就进了门诊室。医生问:"你叫马内?"马芮只好回答道:"是的,我叫马内。"

到化验室抽血后,化验员又高声吆喝道:"马苗、马苗,谁是马苗?你的血化验好了。"马芮不敢答应。但眼看化验室要关门了,他就进去要化验单,女化验员不耐烦了:"你就是马苗呀,那你刚才是聋了还是哑了?"

马芮去药房取药,药剂师隔着窗户尖声嚷道:"马丙、马丙,你的药好了。"有教训在先,这时马芮不敢怠慢,管他马内、马苗、马丙呢,抓起药就往注射室走去。

到了注射室,女护士见了注射单就笑了:"哟,这个病号怎么叫马肉?马肉,该你注射啦!"马芮哭笑不得。

后来,马芮参加了《西游记》的拍摄,他想这么多人不认识我这个"芮"字,名字一印到屏幕上,还不知道会被人们念成什么呢,干脆更名,叫马德华吧。

"马芮"从字形上看,与"马内""马苗""马丙""马肉"也有些相像。这个故事马德华也许进行了虚构,至少进行了加工,由于巧妙地运用了飞白的手法,令人忍俊不禁。

二是降用。故意使用某些"重大""庄严"的词语来说明一些细小、次要的事情的表达技巧,谓之"降用"。恰当地运用降用,可暗示自己的思想,启发对方思考,令语言风趣生动。毛泽东就是一位极喜欢运用"降用"的行家里手。举例如下。

1942年2月8日在延安干部会上毛泽东做《反对党八股》讲演,他说:"拿洗脸作比方,我们每天都要洗脸,许多人并不止洗一次,洗完之后还要拿镜子照一照,要调查研究一番,(大笑)生怕有什么不妥的地方。"把洗完脸照镜子说成"调查研究",显然是幽默,故听众要大笑。"调查研究"就是"降用"方法的运用。依此毛泽东想说明,洗完脸都要"调查研究"一番,何况作文、演说呢!又如,1944年5月24日毛泽东在延安大学开学典礼上的讲话中说:"我们边区政府的副主席李鼎铭同志是中医,还有些人学的是西医,这两种医生历来就不大讲统一战线。我们大家来研究一下,到底要不要讲统一战线?"

这里的"统一战线"是政治术语,用"不讲统一战线"来指中医、西医的医生彼此不认可的不合作现象,这也是降用。

三是仿拟。故意模仿现成的词、语、句、调、篇及语句格式,临时创造新的词、语、句、调、篇及语句格式,谓之"仿拟"。它是幽默诸多构成法中最常用的一种,往往借助于某种违背正常逻辑的想象和联想,把原来适用于某种语境、现象的词语用于另一种截然不同的新的环境和现象之中,而且模拟原来的语言形式、腔调、结构甚至现成篇章,造成一种前后不协调、不搭配的矛盾,给人以新鲜、奇异、生动的感受。举例如下。

毛泽东在一次报告中批评某些干部为评级而争吵、落泪时说:"有一出戏,叫《林冲夜奔》,唱词里说:'男儿有泪不轻弹,只因未到伤心处。'我们现在有些同志,他们也是男儿,他们是'男儿有泪不轻弹,只因未到评级时'。"这里运用的就是局部改动名句的仿拟之法,显得俏皮成趣、批评有力。

四是双关。利用双关、比喻、夸张等修辞手法,可使语言生动形象,幽默风趣。举例如下。

有一学生问导师:"我常梦想当上了教授。导师,我要怎么做才能把梦想变为现实呢?"导师答道:"少睡觉。"

"少睡觉"是一语双关,其一指少做白日梦,意在规劝他早醒悟,莫抱不切实际的幻想;其二指多用功,不要虚度时光,学习要做到废寝忘食。又如下面的例子。

孩子:"爸爸你当过船长吗?"

爸爸:"没有。"

孩子:"那妈妈为什么说你脚踏两只船呢?"

孩子天真无知,不理解"脚踏两只船"的双关含义,构成了"船"的本义和引申义的矛盾碰撞,造成了幽默情趣。

五是自嘲。自我嘲讽是指运用嘲讽的语气来嘲笑自己的缺陷和毛病,以取得别人的共鸣,引起别人会心一笑的方法。笑的规律是优笑劣、智笑愚、美笑丑、成熟笑幼稚。因此,如果善于显示自己比别人劣、愚、丑或幼稚,就会引人发笑,赢得公众的好感。自嘲还可嘲讽自己做过的蠢事、自己的生活遭遇等。

**【小故事】**

### 陈嘉漠的自嘲

陈嘉漠是清朝乾隆年间的举人,他的门生众多,可以称得上是桃李满天下。陈老先生80多岁时身体还十分硬朗,并且与结发妻子恩爱如初,每晚同床而眠。

一年新春,许多门生一道前来为恩师拜年,谁知老先生贪睡,门生们来了之后他还没有起床。听说客人来了,便匆匆忙忙穿衣上堂,同众门生寒暄叙礼。他见众门生笑个不停,才发现由于着急,误穿了妻子的衣服。陈老先生自己也觉得好笑,便自我解嘲地说:"我已经80多岁了,你师母也80岁了,今天我的做法正中了乡间的俗语'二八乱穿衣呀'。"众门生听了之后,都觉得老头子风趣幽默,大家一笑了之。

**【点评】** 在与人交谈中,当你陷入尴尬的境地时,借助自嘲往往能使你从中体面地脱身。自嘲要求你具备豁达、乐观、超脱的心态和胸怀,同时也说明你是一个自信的人,因为只有足够自信的人才能拿自身的失误、不足甚至生理缺陷来"开涮",对丑处、羞处不予遮掩,反而把它放大、夸张,最后巧妙地引申发挥、自圆其说,博得众人一笑。

六是辨析。辨析就是对字形、数字、姓名或其他常用的词组作巧妙的拆卸、组合、分辨、解析。这种"辨析"是一般人预想不到的,极具机智巧妙的动力,听者先深感"出乎意外",一经思考,又觉得在"情理之中",在豁然顿悟之后,幽默便油然而生。如在人际交往中,富有幽默感的人,在自己介绍姓名或听人介绍时,会找出姓名中的特点,便于记忆,这么做往往会使人感到亲切自如。举例如下。

薄一波初次见到毛泽东,当自己介绍姓名后,毛泽东紧握他的双手,嘴里连声说道:"好啊,这个名字很好!薄一波,薄一波,如履薄冰,如临深渊嘛!"说得周围的同志都笑了起来。

毛泽东风趣的"析姓辨名",使初次会面的客人顿消紧张情绪,感到他和蔼可亲。

七是活用。活用熟语,随机应变,改变其原义,借形载义,可使语言富有诙谐感。举例如下。

一次,国画大师张大千和京剧艺术大师梅兰芳在席间相遇,张大千向梅兰芳敬酒道:"梅先生,你是君子我是小人,我敬你一杯。"梅兰芳与众宾客不解。张大千含笑解释道:"君子动口,小人动手。你唱戏动口,所以你是君子;我画画动手,所以我是小人。"一句话引得满堂宾客大笑不已。

应该特别指出的是,幽默表达手法的运用必须自然,切忌强求。第一,幽默只是手法,而非目的;第二,幽默是一种精神现象,不只是简单的笑话或滑稽所能描述的。幽默是一种风格、行为特性,是智慧、教养、道德处于优势水平下的一种自然表现。

### 4. 提高声音质量的方法

1) 认识声音。有人把人的发声器官比作一架管风琴。肺是风箱,由它提供发声的原动力。气流从肺中自下而上,通过气管上升到喉头,声音就由喉部产生。当人们呼气时,使保护气管开端的肌肉(即声带)紧密地挨在一起,以使空气通过声带时能够产生振动。这种振动产生了微弱的声音,然后该声音再穿过咽部(喉咙)、口,以及在某些情况下上升到鼻腔时被抬高产生共振。在这里,口和鼻腔就成了管风琴的两个管,它们不仅可以起到扩大音量的作用,还可以任意变换音色。这样,共振后的声音被舌头、嘴唇、腭和牙齿这些发音器官改造,从而形成了语言体系中的声音。

我们认识发声器官,了解声音如何产生,目的是要在有声语言的训练中遵循其活动规律,正确发挥其功能和作用,从而有效地利用它来发出富有表现力和感染力的声音,增强语言表达的效果。

2) 影响声音质量的因素。现实生活中,去除语言的内容,人们经常能够通过一个人的声音判断出对方的许多信息,如对方的性格、涵养、情绪等;有时甚至单凭一个人的声音就去主观地判断这个人的外貌、形象等特征,尽管判断的结果有时与事实不相符合,这说明声音具有迷惑性。因此,声音质量的高低直接影响听众对语言内容和表达者的接受程度。那么,影响声音质量的因素有哪些呢?

(1)音域。音域即每个人声音从低音到高音的范围。大多数人运用音高的范围超过8度,也就是音阶上的8个全音。音域的宽窄直接影响到声音的质量。人们在平时交谈时,音域大多在一个8度左右,而常用的也只有四五个音的宽度,但是如果要同时与众多听众进行交流,如演讲或是表达强烈的思想感情时,这样的音域就显得过窄。因为这时表达者不得不用到音域的极限,自己会感到吃力,声音会变得不自然,而带给听者的则是极不舒服的感觉。如果一个人的音域过窄而造成表达上的障碍,则需要专门为此进行训练,以拓宽自己的音域。事实上对于大多数人来说,不在于是否拥有令人满意的音域,而在于是否最好地利用了他们的音域。

(2) 音量。也就是发出声音的强弱、大小。当人们正常呼气时,横膈肌放松,空气被排出气管。当人们讲话时,就会通过收缩腹肌来增加排出空气对振动声带的压力。这种在排出的空气后面更大的力量提高了声音的音量。感受这些肌肉动作的方法是:将双手放在腰部两侧,将手指伸展放在腹部。然后以平常的声音发"啊",再以尽可能大的声音发"啊",这时我们会感觉到提高音量时腹部收缩力量的增强。微弱的声音,缺乏力度,使有声语言没有表现力,难以表达强烈的思想感情;而响亮、浑厚、有穿透力的声音,则能做到高低起伏,轻重有别,可以增强声音的表现力与感染力。因此,如果我们的音量不够大,则可以通过在呼气时提高腹部区域压力的方法加以锻炼。

(3) 音长。音长也就是声音的长短,它同语速、停顿密切相关,可以影响语言节奏的形成,对声音的质量同样有着不可忽视的作用。语速,也就是讲话的速度。大多数人正常交流时语速为每分钟 130~150 个字,而播音员的语速一般在 180~230 个字。可见,对于不同的人,不同的语言环境,语速的差异是比较大的。我们不需要去统一执行哪一个标准语速,因为一个人语速是否恰当,关键取决于听众是否能理解他在说什么。通常情况下,当一个人发音非常清楚,并且富有变化、抑扬顿挫时,即使语速很快也能被人接受。

(4) 音质。嗓音的音调、音色或声音。它往往是一个人声音的个性。如笛子有笛子的声音,而京胡有京胡的声音。音质决定于共鸣腔的状态和质量的变化。音质直接影响到声音是否优美悦耳,影响到声音的表现力。最好的音质就是一种清楚悦耳的音调。音质上的障碍包括鼻音、呼气声、嘶哑的声音和刺耳的声音。

上述这四个特征,我们一方面要进行良好的训练;另一方面,要学会合理地控制这些特征,这样就可以使声音富于变化、轻重有别,从而更加有效地表达语言的思想内容。

【小训练】

(1) 大声朗读下列成语,注意声母和韵母以及声调。

| 比翼双飞 | 披荆斩棘 | 满载而归 | 丰衣足食 | 大张旗鼓 | 推陈出新 |
| 南征北战 | 龙飞凤舞 | 高瞻远瞩 | 快马加鞭 | 和风细雨 | 洁身自好 |
| 轻歌曼舞 | 先人后己 | 正本清源 | 超群绝伦 | 生龙活虎 | 日新月异 |
| 责无旁贷 | 此起彼伏 | 四通八达 | 按部就班 | 呕心沥血 | 峨冠博带 |
| 依山傍水 | 闻过则喜 | 云淡风轻 | 而立之年 | 仗义执言 | 瞒天过海 |
| 鞍前马后 | 兵强马壮 | 催眠有术 | 灯红酒绿 | 飞崖走壁 | 甘霖普降 |
| 挥毫泼墨 | 坚决果断 | 鲲鹏展翅 | 捞钱索物 | 闷头写作 | 千锤百炼 |
| 酸甜苦辣 | 吞云吐雾 | 心明眼亮 | 争先恐后 | 因循守旧 | 巍然挺立 |

(2) 向听众讲述一段个人经历中印象深刻的一件事。

要求:不要照稿宣读,注意吐字发音,并使自己的声音热情、自然、有表现力。可将自己上面的讲话用手机录下来,然后分析研究自己的录音,找到自己语言中的干扰词。再重复自己刚才讲述的内容,重复时注意克服这些干扰,尽量减少干扰词出现的频率。

3) 发声练习。"发声"讲的是声音的问题。声音的好坏直接影响着说话的效果。传说古希腊演说家德莫切克,第一次参加演讲比赛惨败收场,其中一个非常重要的原因就是他的嗓音嘶哑。后来,他苦练嗓音,终于成了享有盛名的演说家。优美的声音,会给人增添一种绚丽耀眼的光彩,而浊哑的声音,会使得人们的话语黯然失色。声音集中,才能洪亮,才能结实;声音自然,才能毫不做作;声音圆润,才能给人以美感。在发声训练中,我们要求做到"集中、圆润、自然"。正确的发声方式是:"开牙关,要微笑,舌根松,下巴掉,一条声柱通硬腭,声音集中打面罩。"

"开牙关,要微笑",必然引起软腭上提,增加口腔的空间,并具有一定的力量,可以增加口腔共鸣,使声音竖立、明亮、圆润,避免挤压出缺少共鸣、毫不悦耳的扁音来。后声腔适当打开,对充分运用胸腔、口腔共鸣也有好处。"舌根松,下巴掉",是指喉部要放松,以免紧张,妨碍气息的流畅,产生挤压声音的现象。"下巴掉"不是说有意识地把下巴向下拉,而是让自己有一种下巴轻松得如同不存在似的感觉,目的还是让它松弛。"一条声柱通硬腭,声音集中打面罩",是指结合气息的运用,要形成一条声柱(而不是一片)直通硬腭中心线,打到面罩上来,使声音集中,并具有穿透力。

在这个练习的基础上,才能进一步地对声音进行塑造。例如,在朗诵不同文体、不同风格、不同感情、不同人物性格和其他不同艺术形象的作品时,有了良好的发声基础,才能使声音富有表现力和感染力。

我们已经知道,声音的产生并不是单靠哪一个器官完成,而是呼吸器官、消化器官相互协同完成了发声。发音效果的好坏,与呼吸、声带、共鸣器官等有直接的关系。因此,要想提高声音的质量,使自己发出的声音更加富有表现力和感染力,就要从以下几个方面多加练习。

(1) 控制气息。气乃声之源。一个人气量的大小、能否正确用气,对语音的准确、清晰度和表现力都有直接影响。唐代文学家韩愈曾说过:"气,水也;言,浮物也。水大而物之浮者大小毕浮。气之与言犹是也,气盛则言之短长与声之高下者皆宜"。因此我们必须学会控制好气息,这样才能更好地驾驭声音。在语言交流中要想使声音运用自如、音色圆润、优美动听,就要学会控制气息,掌握呼吸和换气的技巧。

呼吸的紧张点不应放在整个胸部,而应放在丹田,以丹田、胸膛、后胸作为支点,即着力点。力量有支点,声音才有力度。

控制气息训练要从以下三个方面入手。

① 吸气。吸气时,要双肩放松,胸稍内含,腰腿挺直,缓慢平稳地吸气。要领是:气下沉,两肋开,横膈降,小腹收。这样随着吸气肌肉群的收缩容积立体扩张,有明显的腰部发涨、向后撑开的感觉,注意不要提肩,也不要让胸部塌下去。当气吸到七八成时,利用小腹的收缩力量控制气息,使之不外流。

【小训练】

抬重物时,必须把气吸得较深,憋着一股劲,后腰膨胀,腰带渐紧。这正是正确的呼吸方法。多抬几次重物,找出以上感觉。

② 呼气。呼气时,要保持吸气时的状态,两肋不要马上下塌。小腹始终要收住,不可放开,使胸、腹部在努力控制下,将肺部储存的气息慢慢放出,均匀地向外吐。呼气要用嘴,做到匀、缓、稳。在呼气过程中,语音随之一个接一个地发出,从而使有声语言富有节奏。

【小训练】

假设桌面上有许多灰尘,要求吹而又不能吹得尘土飞扬。练习时,按吸气要领做好准备,然后依照抬重物的感觉吸足一口气,停顿两秒钟左右,向外吹出气息。吹气时要平稳、均匀,随着气息的流出,胸腹尽量保持吸气时的状态。尽量吹得时间长些,直至将一口气吹完为止。

③ 换气。在语言表达过程中,人们不可能一口气将所要说的内容说完,常需要根据不同内容和表情达意的需要作时间不等的顿歇。许多顿歇之处就是需要换气或补气之处,以保证语气从容、音色优美,防止出现气竭现象。

换气有大气口和小气口两种换气方法。大气口是在类似于朗读、演讲这样的表达时,在允许停顿的地方,先吐出一点气,马上深吸一口气,为下面要说的话准备足够的气息。这种少呼多吸的大气口呼吸一般比较从容,也比较容易掌握。小气口是指表达一段较长的句子时,气息用得差不多了,但句子未完而及时补进的气息。补气时,可以在气息能够停顿的地方急吸一点气,或在吐完前一个字时不露痕迹地带入一点气,以弥补底气不足。要求吸气无声,又音断气连,是一种难度较大的换气方法。

【小训练】

① 高声朗读《高山下的花环》中雷军长的一段演说,安排好换气:"我的大炮就要万炮轰鸣,我的装甲车就要隆隆开进!我的千军万马就要去杀敌!就要去拼命!就要去流血!可刚才,有那么个神通广大的贵妇人,她,竟有本事从千里之外把电话打到我这前沿指挥所。她来电话干啥?她来电话是要我给她儿子开后门,让我关照关照她儿子!奶奶娘!走后门她竟敢走到我这流血牺牲的战场!我在电话里臭骂了她一顿!我雷某不管她是天老爷的夫人,还是地老爷的太太,走后门,谁敢把后门走到我这流血牺牲的战场上,没二话,我雷某要让她儿子第一个扛上炸药包去炸碉堡!去炸碉堡!"

② 练习下面的绕口令,开始做练习时,中间可以适当换气。练到有了控制能力时,逐渐减少换气次数,最后要争取一口气说完。

五组的小组长姓鲁,九组的小组长姓李。鲁组长比李组长小,李组长比鲁组长老。比李组长小的鲁组长有个表姐比李组长老,比鲁组长老的李组长有个表姐比鲁组长小。小的小组长比老的小组长长得美,老的小组长比小的小组长长得丑。丑小组长的表姐比美小组长的表姐美,美小组长的表姐比丑小组长的表姐丑。请你想一想:是鲁组长老,还是鲁组长的表姐老?是李组长小,还是李组长的表姐小?是五组小组长丑,还是九组小组长丑?是鲁组长表姐美,还是李组长表姐美?

气息控制训练可以把握"深、通、匀、活"四字方针,注意气息和内容的结合。单纯的语音、气息训练效果并不好,需要大家在实际朗读过程中不断体会、运用。

(2) 训练共鸣。共鸣是指人体器官因共振而发声的现象。在产生共鸣的过程中,共鸣器官把发自声带的原声在音色上进行润饰,使声音圆润、优美。科学调节共鸣器官可以丰富或改变声音色彩,同时起到保护声带的作用,延长声带的寿命。用声的共鸣重心在口腔上下,以口腔共鸣为主。一般提到的共鸣腔有颅腔、鼻腔、口腔、胸腔,这四个共鸣腔最基本。声乐学习中还有提到腹腔共鸣,不过有些人不赞同这个提法。要想声音圆润集中,需要改变口腔共鸣条件。发音时双唇集中用力,下巴放松,打开牙关,喉部放松,提颧肌、颊肌、笑肌,在共同运动时,嘴角上提。可以通过张口吸气或用"半打哈欠"感觉体会喉部、舌根、下巴放松,这时的口腔共鸣会加大。在打开口腔的时候,同时注意唇的收拢。

训练共鸣要从以下方面入手。

① 鼻腔共鸣。鼻腔共鸣是由"鼻窦"实现的。鼻窦中的额窦、蝶窦、上腭窦、筛窦等,它们各有小小的孔窦与鼻腔相连,发音时这些小孔窦起共鸣作用,使声音洪亮,传得更远。运用鼻腔时,软腭放松,打开口腔与鼻腔的通道使声音沿着硬腭向上走,使鼻腔的小窦穴处充满气,头部要有振动感,这样发出的声音才会震荡、有弹力。但要注意,鼻腔色彩不能过量,过量就会形成"囊鼻音"。

【小训练】

词组练习:妈妈  光芒  中央  接纳  头脑
蓝蓝的天上白云飘,白云下面马儿跑,挥动鞭儿响四方,百鸟齐飞翔。

② 口腔共鸣。口抬起,呈微笑状,使整个口腔保持一定张力,口腔壁、咽腔壁的肌肉处于积极状态,这样声带发出的声音随气流的推动流畅向前,在口腔的前上部引起振动,形成共鸣效果。共鸣时要把气息弹上去,弹到共鸣点。声音必须集中,同时还要带上感情,兴奋起来。这样才会达到一个好的共鸣效果。

【小训练】

词组练习:澎湃  冰雹  拍照  平静  抨击  批评  哗啦啦  啪啪扑  哽咽
绕口令:山上五株树,架上五壶醋,林中五只鹿,柜中五条裤,伐了山上树,取下架上醋,捉住林中鹿,拿出柜中裤。

③ 胸腔共鸣。胸腔是指声门以下的共鸣腔体,属于下部共鸣腔体,它可以使声音结实浑厚、音量大。运动胸腔共鸣时,声带振动,声音反着气流的方向通过骨骼和肌肉组织壁传到肺腔,这时胸部明显感到振动,从而产生共鸣。有了这个底座共鸣的支持,声音才会真实,不飘。胸腔的空间及共鸣能量大,发出的声音有深度和宽度,声音更浑厚、宽广。

【小训练】

① 胸腔共鸣训练。
"a"元音直上、直下、滑动练习。

词组练习：百炼成钢　翻江倒海　追悔莫及

小柳树,满地栽,金花谢,银花开。

② 发声练习。

口腔打开,使下面一组音从胸腔逐渐向口腔、鼻腔过渡。要求放慢、拖长、找准共鸣位置。

a—mai—mao—mi—mu

③ 朗读共鸣练习。

朗读《七律·长征》(毛泽东),要求放慢速度,有意识地夸张,尽量找出最佳共鸣效果。声音适当偏后些,使之浑厚有力。注意防止"囊鼻音"。

红——军——不怕——远——征——难,

万——水——千——山——只——等——闲。

五岭——逶迤——腾——细——浪,

乌蒙——磅礴——走——泥——丸。

金沙——水拍——云——崖——暖,

大渡——桥横——铁——索——寒。

更喜岷山——千——里——雪,

三军过后——尽——开——颜。

④ 假设分别向1个人、10个人、50个人、1000个人,在教室、大礼堂、体育场等地朗诵或喊口令,十分准确地运用声音。

在进行共鸣训练时,扩大共鸣腔要适度,不能无限制,要以不失本音音色为前提。同时,应该学会控制共鸣腔肌肉的紧张度,保持均衡的紧张状态。另外,共鸣腔各部位包括肌肉要协同动作,这样声音的质量才能真正提高。

(3) 吐字归音。吐字归音是汉语(汉字)的发声法则,即"出字"和"收字"的技巧。我们把一个字分为字头、字腹和字尾三部分,"吐字"是对字头的要求,"归音"是对字腹尤其是对字尾的发音要求。吐字归音训练要从以下方面着手。

① 吐字。吐字也叫咬字。一是注意口形,口形该大开时不能半开,该圆唇的时候不能展唇,尽量使声音立起来;二是注意字头,字头是字音的开始阶段,要求叼住弹出。要做到吐字清晰,发音有力,摆准部位,蓄足气流,干净利落,富有弹性。只有这样吐字才能使声音圆润、清楚。

### 【小训练】

读下面的绕口令。先慢读,注意分辨声母,发好字头音,读准声调。读几遍后再加速。

a. 白石白又滑,搬来白石搭白塔。白石塔,白石塔,白石搭石塔,白塔白石搭。搭好白石塔,白塔白又滑。

b. 四和十,十和四,十四和四十,四十和十四。说好四和十,得靠舌头和牙齿。谁说四十是"细席",他的舌头没用力;谁说十四是"适时",他的舌头没伸直。认真学,常练习,十四、四十、四十四。

② 归音。字尾是字音的收尾部分,指韵母的韵尾。归音是指字腹到字尾这个收音过程。收音时,唇舌的动作一定要到位,字腹要拉开立起,即在字腹弹出后口腔随字腹的到来扯起适当的开度,共鸣主要在这儿体现。然后收住,要收得干净利落,不拖泥带水,但也不能草草收住。如"天安门"三个字收音时舌位要平放,舌尖抵住上齿龈,归到前鼻韵母"n"音上。只有这样归音才到位,才能使声音饱满,富有韵味。

【小训练】

读下面的绕口令,注意"n"和"ng"的收音。

梁家庄有个梁大娘,梁大娘家盖新房。大娘邻居大老梁,到梁大娘家看大娘,赶上梁大娘家上大梁,老梁帮着大娘扛大梁,大梁稳稳当当上了墙,大娘高高兴兴谢老梁。

4) 声音的运用技巧。

(1) 语调。俗话说,听话听音,锣鼓听声。生动多变的语调是一种表意功能很强的口语修辞手段。语调高低升降的变化可以表达不同的含义,常见的有以下几种。

① 高升调。常用于呼唤、号召、惊疑等情感较为激昂的句子。举例如下。

让我们高举起振兴中华民族的希望火炬,去奋斗！去开拓！去创造我们美好的未来！

② 平直调。多用于一般的叙述、说明句。举例如下。

我不相信天上有上帝、宇宙有鬼神,但我相信,每个人都有他自己的命运。

③ 抑降调。多用于祈使、感叹等句子。举例如下。

每个人都有自己的人生航线,但是没有一条会是笔直的,它充满着曲折,我们的历史就是这样。

④ 曲折调。一般表示含蓄、反诘、夸张等情感。举例如下。

什么"人权自由""博爱平等",全是骗人的鬼话。

【小训练】

根据括号内的提示,用恰当的语调说出下面的话。

"你到这里来过?"

- 高兴(这太好了！)
- 惊讶(真没有想到。)
- 怀疑(这可能吗?)
- 责怪(你不应该来呀！)
- 愤怒(真是太不像话了！)
- 惋惜(唉！无可挽回的过失。)
- 轻蔑(这种地方你也来,你是什么东西。)
- 冷漠(是否来过与我无关。)

(2) 重音。重音是指在句子中某个词语说得特别重或者特别长。重音通常分两类,一类是与句子的结构有关,叫做结构重音;另一类与强调的某个潜在的语义有关,叫做强调重音。在说话人没有任何强调意思时,句中的结构重音就起作用了,这时的重音是句中组成成分之间相比较而存在的。例如,在简单的主谓句中,旨在说明主语"怎么样了"时,相比之下,谓语重些。如小王买了(重音在"买")。如果句中有宾语,则宾语较重,如小王买计算机了(重音在"计算机")。如果句中有修饰语,则修饰语较重,如楼上的小王买计算机了(重音在"楼上")。强调重音没有固定的位置,是根据表达者所要强调的潜在意义决定的,但强调重音也不是随心所欲的,要根据上下文意思决定。例如,我们要起诉施虐者(实施起诉的不是别人);我们要起诉施虐者(不是采取别的行为,是起诉);我们要起诉施虐者(起诉的对象是施虐者)。

【小训练】

说出下面的话,注意重音。

他吃了一块蛋糕。

他吃了一块蛋糕。

他吃了一块蛋糕。

他吃了一块蛋糕。

(3) 停顿。停顿是指在语言交流中的语句或是词语间声音上的间歇。停顿一方面是我们生理和心理的需要;另一方面它也起到控制节奏、强调重点的作用;同时也是给听者一个思考、理解和接受的时间,使听者更好地理解语义。停顿有多种性质,一是语法停顿,这类停顿基本依据标点来处理,如句号、问号、感叹号的停顿就要比顿号、逗号、分号的长;二是层次停顿,语义的层次需要停顿来表达清楚,这既包括语言中大的意思层次,如一节或一段,也指一句话中的语义的层次;三是呼应性的停顿,如果是一大段的语言内容,往往会出现整体性的呼应或是局部呼应,这种情况声音必须停顿,否则就会造成呼应中断,影响语义的表达,如"这对小燕子,便是我们故乡的那/一对,两对吗?"(郑振铎《海燕》);四是音节性停顿,这主要是指节奏感比较强的诗词朗读时,如"空山/新雨后,天气/晚来秋"(王维《山居秋暝》);五是强调性停顿,即为了突出句中的某些重要词语,而在这些词语的前或后稍加停顿,如"有的人活着/他已经死了;有的人死了/他还活着"(臧克家《有的人》)。

(4) 语速。语速是指语言节奏的快慢,它是体现语言节奏、表达思想感情的重要手段。在现实生活中,凡是兴奋、激动,就会语速加快;而沉思、平静时,语速就会变慢。因此,一方面语速的运用要与内容、情感有关;另一方面也受不同场合的影响。做报告、播音的语速就相对较慢,而讲课的语速则要快一些,最快的则是我们常常听到的体育赛事的转播解说。

(5) 抑扬。抑扬是指语调高低升降的变化。抑扬顿挫才会引人入胜。下面几种语言节奏较为常用,应注意掌握。

① 高亢型。声音偏高,起伏较大,语调昂扬,语势多上行。用于鼓动性强的演说,叙述一件重大的事件,宣传重要决定及使人激动的事。

② 低沉型。语速偏慢,语气压抑,语势多下行。多用于悲剧色彩的事件叙述,或慰问、怀念等。

③ 凝重型。声音适中,语速适当,既不高亢,也不低沉,重点词语清晰沉稳,次要词语不轻不促。用于发表议论和某种语重心长的劝说,或抒发感情等。

④ 轻快型。多扬少抑,听起来不费力。日常性的对话、一般性的辩论都可使用这种语言节奏。

⑤ 紧张型。语速较快,句中不延长停顿。用于重要情况的汇报,必须立即加以澄清的事实申辩等。

⑥ 舒缓型。声音不高也不低,语速从容,既不急促,也不大起大落。说明性、解释性的叙述,学术探讨等宜用。

在不同的场合,要注意运用有效的发音。坚毅激进的声音,可以给人一种奋进感;柔和清脆的声音使人愉快;低缓忧郁的声音让人感伤;而粗俗急躁的声音使人愤怒。所以,要试着去掉自己的发音障碍,调整节奏和音色,使有声语言富有节奏,展示出声音的和谐之美,做个说话受人欢迎的人。

【小训练】

综合运用有声语言重音、语速、停顿、抑扬等技巧,根据语言的环境,朗读下面的内容。

① 伙计们都寻思起来,想什么办法呢?玉宝坐在旁边也想了一会儿,笑着说:"叔叔,我有个好办法,咱们大家出口气,把那老小子打一顿。"(选自高玉宝的《半夜鸡叫》)

② 康大叔显出看不上他的样子,冷笑着说:"你没有听清我的话,看他的神气,是说阿义可怜哩。"(选自鲁迅的《药》)

③ 我为少男少女们歌唱,我歌唱早晨,我歌唱希望,我歌唱那些属于未来的事物,我歌唱正在生长的力量。(选自何其芳的《我为少男少女们歌唱》)

④ 范柳原冷冷地道:"你不爱我,你有什么办法,你做得了主?"白流苏道:"你若真爱我的话,你还顾得了这些!"范柳原道:"我不至于那么糊涂。我犯不着花了钱娶一个对我毫无感情的人来管束我。那太不公平了。对于你,那也不公平。噢,也许你不在乎。根本你以为婚姻就是长期的卖淫合同。"(选自张爱玲的《倾城之恋》)

⑤ 一生中能有这样两个发现,该是很够了。即使只能做出一个这样的发现,也已经是幸福的了。但是马克思在他研究的每一个领域,甚至数学领域都有独到的发现,这样的领域是很多的,而且其中任何一个领域他都不是肤浅地研究的。(选自恩格斯的《在马克思墓前的讲话》)

## 二、书面语言沟通

书面语言沟通简称书面沟通。它是指以书面、电子邮件等为载体,运用文字和图表进行信息传递的一种正式的沟通形式。从形式上看,表现为文字,具有一定的行文格式;从内涵上看,表现为创造性,简单的摘抄和记录不属于这一范畴。书面沟通通常表现为大量的文书工作形式,主要包括文件、报告、信件和书面合同等。这是一种比较经济的沟通方式,沟通成本比较低,而且不受场地的限制,因此被人们广泛使用,"口说无凭,事实为证"就充分地说明了书面沟通在现实生活中的重要作用。

【小贴士】

**书面沟通的新发展**

书面沟通也是一个不断发展的概念。现代科学技术的发展打破了传统的概念,利用计算机写作成为不可逆转的趋势,利用键盘可以将文字快速录入,并且信息的剪切、粘贴和复制等文字功能变得极为方便,而且书面材料写完后,在传递和阅读中还可以利用网络的方式来完成,这使书面沟通的内涵获得了更大的拓展和延伸。

**1. 书面沟通的特点**

一般地,书面沟通具有以下主要特点。

(1) 持久保存性。书面沟通的信息可以持久地保存下来。书面沟通以文字的形式记录,能够长期保存,这有利于使信息接收者对书面材料进行认真仔细地查看和深度的加工。

(2) 形式多样性。书面语言的形式具有多样性。书面语言的形式多种多样,包括报纸、杂志、报告、告示、电子邮件、传真、书籍、标语、电视、光盘、通知、计算机屏幕上的文字说明等,而且书面语并不是僵化的,它可以通过华美的图片、形象的图表,以及清晰、简洁而又深刻的语言来进行有形展示,这样大大增加了书面沟通的功效。

(3) 信息条理化、规范化。书面沟通有利于信息发送者对所要传达的信息更加条理化、规范化。一般情况下,书面材料不但在词语的组织运用、词语间的关系规则和习惯、句子语法等方面有着很强的逻辑性,而且它还包括段落、主题句和其他结构的要素,以便向读者提供关于文字内容、结构、逻辑顺序的概要标志。另外,书面语言在正式发表前要经过反复的修改,直到表述内容让信息接收者满意为止。

(4) 不使用非语言要素。与书面沟通相比,口头沟通具有一定的非语言要素。在口语表达中为加强沟通的效果,人们往往会使用一些手势、表情、身体的动作等非语言的形式,显然在书面沟通中是无法做到的。但是,书面沟通比口头沟通在形式上要更正式一些,也是一种重要的沟通形式。

(5) 耗时较长。与口头沟通相比,书面沟通耗时较长。一般情况下,在相同时间的沟通交流中,口头沟通往往比书面沟通所传达的信息要多得多,因为书面材料是有计划制作的结果,是有准备、有目的的,有时需要经过创作编排而成。

(6) 不能及时反馈。书面沟通无法及时地提供反馈信息。在日常生活中,口头沟通可以使信息接收者对所听到的信息及时地向信息发送者进行反馈,表达出自己的看法和见解,还可以对自己不明白的地方提出疑问。而书面沟通在这种反馈机制上有所缺乏,由于无法及时得到信息接收者的反馈信息,从而无法确保接收者对信息的理解是否符合发送者的本意。因此,发送者往往会花费很长的时间去了解所传递的信息是否已经被接收者正确地理解。

表2-3显示了书面沟通与有声语言沟通的比较结果。

表 2-3　书面沟通与有声语言沟通的比较

| 相关要素 | 书面沟通 | 有声语言沟通 |
|---|---|---|
| 传播速度 | 慢,但可持久存在 | 迅速,但消失很快 |
| 反馈性 | 速度慢 | 速度快,双向沟通 |
| 特性 | 正式,具有权威性 | 随意,经济 |
| 准确性 | 准确性高 | 准确性低,个性化 |
| 传播区域 | 内容可远距离传播 | 只在沟通时传播 |
| 信息渠道 | 少,以语言沟通为主 | 多,可利用非语言渠道表达 |

【小训练】

书面沟通是一种非常重要的沟通方式,请大家交流一下,在什么情况下适合书面沟通,并举出相应的例子。

### 2. 书面沟通的优点和缺点

书面沟通在人们的生活和工作中扮演着重要的角色,具有其他沟通形式所不可替代的作用。概括起来,书面沟通的优点和缺点如表 2-4 所示。

表 2-4　书面沟通的优点和缺点

| 书面沟通的优点 | 书面沟通的缺点 |
|---|---|
| ① 适合传达事实和意见,或者是复杂而困难的信息;<br>② 词语可经过细致的推敲和检查,不断地进行修改;<br>③ 书面材料准确而可信,所谓"白纸黑字",可作为证据;<br>④ 书面材料可复制,向很多人传达相同的信息;<br>⑤ 可持久保存,便于存档保管,便于日后查证 | ① 耗时较长;<br>② 反馈速度慢;<br>③ 缺乏非语言要素的配合,如发送者的语气、强调重点、发文的目的和表达特色容易被忽略,因此接收者可能会误解内容;<br>④ 如果信息发送者选择的格式、情境或时机不当,接收者可能会不太关注其信息内容;<br>⑤ 如果太简洁则表达不足;如果长篇大论则可能没人感兴趣 |

【小幽默】

**用纸条沟通的夫妻**

一对夫妻有一天闹不和,打算分床睡,互不讲话,有事写纸条。

晚上,丈夫给妻子留了一张纸条,上写:"明天我有个会议,早上 7 点叫我。"然后放在妻子的床头边。第二天,丈夫醒来一看,已经 8 点了。他非常气愤,跑去质问妻子,但是发现妻子早已经出去了。他没办法,又回到卧室,发现枕边有一张纸条,写着:"死鬼,都 7 点了,还不起床。"

### 3. 书面沟通的写作原则

书面沟通中的写作要把握一定的原则,有专家提出 7C 原则,即完整(Complete)、正确(Correctness)、清楚(Clearness)、简洁(Concise)、具体(Concreteness)、礼貌

(Courtesy)、体谅(Consideration)。

(1) 完整是指书面沟通应完整表达所要表达的内容和意思,何人、何时、何地、何事、何种原因、何种方式等都交代清楚。

(2) 正确是指主题正确,观点正确,运用的理论和方法正确,语言表达准确,数据准确,结论正确。

(3) 清楚是指思路清楚、层次清楚等。特别是选用的所有语句都应能够非常清晰明确地表现真实的意图,避免双重意义的表示或者模棱两可。

(4) 简洁是指在无损于礼貌的前提下,用尽可能少的文字清楚表达真实的意思,让人一目了然,易于理解。清楚和简洁经常相辅相成,摒弃行文中的陈词滥调和俗套,可以使交流变得更加容易和方便。

**【小故事】**

**一问一答两个标点符号**

雨果写完一本新书之后,将书稿寄给一位出版商。稿子寄出很长一段时间仍没有回应,于是,他在纸上画了一个很大的"?"寄给出版商。隔了几天,出版商回信了。雨果拆开一看,上面也是一个字都没有,只画了一个"!"。他知道有希望了。果然,他的著作《悲惨世界》不久就出版了,并大获成功。

**【点评】** 要达到沟通的目的,一是要知道针对不同的沟通对象应该选择什么样的沟通方式;二是要知道如何进行简洁的沟通。只有简单明了、简洁明快,才能提高沟通效率。

(5) 具体是指内容要具体而且明确,不能丢三落四。

(6) 礼貌是指文字表达的语气上应表现出一个人的职业素养,客气而且得体。最重要的礼貌是及时回复对方,最感人的礼貌是从不怀疑甚至计较对方的坦诚。相互交往中肯定会发生意见分歧,但礼貌和沟通可能化解分歧而不影响双方的良好关系。

(7) 体谅是指在书面沟通时,始终应该以对方的观点来看问题,根据对方的思维方式来表达自己的意思,只有这样,与对方的沟通才会有成效。

**【小贴士】**

**在美国职场写作是一项"门槛技能"**

最近,一项对 120 个美国公司和 800 万人的调查显示,职场写作对于雇用和提拔雇员(特别是专业雇员)来说是一项"门槛技能"。调查结果显示,良好的写作技能是获得提升的一个重要因素,相反,糟糕的职位申请书无异于自己主动放弃机会。研究发现,如果写不清、道不明,那极有可能不被雇用或提拔。

据调查,在美国公司中,超过 2/3 的雇员都要承担一些与写作相关的工作;在服务、金融、保险、房地产等行业,80%的公司在雇用员工时要评估其写作技能。在员工提拔中也存在类似的倾向:50%的公司在提拔员工时,需要考虑他们的写作技能。一个受访者说:"没有写作能力,你将无法升迁。"

超过 50% 的受访公司认为,其"经常"或"近乎经常"需要写技术报告(59%)、正式报告(62%)、备忘录和回函(70%),通过电子邮件、PowerPoint 作介绍是普遍的。一个主管说:"由于有了电子邮件,雇员们需要比以前写得更多,有更多的材料被记录存档。"

研究还发现,40% 的公司为员工提供有效的写作培训,美国公司在这方面的培训费高达每年 31 亿美元。

**4. 书面沟通的过程**

书面沟通的过程实际上就是写作的过程,通常管理写作一般要经过五个步骤。有效写作过程如图 2-1 所示。

图 2-1 有效写作过程

第一步:收集资料。

互联网和计算机技术的飞速发展,为信息资料的收集提供了便利条件,尤其是网络搜索、大型检索数据库的日益增多,使得信息资料的收集快捷而容易。

收集资料的途径很多,主要有文件、文章、书籍、统计数据、电话访谈、互联网检索、数据库检索、头脑风暴会议、实地调研等。

目前,最为快捷的资料收集方法是运用谷歌、百度等进行检索;其次是到国家、地方和大学、企业的图书馆进行查阅,或通过其购买的数据库进行检索;最后是直接进入政府统计网站、企事业单位网站进行检索。

**【小训练】**

请你通过各种渠道,收集有关×××方面的资料,要求每个人收集的资料不得少于5篇。

第二步:组织观点。

这一步是将收集的大量零散资料按照其重要程度、逻辑关系、时间或历史的发展过程、核心概念等进行分类或分组,分组之后再进行筛选,归纳出每组内容的关键问题及标题,最后有策略地进行编排,理清层次结构和逻辑顺序。

组织观点最重要的是提炼出核心观点,也就是中心思想,然后确定标题或主题,再确定子观点、论据、结论等。

第三步:提炼材料。

提炼材料是把已有信息资料根据确定的子观点进行取舍。取舍的方法有以下几种:一是根据每个子观点需要进行提炼;二是根据现有资料去提炼新的观点;三是有选择地根据沟通对象的需要提取;四是利用多种方法进行提取。比如,设想读者只是浏览,因此材料必须高度概括与提炼,立即能够引起读者的关注与兴趣;或是概括你的观点,或是灌输你的观点,或是利用"电梯间谈话"技术即化繁为简,或是采用"惜字如金"技术。

第四步:起草文稿。

起草文稿,首先要审视标题、结构、中心思想、论点和论据等是否清晰、合理,有无需要调整之处,然后再根据自己对主体的理解,参考已有资料进行写作。起草文稿注意不要在乎写作顺序,哪个地方思考成熟了,就可以动笔;不要边写边改,写完一部分或全文后再进行修改,这样可以避免过早删去可能有用的内容;最好使用打印件,以随时保存,修改也比较方便;起草后如果时间允许的话,不要马上送交有关部门,而是要暂时放一放,安排一定的时间间隔。过一段时间后再重新审视文章时,可能会发现有些内容需要修改、完善或删除等。

第五步:校订文稿。

校订文稿是管理写作的必要环节,因为在管理写作过程中可能会有观点、结构、逻辑、内容、格式、符号、图表等多方面的问题。因此,校订文稿时确保文稿准确是首要条件。

与口头交流的即时性相比,书面沟通可以在信息正式发出前,对所写的内容反复推敲、斟酌,不断地修改不合理的地方。从文章结构到内容重点,再到遣词造句等,都可以细致地考虑完善,直到满意后再发出。

校订实际上就是对写作内容进行编辑、修改,具体方法既可以从策略上、宏观上、微观上、正确性上进行修改,也可以就写作内容的正确性与有关部门或领导进行协商后修改,最后定稿。对此,我们可以就以下两个材料进行比较说明。[①]

**材料一**

主题:(空缺)

---

① 程庆珊.商务沟通[M].大连:东北财经大学出版社,2012.

此信息是针对你们对顾客数据库的要求而做出的回复,你们2月18日的来信说想知道怎样处理数据库问题。可以说,最大的问题是数据库包含了许多过时的信息,比如说有最近5年内或者更长时间内没有购买任何东西的顾客的信息。另一个问题是老的数据库和新的软件不兼容,而且这个新的软件是为了邮件而设置的,增加了归档的困难。我想我可以解决这两个问题,就是启用新的数据库。我们会把许多新顾客的名字输入里面,并使它与软件兼容,我们可以找出旧数据库里哪些顾客仍然希望收到我们的实时报纸和产品公告,最后也将所有这些顾客的名字重新输入新的数据库里面。

**材料二**

主题:完善我们的顾客数据库

李经理:应您的要求,我先将我对顾客数据库的修改方法阐述一下。数据库存在两个问题:首先,它包含了最近5年内或者更长时间内没有购买任何东西的顾客信息;其次,其形式与我们邮寄服务的软件不兼容。

下列3个流程可以解决这两个问题。

(1)启用新的数据库。我们会把许多新顾客的名字输入与软件兼容的数据库里面。

(2)确定旧数据库里顾客的身份。发出电子信息,询问接收者是否愿意继续接收我们的实时报纸和产品公告。

(3)重新输入或扫描积极的顾客的名字。将所有这些积极的顾客的名字重新输入新的数据库里面。这些措施可以使邮寄系统只将产品信息发送给积极的顾客。请允许我在2月25日前知道您对这些建议的看法。这样,我便可以做进一步的研究。

这里,很明显材料二更好,它是在材料一的基础上修改的结果。材料二较材料一主题鲜明、接收者明确,对问题的陈述清楚明了,并提出了解决问题的办法。另外,整个内容条理性强,易于读者阅读和理解。

**5. 常用文体的写作要求**

不同的文体有不同的写作要求,规范的写作有助于读者理解信息,帮助我们有效地沟通。下面介绍几种大学生常见文体的写作要求。

1)求职信。求职信是求职者为了寻求一份比较理想的工作,或是谋求一个比较合适的职业,而向有关单位或领导集中介绍自己的实际才能、专长,表达自己的就业愿望的一种专业文书,写好它是求职者开启成功求职的第一步,同时也是求职者和用人单位接触与联系的桥梁、纽带。写好求职信要注意以下方面。

(1)写全求职信的结构。求职信作为专用书信,为突出其目的性,一般要写明标题"求职信";另外,在成文日期下靠左处要写清求职人的"联系方式(地址、电话、电子邮箱等)",以便用人单位与求职者本人联系。

此外,为了更好地展示自己,求职者可以将有关证明材料,如学历证书、荣誉证书、技能证书等资料的复印件,附于求职信的后面。因此,在求职信的结尾部分或正文之后写明附件说明,说明求职信具有的附件数量和名称等。

(2)写准求职信的称谓。求职信中,求职者和应聘单位的人事主管(经理)之间是一种特殊的人际关系，他们之间的人际关系不是建立在血缘或情缘基础上的人际交往，而是建立在机缘关系、平等基础上的人际往来，且双方多数是初次接触。所以，求职信的称谓多用"尊敬的×××"，而不使用"亲爱的×××"。

（3）写好求职信的内容。求职者必须围绕"岗位"的需要，充分展示自己能够胜任岗位所必须具有的条件，这是求职信的核心内容，具体包括以下几个方面。

① 职业知识。职业知识就是社会实践中，人们完成职业岗位任务所必须具备的知识，一般包括基础知识和专业知识。

② 职业能力。指人们从事某一职业或专业所需要的能力，它直接影响着人们工作的质量和效率。因此，招聘方对求职者的"职业能力"最为关注。

③ 职业素养。指职业内在的规范和要求，是在职业过程中表现出来的综合品质，包含职业道德、职业行为、职业作风和职业意识等方面。具体体现为多个方面，如责任心、敬业精神、团队意识、职业操守等。求职者在求职信的写作中要有所关照。

④ 工作经历。指应聘者的所有工作历史，无论是有偿的还是无偿的、全职的还是兼职的。之所以要提供一些重要的工作经历，其目的是为了证明求职者自身的能力及其具备的职业经验，从而进一步提升自身的价值。如果是一位应届毕业生，则可以适当介绍自己的专业实习或实训经历、经验。

正文结尾部分可提醒用人单位回复消息，并且给用人单位更为肯定的确认，"您给我一个机会，我会带给您无数个惊喜！"结束语后面写表示敬意的话，如"此致、敬礼"。

【小贴士】

求 职 信

尊敬的××货运公司领导：

您好！感谢您在百忙之中阅读我的求职信！

从贵公司网站发布的招聘启事中得知贵公司要招聘4名报关员，我学的专业对口，所以我很想应聘这一岗位。我叫张××，是一名2019届专科毕业生，将于今年6月底从××职业学院经贸管理专业毕业。回首三年的大学生活，勤奋与收获同在，充实与快乐并存。三年中，我的学习成绩一直排在本专业中前10名，并在大一时顺利通过普通话二级甲等，大二顺利通过全国计算机二级（VFP）考试，大三通过英语四级，并能熟练使用英语，同时已取得报关员和报检员资格证书，学习成绩和各种证书有附件中的复印件为证。

我性格开朗、乐观向上、自信稳重、勤奋务实、待人真诚。大一、大二时在系学生会担任办公室主任职务，工作认真负责，积极主动，培养了我吃苦耐劳精神、在高强度工作环境下的抗压能力。大二下学期我发起成立了××志愿者协会，在组织活动的过程中，锻炼了组织协调能力、实际动手能力和迅速适应环境的能力，培养了团队协作精神。在学校与同学关系融洽，在各类社会实践活动如家教、企业产品的销售和推广等工作中，与同事建立了良好的人际关系。这些社会实践工作培养了我敏锐的洞察力、独立的思考判断能力、果断的行事作风，学会了为人处世之道。

最后，再次感谢您对我的关注，并真诚地希望我能成为贵公司的一员，为贵单位的繁荣昌盛贡献自己的绵薄之力，期待您的回复并期盼在面试中相见。

祝贵公司事业蒸蒸日上!

附件:

(1) 大学三年学习成绩单。

(2) 普通话二级甲等证书、英语四级证书、计算机二级证书、报关员和报检员资格证书复印件。

联系方式(略)

张××<br>2019 年 3 月 18 日

**【点评】** 这是一封规范而不失个性的求职信。它格式规范、通顺流畅、简洁质朴、语气真诚而委婉。其特点有三方面:一是信息量丰富,除必要的"软硬件"外,还将大学三年中取得的成绩按时间顺序列举出来,让人感觉这是一位勤奋学习、吃苦耐劳的好学生。二是自我分析不虚不矜、有理有据,没有套话空话,显得真实可信。三是礼仪周全,表达贴切,有问候、有致谢、有祝愿,产生了"以诚感人"的效果。这种知道对方"要什么"、自己能"给什么"、明确"为什么要我"的求职信,无疑会赢得招聘者的青睐。[①]

(4) 写好求职信的注意事项。写求职信时最好选用署有本校校名的信封、信纸,避免选用带有外单位名称的信封、信纸。字迹要清晰工整,如能写一手漂亮的书法,手写求职信是很不错的选择,因为更多的人相信"字如其人"。如果字写得不好看,宜用打印件。篇幅要适中,不宜过长,1000 字左右较为合适。

求职信是求职者与用人单位的第一次沟通,所以,文笔要自然流畅,既不要过高评价自己,也不要过于谦虚。行文可带有鲜明的个人风格,以给用人单位留下深刻的印象。

**【小故事】**

### 达·芬奇的求职信

1482 年,31 岁的达·芬奇离开故乡佛罗伦萨,来到米兰。他给当时的最高统治者、米兰大公鲁多维柯斯查写了一封求职信——《致米兰大公书》,希望谋得一个军事工程师的职位。

尊敬的大公阁下:

来自佛罗伦萨的作战机械发明者达·芬奇,希望可以成为阁下的军事工程师,同时求见阁下,以便面陈机密。

一、我能建造坚固、轻便又耐用的桥梁,可用来野外行军。这种桥梁装卸非常方便。我也能破坏敌军的桥梁。

二、我能制造出围攻城池的云梯和其他类似设备。

三、我能制造出一种易于搬运的大炮,可用来投射小石块,犹如下冰雹一般,可以给敌军造成重大损失和混乱。

四、我能制造出装有大炮的铁甲车,可用来冲破敌军密集的队伍,为我军的进攻开辟

---

① 赵玉柱.写出好的求职信需"三思"[J].应用写作,2015(4).

道路。

五、我能设计出各种地道,无论是直的还是弯的,必要时还可以设计出在河流下面挖地道的方法。

六、倘若您要在海上作战,我能设计出多种适宜进攻的兵舰,这些兵舰的防护力很好,能够抵御敌军的炮火攻击。

此外,我还擅长建造其他民用设施,同时擅长绘画和雕塑。

如果有人认为上述任何一项我办不到,我愿在您的花园,或您指定的其他任何地点进行试验。

向阁下问安!

达·芬奇

米兰大公收到此信不久,就召见了达·芬奇。在短暂的面试后,正式聘用达·芬奇为军事工程师,待遇十分优厚。

【点评】 当时,米兰大公的处境可谓强敌环伺,他需要军事制造方面的人才。达·芬奇深切地了解他的需要,有针对性地设计了求职信,无比自信地在求职信中一连使用了六个"我能",一项一项、有条不紊地列举自己军事工程方面的才能,精练简洁,让人一目了然,就等于告诉米兰大公"我清楚您的处境,我会帮助您赢得战争!"所以,后者毫不犹豫地给了达·芬奇面试的机会。

【小训练】

请根据个人专业和求职意愿,按照求职信的写作要求,为自己写一封求职信。

2) 简历。求职简历是求职者将自己与所求职岗位紧密相关的信息,经过分析整理后清晰简要地表述出来的书面求职资料。求职者到招聘单位要做的第一件事情就是投递简历,而简历则成了招聘单位了解求职者的最初载体。一份优秀的简历,往往可以在众多求职简历中脱颖而出,给招聘单位人力资源部门或人员(以下简称 HR)留下深刻印象,从而帮助求职者成功谋取职位。

(1) 形式赏心悦目。传统的表格式简历因信息散落于表格之中,不宜让 HR 立即发现求职者的闪光点,且线条过多,显得不够简洁明了。赏心悦目是简历在形式上的设计目标,这里建议将传统表格的线条去除,改散点式表格为模块式形式,这样因信息集中会让 HR 很容易找到关注点。且去除表格后的简历更显简洁、新颖、大气,收到传统表格式简历所达不到的效果。

模块式简历,即根据简历的内容划分为若干块状结构进行信息描述。模块式简历首先要考虑的是布局及框架的问题,一份简历大致包括姓名、性别、年龄、籍贯、照片、联系方式、自我评价、求职意向、教育背景、个人技能及所获奖项、在校及社会工作经历或项目经历等内容。从逻辑关系角度来看,简历中的姓名、性别、年龄、籍贯、照片、联系方式等一般都可归为基本信息范畴。弄清这种逻辑关系后,就可以将基本信息与其他模块进行切割,即将基本信息作为首部,将其他模块作为主体进行设计。在设计时,可以将基本信息置于简历的上部,或者分栏后放于左边或右边,有时为了突出其他模块也可将基本信息放在尾部。模块式结构不但让简历从视觉上更显鲜明，重要的信息更加突出，布局更加合理，而且降低了阅读障碍。

### 加入个性化元素的简历

制作简历时可加入个性化元素，个性突出、特征鲜明的简历往往会散发出独有的光芒，从而吸引 HR 的目光。个性化简历可从以下几个方面来构思。

一是从招聘单位角度构思。设计者事先要对应聘单位有所了解，设计新产品、企业标识、企业名称等企业识别元素，激发 HR 的好感和注意，比如将简历设计成新产品说明书的形式来应聘某制药企业。

二是从应聘的岗位角度构思。求职者可以根据岗位特征来设计带有岗位元素的简历形式，比如针对人力资源管理岗位，求职者可将简历做成计划引进的人才档案，内容可以是人才引进原因及人才主要成绩等。

三是从专业角度构思。求职者可以根据专业特征来设计带有专业色彩的简历形式，比如针对广告专业，求职者可将简历设计成一份精美的广告。但创新应有"度"，不可让形式淹没了内容，过于花哨反而会带来负面效果。

（2）内容简洁明了。形式只是外表，简历的内容才是关键，求职者在描述内容时务必简洁明了。对 HR 来说，每天可能会浏览数以百计的简历，一般不可能有时间把每份简历都仔细看完，如果写得繁芜冗长、词不达意、空洞无物，反而会使简历的亮点被忽视。下面分别介绍各模块的写法。

① 基本信息。基本信息主要包括姓名、性别、年龄、籍贯、照片、联系方式等。照片一定要采用穿正装的证件照，要给 HR 以正式、严肃之感，不宜采用大头照或生活照。照片往往具有文字无法比拟的优势，网上投递简历的求职者更要加以重视。联系方式一般可以依次注明手机号码及 E-mail，邮箱不宜选择 QQ 邮箱，宜选择比较正式的网易邮箱、新浪邮箱等。

② 求职意向。求职意向宜适当宽泛，采用岗位群（核心岗位与相关岗位相结合）的形式描述会比较好，特别是参加招聘会的大学毕业生的简历更应如此。但如果应聘者已获悉确定的岗位，此时的求职意向应明确。

③ 教育背景。教育背景一般应注明最高学历、专业、毕业学校，对于所学课程，可以列核心或特色专业课，公共课、基础课等可不列。

④ 个人技能及所获奖项。个人技能主要从语言能力、计算机应用能力、专业能力三个方面介绍。语言能力包括中文、外语等；计算机应用能力包括各类计算机软件的使用技能等；专业能力包括与专业相关的各项能力或相关证书。所获奖项应列举级别较高、分量较重的奖项，为突出自身能力可以在奖项之后注明级别或获奖名次、参赛人数等。

⑤ 在校及社会工作经历或项目经历。大学毕业生的经历一般包括在校工作经历、课外活动、义务工作、参加的社团、勤工俭学、实习经历等；社会人员则应强调自身的社会工

作经历或项目经历等。为简洁起见,每一部分只需列出最重要、最具代表性的3~4条即可,不宜过多。

描述经历时,宜用动宾结构的分句,按由近及远的顺序分条列举。可按照4W(When、Where、What、How)法则或STAR(Situation、Task、Action、Result)法则来描述,即以一句话概括时间段、单位、从事的职位及做了什么、如何做的及结果如何,确保描述的清晰性、条理性和逻辑性,让人一目了然。其模式为:时间段＋单位＋职位＋工作内容＋能力的提高＋评价或成绩。举例如下。

2018.6—2019.7:××自动化股份有限公司。职位:技术人员。负责生产流水线的现场监控。适应能力更强,做事效率更高。实习成绩为优。

社会人员还要特别注意项目经历的描述,其模式为:时间段＋单位＋项目名称＋职位＋工作内容＋工作业绩等。举例如下。

2018.7—2019.8:中国农业部重点农产品加工与贮藏实验室项目(北京)。职位:研究助理。制订工作计划进度表,亲自参与采样测定鸭梨果肉和种子经过不同处理的各种酶指标,初步判断"早采收、急降温"为防止黑心病的有效方案,创造性地提出微波处理钝化酶活力的方法,得到教授和博士的认可。增强了办事能力、科研能力及团队合作意识。

⑥自我评价。自我评价主要包括爱好、特长、性格、能力等,要根据自己的专业特点及求职岗位有针对性地介绍。

(3)注重简历细节。具体包括以下方面。

①仔细对照所投公司岗位的要求,突出自己的能力,增强简历的针对性、目的性。

②多使用数字语言提高简历含金量,在强调工作经历或与之相关的技能时,尽量将自己的经历具体化、数字化,增强简历的说服力。

③简历要精益求精,不断修订,确保没有语法错误、字词错误及标点错误等。

④简历的语体应使用事务语体,做到准确平实、简明扼要。

⑤简历宜多用名词性短语及动宾结构的短语,少用修辞。

⑥简历要注意编辑排版,注意字体、字号、行距及颜色的搭配,做到疏密有致、主次分明。

⑦字体宜选微软雅黑,需要引起注意的地方可以加黑突出。网上投递简历时,应制成PDF格式文件,连同Word文档一起投递,以免因版本或字体不同带来格式上的改变,从而影响阅读效果。

⑧简历要用A4纸制作,页数不宜过多,专科毕业生的简历一般以一页为宜,本科毕业生或社会人员的简历宜控制在2页之内。

【小贴士】

### HR筛选简历的过程

HR筛选简历就两个过程:先是初选。这个过程很快,每份简历只看几个关键词,10~20秒就会看完一份简历,大概选出20%的简历进行复选。然后是复选,HR对每份简历看得比较仔细,主要是为了进一步了解每位求职者,在简历中寻找几个有针对性的面试问题。这个阶段,淘汰率不是很高,基本上都会得到面试机会。

3) 思想汇报。思想汇报就是申请入党的人或党员为了使党组织更好地了解自己的思想情况,自觉地争取党组织的教育和监督,定期用书面形式向党组织汇报自己的思想。这是培养自己的组织观念、提高思想觉悟的有效途径。最好能够根据学习、工作情况经常向党组织汇报思想。党支部提倡写书面思想汇报。在特殊的情况下,可以进行口头汇报。思想汇报的写作要从以下几个方面着手。

(1) 思想汇报要内容充实。思想汇报的内容每个时期有一定的范围,应该灵活掌握。写思想汇报,应结合自己的学习、工作和生活情况,向党组织反映自己的真实思想状况。具体内容根据每个人的不同情况而定。如对党的基本知识、马克思主义的基本理论、习近平中国特色社会主义思想的学习有所收获,便将学习体会及存在的认知不清的问题向党组织说明;如参加了重要的活动或学习了某些重要文章,可以把自己受到的教育写给党组织;如在个人利益同集体利益发生矛盾的时候,可以把自己如何对待和处理的情况向党组织汇报;在思想汇报的最后部分,可写上自己对党组织的请求和希望,如希望党组织加强对自己的培养和教育,指出今后的努力方向等。

(2) 思想汇报要格式规范。思想汇报的基本书写格式通常如下。

① 标题。居中写"思想汇报"。

② 称谓。即汇报人对党组织的称呼,一般写"敬爱的党组织"。顶格书写在标题的下一行,后面加冒号。

③ 正文。结合自己的学习、工作和生活情况,向党组织反映自己的真实思想情况。上文已做列举,这里不再赘述。

④ 结尾。一般用"恳请党组织给予批评、帮助"或"希望党组织加强对自己的培养和教育"等作为结束语。

⑤ 在思想汇报的最后,要署名和注明汇报日期。一般居中书写"汇报人 ×××",下一行写上"××××年××月××日"。

(3) 思想汇报要做到"三讲究"。一讲究速度快。要结合自己的学习、工作和生活中的新情况、新问题,及时向党组织反映自己的思想情况。二讲究内容专。应根据具体情况,内容明确、集中,努力做到不枝不蔓。三讲究篇幅简短。要适应社会的飞速发展和实际工作的需要,在文字表达上力求简洁,做到短小精悍,以免冗长杂乱,令人生厌。

【小贴士】

**思想汇报"三忌"**

一忌说假话,不汇报真实的思想。不向组织汇报真实思想或有意歪曲自己的本意,可能会使组织感到你言不由衷、言行不一,或因为不了解你的真实思想而不能得到组织上的有效帮助。

二忌言之无物,缺乏实际内容。事无巨细,不抓重点;或只谈学习体会,不结合思想工作实际;或光表决心,而缺乏实际内容,等等,这些都是不妥当的。

三忌忽冷忽热,不能持之以恒。被确定为计划发展对象时,向党组织汇报思想很勤,觉得自己没有可能被吸收或有其他想法时,又很长时间不向党组织汇报思想,这会影响本人的进步。

虽然党组织不会简单地用思想汇报次数的多少衡量一个人是否积极靠近党组织,但是对于一个要求入党的人来讲,经常主动地向党组织汇报思想,则是加强同党组织联系、向党组织进一步表明自己入党愿望的一种重要方式,是培养自己的组织观念、提高思想觉悟的一条有效途径,也是获得党组织及时关心、帮助、教育和监督的一个重要环节。因此,申请入党的人应积极、主动、高效地向党组织汇报思想。

4)调查报告。调查报告是指针对某一事件、某个问题或某种情况,通过科学深入地调查研究,对客观存在的现实状况进行描述与分析并形成文字的一种书面报告。调查报告的撰写要注意以下几个方面。

(1)前提。撰写调查报告是整个调查活动的最后一环,因此要获得一份高水平的调查报告,首先要明确以下几个前提。

① 明确调查目的,即调查是谋求发现何种情况,解决什么问题的。只有目的明确,才能制定出相应的调查方向、调查对象及实施调查的具体方法和内容,否则调查将会是盲目的和无意义的。

② 选择恰当的调查方法。调查方法的选用原则要求能够最大限度地实现调查目的。当前普遍采用的调查方法有普查、抽样调查、典型调查、间接调查等,具体实施的调查方式有实验调查法、文献调查法、询问法等,其中询问法又包括问卷调查、网络调查等多种广为大众熟知和接受的方法。调查方法得当,整个调查活动将事半功倍;反之,获得的材料将一无是处。在实际操作中,调查者可以根据情况综合使用多种方法,以获得最有效的调查材料。

③ 科学有效地分析调查结果。任何缺乏科学分析的材料,都不会引申出令人信服的观点,而缺少鲜明观点的调查报告是毫无参考价值的。切实把握好以上三个环节后,就可以进入调查报告的写作阶段。

(2)结构。在文体结构上,调查报告一般包括标题与正文两大部分。

① 标题。标题主要用来提示内容,表明主题。调查报告的标题形式有三种:一种为公文式,由调查主体、调查事由及文种名称三部分组成,提示调查的对象、内容、范围等;一种为文章式,标题能表明主题即可;还有一种为双标题,即有正副两个标题,正标题为文章式,副标题为公文式,这种标题对调查报告的主题、调查的内容与范围提示得较为全面,适用于一些内容复杂的大型重要报告。

② 正文。调查报告的核心部分是正文,由前言、主体、结语三部分组成。

a. 前言是对调查情况的简要说明,一般要交代调查的对象、时间、地点、范围、目的、调查的大致过程等背景信息。

b. 正文的中间部分是主体,也是整个调查报告的核心之核心。由于内容图表繁多,主体部分需要选择恰当的结构形式来突出相应的内容与观点。

### 【小贴士】

#### 调查报告的结构

横式结构是目前运用得最为广泛的一种主体结构形式,它根据对调查结果的熟悉与分析,将主体内容分为若干个方面,每个方面都涉及一个主要问题,并用一个小标题加以提示,同时这些方面在关系上是并列的。这种结构层次清楚,方便阅读,较适用于内容庞杂的大型调查报告。

纵式结构则是按照事情发展的先后顺序或事物间的因果关系,层层递进地来组织结构内容,它的特点是思路明晰,逻辑关系强,因此较适用于事项单一的调查报告。

综合式结构是将前两种结构综合交错使用,横中有纵或纵中有横,有利于全面、立体、多方位地反映主体内容。结语作为正文的结束,其写法灵活多样。可以提炼出关于事件的典型意义,也可以形成简要明确的结论,或者提出相应的对策与建议,或进一步强调全文的观点等。

c. 结语的写作方法很多,或者提出解决问题的方法、对策或下一步改进工作的建议;或者总结全文的主要观点,进一步深化主题;或者提出问题,引发人们的进一步思考;或者展望前景,发出鼓舞和号召。当然,假如主体部分的表述已经很详尽,结语部分也可以省略。

需要说明的是,所有的调查报告都必须署名,其位置可以在标题后,也可以在文末。

(3) 特色。一份高质量的调查报告还应该突出以下三个特色。

① 材料与观点的和谐统一。大量堆砌材料,没有适当的分析与评价;或者只有观点,而缺少相应的材料支撑,都是调查报告写作的大忌。只有在材料的梳理中提炼观点,用充分的材料去证实观点,让观点统领材料,才能够使调查报告有理有据,令人信服。

② 在语言表达上,叙述与议论相辅相成。其中叙述直白,议论精练。

③ 针对性与时效性的有机结合。调查报告必须围绕主题展开内容,有针对性地提出问题、揭示问题。很多调查报告有一定的期限,一旦滞后于现实情况,就失去了存在的意义,因此必须重视调查报告的时效性。

只有具备了以上三个特点,调查报告才能够真正服务于社会。

5) 工作总结。总结是对以往一段时间内某项工作、学习或活动,进行系统全面的回顾、检查、分析、研究,从中提炼出带有规律性的东西,以便指导日后工作的一种使用频率颇高的应用文体。工作总结的目的不在于陈述具体的工作过程,而在于总结带有指导性的、参考作用的经验性的认知,吸取经验教训,发现规律,指导实践。工作总结还具有汇报工作、树立典型、积累历史资料的作用。

(1) 工作总结的基本结构。一般包括标题、前言、正文、结尾、落款。

① 标题:一般有单标题和双标题两种。

② 前言:其目的在于让读者对总结的全貌有个概括了解,为阅读、理解全篇打下基础。

③ 正文:包括做法和体会、成绩和缺点、经验和教训。

④ 结尾:在总结经验教训的基础上,明确下一步的任务、今后努力的方向或打算。

⑤ 落款：即署名和日期。日期一般置于落款单位之后，如标题已标单位，落款也可省去。

（2）工作总结写作的要领。

① 把握共性，追求个性。公文写作最忌千篇一律、千文一调。因此，必须深入调查、全面了解，大量占有第一手资料，然后分析研究，选取最典型、最新颖、最有特色的材料，通过归纳、分析，总结出典型的经验，挖掘出深刻新颖的观点，在把握文体共性的基础上，写出特色和个性。

② 找出规律，突出重点。总结的目的，在于指导实践。为此，必须找出工作中带有规律性的东西和具有指导性的经验。因此，总结切忌记"流水账"，即不分主次，不讲轻重，事无巨细，面面俱到，眉毛胡子一把抓。而应突出重点及核心，抓住事物的主要矛盾和矛盾的主要方面。把工作中的基本经验、主要做法，贯彻方针政策的成功之处，指导工作开展的得力措施，推动事业顺利进行的关键所在等，都总结提炼出来。

③ 语言准确、简明、生动。语言要做到判断明确，用词准确。含混的词语，如"比较""一般""大体上"等尽量少用。叙述事例真实、准确，评断不含糊。简明则要求阐述观点时，概括与具体相结合，要言不烦，不笼统累赘，文字朴实，简洁明了。生动则要求表述活泼，不古板。

④ 适当运用写作技巧。一要巧用数据和图表。通过当前数据与以往数据的对比，辅之以图示化工具，可更好地说明工作的完成情况和取得的成绩，这比文字叙述更有说服力、更直观。二要掌握材料一题多用的技巧。材料具有多面性，在不同场合均可发掘使用。三要综合、提炼材料。通过归纳、分析，把有用的东西"抽"出来，使其上升到系统、理性的高度，然后列个提纲，做出书面"设计"，再下笔写作。"七分想，三分写"也是快速成文的一条捷径。

【小贴士】

### 工作总结的结构形式

从内容上看，工作总结有专题性和综合性两大类型。从结构形式上看，包括以下五种。

（1）"三大块"式。综合性工作总结最常见的结构形态。通常由三大部分组成，即"基本情况概述""主要做法"（"主要做法和经验""经验体会与教训"等）、"问题及今后打算"。在结构安排上"两头小，中间大"，即"凤头，猪肚，豹尾"。

（2）"因果倒置"式。专题性工作总结最常见的结构形态。它将经验、体会置于文章的重心部位，通常开篇先讲取得的成绩，即"果"；接着表述成果取得的原因，即经验、体会，这是"因"。先"果"后"因"，"因果倒置"。工作中存在的问题，常置于结尾，三言两语，一带而过。

（3）"条款并列"式。即把情况、效果、做法、经验、体会、问题、今后意见等融合在一起，归纳成若干条，逐一加以叙述，不采取大问题套小问题的方法，而是每个问题都有相对的独立性。

（4）"正反对比"式。把情况特别是经验与教训揉在一起，归纳成几大问题，逐一从事实与道理、正面与反面、经验与教训的对比上进行叙述。

（5）"层层递进"式。专题性工作总结最常见的结构形态。通常先写一个简明的开头，说明开展某一工作或活动的原委、背景，然后在主体部分，按照这一工作进行的过程，从初期到后期、从远处到近处、从低级到高级，分作几个层次逐一加以说明，层层递进。

【小训练】

请写一份年度个人学习或工作总结，字数要求为1000字左右。总结有标题、正文和落款。正文要有取得的成绩、存在的问题及今后的打算等。

6）实习报告

对于学习过程、结果以及体会，通过书面文字写出来的材料就是实习报告。实习报告写作要把握以下要求。

（1）实习报告的资料收集。从开始实习的那天起，就要注意广泛收集资料，并以各种形式记录下来（如写工作日记等）。丰富的资料就是写好实习报告的基础。主要收集这样一些资料：比如，单位组织学习，内容是什么，什么学习方式，学习后的效果如何，对自己的思想有否提高；专业知识在工作中如何灵活运用；观察周围同事如何处理问题、解决矛盾。实习是观察体验社会生活，将学习到的理论转化为实践技能的过程，所以既要体验也要观察。从同事、前辈的言行中去学习，观察别人的成绩和缺点，以此作为自己行为的参照。

（2）实习报告的写作。第一部分是以实习时间、地点、任务作为引子，或把实习过程的感受、结果用高度概括的语言概括出来以引出报告的内容。第二部分是写实习过程（实习内容、环节、做法）。既要写出将学校里学到的理论、方式方法变成实践的行为；又要观察、体验在学校没有接触的东西，它们是以什么样的面目、方式方法，以怎样的形态或面貌出现的，将这些东西写出来。第三部分写实习体会、经验教训、今后努力的方向等。也可以以实习体会、经验教训为条目来构架全文。例如，在实践中发现自己的优势：团队协作意识强；善于根据自己的知识、能力挑战新工作；事后善于总结等。从实践中看到自己的缺陷：专业知识欠扎实；动手能力差等。用这些体会把自己实践的过程和内容串联起来。

（3）实习报告的写作要求。报告必须写自己的实习经历，可参考别人的资料，但不能抄袭。如有引用或从别处摘录的内容要标明出处。实习报告开头要有内容摘要和关键词；语言要求简练，符合公务文书的要求。字数要在3000字以上。

【小训练】

### 书面表达能力测试

你是否善于运用书面形式表达自己的观点？请根据自己的实际情况回答以下问题。

（1）在与他人沟通时，你经常采用书面表达方式吗？

　　A. 从来没有　B. 很少　　　C. 有时　　　D. 大多是　　E. 经常是

(2) 你是否认为书面表达比其他方式要更容易?

  A. 从来没有  B. 很少  C. 有时  D. 大多是  E. 经常是

(3) 当你与你的高中同学联系时,经常采用书面表达方式吗?

  A. 从来没有  B. 很少  C. 有时  D. 大多是  E. 经常是

(4) 你是否因为麻烦,拒绝使用书面表达方式与人沟通?

  A. 从来没有  B. 很少  C. 有时  D. 大多是  E. 经常是

(5) 在书面表达观点时你是否非常注意措辞?

  A. 从来没有  B. 很少  C. 有时  D. 大多是  E. 经常是

(6) 你在使用书面表达时,是否很少注意表达的格式与规范?

  A. 从来没有  B. 很少  C. 有时  D. 大多是  E. 经常是

(7) 你是否能够熟练地运用各种书面表达方式进行沟通?

  A. 从来没有  B. 很少  C. 有时  D. 大多是  E. 经常是

(8) 你是否认为你能够准确地使用书面表达方式达到沟通的目的?

  A. 从来没有  B. 很少  C. 有时  D. 大多是  E. 经常是

计分方法:选 A 计 1 分,选 B 计 2 分,选 C 计 3 分,选 D 计 4 分,选 E 计 5 分。

答案解析如下。

(1) 总分为 8~16 分:你的自我表达欲望和书面表达能力还很不够,需要大力加强。

(2) 总分为 17~32 分:你具有一定的自我表达欲望和书面表达能力,同时又能自我控制。

(3) 总分为 33~40 分:你的自我表达欲望和书面表达能力都很强,甚至有时过于表现自己,这既是你的优点,又可能成为你不受别人欢迎的原因。

## 第二节 非语言沟通

  据研究,高达 93% 的沟通是非语言沟通,其中 55% 是通过面部表情、身体姿态和手势传递的,38% 是通过声调传递的,所以非语言沟通在沟通过程中是十分常见且重要的,甚至比语言沟通表达的信息更加重要。

### 一、非语言沟通概述

**1. 非语言沟通的含义**

  所谓非语言沟通,就是使用除语言沟通以外的其他各种沟通方式来传递信息的过程。非语言沟通的形式有很多,包括身体语言、副语言、空间语言以及环境语言等,甚至没有表情的表情、没有动作的动作都是非语言沟通的有效途径。

  在沟通的过程中,非语言沟通和语言沟通关系密切,经常相伴而生,并且非语言沟通在其中起着非常重要的作用,甚至比通过语言表达的信息更为重要。

**2. 非语言沟通的特点**

  概括起来非语言沟通的特点主要表现在以下几个方面。

(1) 非语言沟通更能真实表明情感和态度。面部表情、肢体动作、目光等非语言的使用方式，都向他人传递了我们的情感和情绪，包括愉快、惊讶、悲伤。例如，我们会不自觉地接近喜欢的人；对某些话题感兴趣时，会把身体倾向对方；通过语气、语调等准确地识别说话者的情绪。

(2) 非语言信息可能与语言信息相互矛盾，非语言信息更可信。语言信息是经过精心加工的，但非语言信息在很大程度上是无意识的、根深蒂固的。现实交际中，我们也会发现"言行不一"的现象。在得到混杂信息时，非语言信息通常比语言信息更可靠。

(3) 非语言沟通隐藏着丰富的文化内涵。非语言行为是在特定的群体中学到的，它受到文化环境、风俗习惯、思维方式、宗教信仰的影响。如拉美人握手时比较柔软，而北美人握手时就强劲有力。在信奉佛教的国家，头是神圣不可侵犯的，绝对不可以去摸别人的头。

## 【小贴士】

### 非语言沟通与文化

美国人每天用于交谈的时间是日本人的两倍。

美国人经常用拇指和食指合成圆圈表示OK，而这在巴西、新加坡、俄罗斯和巴拉圭则是一种粗俗的举动。

在信奉佛教的国家，头是神圣不可侵犯的，你绝对不可以去摸别人的头。

在穆斯林文化中，不能用左手碰食物或用左手拿东西吃，这会被认为不干净。

将脚踝交叠在一起，在印度尼西亚、泰国和叙利亚是举止粗鲁的表现。

在德国，用手指指自己脑袋是侮辱他人的行为。

希腊人听到夸奖时会用嘴吹气。

洪都拉斯人把手指放在眼睛下面表示他们不相信。

日本人在受窘或表示反对时会发出嘶嘶的吸气声。

越南人低下眼睛看着地面表示尊敬。

地中海和拉丁文化的人际沟通中更多的用手势，身体接触也比较多。

### 3. 非语言沟通与语言沟通的区别

非语言沟通与语言沟通的区别主要表现为以下方面。

(1) **沟通环境。** 在非语言沟通中，我们只需运用到眼睛，因此可以不必与人直接接触。比如，你可以通过一个人的着装、动作判断他的性格与喜好；可以通过他的收藏品判断他的业余爱好；也可以通过他的表情看出他与朋友的关系程度；通过约会的地方可以看出他对约会的重视程度。非语言沟通可以不为被观察者所知，而语言沟通一般要面对面进行。

(2) **反馈方式。** 除了语言之外，对于对方所给予的信息，我们给予大量的非语言反馈。我们的很多感情反应是通过面部表情和形体位置的变化表达的。例如，通过微笑和点头来表示对别人说的内容感兴趣，通过坐立不安或频频看手表来表示缺乏兴趣。

（3）连续性。语言沟通从词语开始并以词语结束，而非语言沟通是连续的。无论对方在沉默还是在说话，只要他在我们的视线范围，他的所有动作、表情都传递着非语言信息。比如在一家商店里，一个妇女在面包柜台旁徘徊，拿起几样，又放下，还不时地问面包的情况，这表明她拿不定主意。一位客户在排队，他不停地把口袋里的硬币弄得叮当响，这清楚地表明他很着急。几个小孩试图确定自己的钱能买收款处附近糖果罐中的多少糖果，收款员皱着眉头叹了口气，可以看出她已经不耐烦了。商店中所有人都向我们传递着非语言信息，并且是连续的，直到他们从我们的视线中消失。

（4）渠道。非语言沟通经常不止利用一条渠道。例如，想象在观看一场足球赛时你所发送的信息：你穿有某队代表色的衣服，或者举着牌子，别人就能判断你喜欢哪支球队；当该队得分时，你跳起来大声喊叫。这样，在非语言沟通中，你既使用了视觉渠道，又使用了声音渠道。又比如一次会议，地点在五星级饭店，配有最好的食物，高层领导出席，着装正式。这些都表明此次会议非常重要。

（5）可控程度。我们很难控制非语言沟通，其中控制程度最低的领域是情感反应。高兴时你会不由自主地跳起来，愤怒时会咬牙切齿。我们的绝大多数非语言信息是本能的、偶然的，这与语言沟通不同，在语言沟通时，我们可以选择词语。

（6）结构。因为非语言沟通是无意识中发生的，所以它的顺序是随机的，并不像语言沟通那样有确定的语言和结构。如果坐着与人交谈，你会计划你要说的话，但不会计划什么时候跷腿、从椅子上站起来或看着对方，这些非语言动作对应着交谈期间所发生的情形。仅有的非语言沟通规则是一种行为在某种场合是否恰当或被容许。例如，在一些正式场合，即使你遇到再不高兴的事，也不能跳起来，而要喜怒不形于色。

（7）掌握。语言沟通的许多规则，如语法、格式，是在结构化、正式的环境中得以传授的，如学校。而很多非语言沟通没有被正式传授，主要是通过模仿学到的，例如，小孩子模仿父母、兄弟姐妹和同伴，下属模仿上司。

总之，人们的成功需要两座桥梁来沟通：一座是语言沟通，另一座是非语言沟通，两者缺一不可。

【小贴士】

### 藏不住事的齐桓公

春秋时期，齐桓公与管仲密谋讨伐卫国，议罢回宫，来到其所宠爱的卫姬宫室。卫姬见之，立即下跪，请求齐桓公放过卫国。齐桓公大惊，说："我没有对卫国怎么样啊！"卫姬答道："大王平日下朝，见到我总是和颜悦色，今天见到我就低下头并且避开我的目光，可见今天朝中所议之事与我有关。我一个妇道人家，没有什么值得大王和大臣们商议的，所以应该是和我的国家有关吧？"齐桓公听了，沉吟不语，心里决定放弃进攻卫国。

第二天，齐桓公与管仲见面，管仲第一句话就问："大王为何将我们的密议泄露出去？"齐桓公吓了一跳，问道："你怎么知道？"管仲说："您进门时，头是抬起的，走路步子很大，但一见我侍驾，走路的步子立即变小了，头也低下了，你一定是因为宠爱卫姬，与她谈了伐卫之事，莫非您现在改变主意了？"

**【点评】** 管仲和卫姬通过齐桓公的目光与举止,获得了语言之外非常有价值的信息。由此,我们可见非语言沟通的作用和魅力。

## 二、非语言沟通的作用

非语言沟通作为沟通活动的一部分,在完成信息准确传递的过程中起着重要的作用,它能使有声语言表达得更生动、更形象,也能更真实地体现表达者心理活动的状态。

### 1. 代替语言

我们现在使用的大多数非语言沟通,经过人类社会历史文化的积淀而不断地传递、演化,已经自成体系,具有一定的替代有声语言的功能。许多用有声语言所不能传递的信息,通过非语言沟通却可以有效地传递。另外,非语言沟通作为一种特定的形象语言,它可以产生有声语言所不能达到的交际效果。在日常工作中,我们也多在自觉或不自觉地使用各种非语言沟通来代替有声语言,进行信息的传递和交流。在传递和交流信息的过程中,既省去过多的"颇费言辞"的解释和介绍,又能达到"只可意会,不可言传"的效果。举例如下。

有一次,曾任美国第16届总统的林肯作为被告的辩护律师出庭。原告律师将一个简单的论据翻来覆去地陈述了两个多小时,听众都不耐烦了。好不容易才轮到林肯辩护。只见他走上讲台,一言不发,先把外衣脱下,放在桌上,然后拿起玻璃杯喝了口水,接着重新穿上外衣,然后又喝水,这样的动作重复了五六次,逗得听众前俯后仰。这时,林肯才在笑声中开始了他的辩护。

林肯与其他听众一样,对原告律师啰啰唆唆、翻来覆去的发言极为不满,却又不便直言指责。于是,他上台之后,进行了一系列体态动作、幽默表演,以此代替有声语言嘲弄原告律师,抒发出他心中的不满。一举胜过千言万语,收到了无声胜有声的表达功效。

【小案例】

#### 毛主席的挥手之间

方纪的《挥手之间》描述了在抗日战争时期,毛泽东去重庆谈判前与延安军民告别时的动作。"机场上人群静静地站立着,千百双眼睛随着主席高大的身影移动。""人们不知道怎样表达自己的心情,只是拼命挥着手。""这时,主席也举起手来,举起他那顶深灰色盔式帽,举得很慢,很慢,像是在举一件十分沉重的东西,一点一点地,一点一点地,等举过头顶,忽然用力一挥,便在空中一动不动了。""举得很慢,很慢"体现了毛泽东在革命重要关头对重大决策严肃认真的思考过程,同时,也反映了毛泽东和人民群众的密切关系与依依惜别之情。"忽然用力一挥"表现了毛泽东的英明果断和一往无前的英雄气概。毛泽东在这个欢送过程中一句话也没有讲,但他的手势和动作却胜过千言万语。

### 2. 强化效果

在语言交际的过程中,表达者的神情容貌、举手投足、身姿体态,始终伴随着有声语言来传递出相应的信息。在一般情况下,动态的、直观形象的体态语与有声语言的协调统一,会同时作用于听者的视觉器官与听觉器官,从而拓宽信息传输渠道,补充和强化有声语言信息的传递效果,使人产生更深刻的印象。举例如下。

英国前首相丘吉尔在一次演讲中说:"我们现在的生活水平比历史上任何时期都高,我们现在吃得很多。"讲到这里,他故意停了下来,看着听众好一会儿,然后,他盯着自己的大肚皮说:"这是最有力的实证。"

丘吉尔在这段演讲中首先妙用停顿,把听众的注意力吸引到自己身上,然后巧妙地运用"盯着自己的大肚皮"的体态语来辅助有声语言进行论证,产生了妙趣横生、令人捧腹的表达效果。

### 3. 体现真相

非语言沟通大多是人们的非自觉行为,其中所包含的信息往往都在交际主体不知不觉中显现出来。它们一般是交际主体内心情感的自然流露,与经过人们的思维进行精心提炼的有声语言相比,非语言沟通更具有显现性。非语言沟通在交际过程中可控性较小,其所传递的信息更具有真实性。正因为非语言沟通具有这个特点,因而非语言沟通所传递的信息常常可以印证有声语言所传递信息的真实与否。在现实交际中常出现"言行不一"的现象。正确判断一个人的真实思想和心理活动,要通过观察他的身体语言,而不是有声语言。因为有声语言往往会掩饰真实情况。日常工作中,同事之间的一个很小的助人动作,就能验证谁是你的真心朋友。在商务谈判中,可以通过观察对方的言行举止,判断出对方的合作诚意和所关心的目标等。

【小故事】

#### 麻将后面的政治新闻

我国新闻界的前辈徐铸成先生,有一次谈到他早年采访中的一段经历。1928年,阎锡山和冯玉祥曾经酝酿联合推翻蒋介石,可是当冯玉祥到达太原时,阎锡山却把他软禁起来,借此行动向蒋介石要钱要枪。后来冯玉祥的部下做了一番努力,才逐步扭转危局。那天徐铸成到冯玉祥驻太原的办事处采访,看到几个秘书正在打麻将,心里一动,估计冯玉祥已经脱身出走了,因为冯玉祥治军甚严,如果他在家的话部下是不敢打牌的。徐铸成赶紧跑到冯玉祥的总参议刘志洲家采访,见面就问:"冯玉祥离开太原了?"对方大吃一惊,神色紧张地反问:"啊?你怎么知道?"这个简短的对答,完全证实了徐铸成的判断。徐铸成就这样通过一桌麻将和采访对象的神色语气,获得了冯玉祥脱身出走的重要信息。以后他又经过深入地访谈,摸清了冯玉祥、阎锡山将再度联合的政治动向,在当时这是一条极其重要的政治新闻。

### 4. 表达情感

非语言行为主要起着表达感情和情绪的作用。例如,相互握手表示着良好人际关系的建立;父母摸摸小孩子的脑袋表示爱抚;夫妻、恋人、朋友间的拥抱表示着相互的爱恋和亲密。在历史上,管宁通过"割席"这个无声行动,拉开了同不专心学习的伙伴华歆的距离;汉文帝垂询贾谊时,"夜半虚前席"则缩小了君臣之间的距离。最典型的是吴敬梓的《儒林外史》有一回写严监生病入膏肓,弥留之际已不能说话,但是还不咽气,把手从被单里拿出来,赵氏慌忙擦擦眼泪,走近上前道:"爷,别人都不相干,只有我晓得你的意思!你是为那灯盏里点的是两茎灯草不放心,恐费了油。我如今挑掉一茎就是了。"说罢,忙走去挑掉一茎。众人看严监生时,点一点头,把手垂下,顿时就没有了气。这段描写固然是夸张地刻画了严监生吝啬的性格特点,但更说明了人在不能说话的情况下能用体态语来表情达意。

### 【小故事】

#### 一个微小举动

某城市电台的一位主持人时常经过一个地下通道,见到一个男孩坐在通道的一角弹着吉他唱歌。男孩总是戴着一副墨镜,显然是个盲人。他的歌唱得很好,并且唱的大多是一些人们喜欢的歌曲。主持人为了听他唱歌,常常走得很慢,等他一曲唱完,便走到他跟前放下一点零钱再离开。

有一天下雨了,男孩唱的是主持人很喜欢的《光辉岁月》。她就站在那里倾听,男孩唱得很投入,她也被他的投入打动了。他唱完的时候,她像往常一样,在他的琴袋里放下零钱。这时,男孩突然抬起头说:"谢谢你,谢谢你多次给我的帮助。我还要谢谢你,你每一次经过的时候,都是蹲下来往我的琴袋里放钱。我在这里唱了3年的歌,你是唯一一个蹲下来放钱的人。我听得出你走路的声音,你总是轻轻地蹲下来,轻轻地离去,虽然我的眼睛看不到你。"她很吃惊。他摘下墨镜,一双很大的眼睛,却没有光泽。他又说:"我就要离开这座城市了,今天我在这里就是为了等你来。我想在我临走的时候唱一首歌给你。"

男孩子调了一下琴弦,轻轻地唱起了《你的眼神》。歌曲很优美,令人感动。

【点评】 一点点小事,一个微小举动,孤立地看起来微不足道,不算什么,但它表达了一种情感,在沟通中所带来的刺激和影响并不小。

#### 5. 调节气氛

在语言交际过程中,体态语所表达的情感信息往往具有暗示作用,而表达者可以有意通过表情、目光、手势、体姿等手段调动或影响交际对象的情绪,启发或引导对方的思路,调节语言交际的气氛,从而掌握语言交际的主动权。有时,通过体态语辅助有声语言来调控语言交际活动,可以化不利的、被动的局面为有利的、主动的局面,以实现交际目的。举例如下。

两千多年前,马其顿国王亚历山大远征印度,途中断水,面临全军崩溃的危急时刻,亚历山大在战马上作鼓动演讲:"勇敢的将士们,我们只要前进,就一定会找到水的。"说这话时,他的右臂向正上方高高举起,五指张开,然后,迅速有力地挥下,给人以确定无疑的感觉。当讲到"壮士们,勇敢地前进吧!"时,亚历山大则右手平肩向后收回,然后迅速有力地将五指分开的手掌猛地推向前方,表现一种势不可当、所向无敌的气势,给将士们以极大的精神激励。

马其顿国王亚历山大在作鼓动讲演时,伴随慷慨激昂语言的是果断而强有力的手势和迅猛向前不可阻挡的手势,这些体态语的恰当运用调动和激发了将士们昂扬奋发的情绪,引导他们相信和赞成自己的观点,激起了他们奋勇前进、一往无前的斗志。可以说,亚历山大国王用伴随有声语言的体态语牢牢地把握住了交际的主动性,并成功地达到了预期的目的。

### 6. 展示素质

态势语言不仅可以补充、替代、强调有声语言,也是一个人思想情感的外化,是个人修养、风度、个性等方面的展示。良好的态势语言,能够提升一个人在听众心目中的地位,从而建立一种信任,同时还能给听众带来美好和谐的审美愉悦。而不当的态势语言则会降低其在听众心目中的地位,影响听众对其语言信息的接收。例如,一个人举止从容,说明其为人冷静;慌慌张张说明其不够自信或是缺少条理;面部微笑,说明心态阳光,对听众友好;而面部僵化说明其历练不足或是心理素质欠佳等。无论我们是否有意识地使用着态势语言,我们总是以某种态势出现在听众面前,而这种态势能够把人性格特征、内在涵养等方面的信息无声地传递给听众。态势语言既是一个人德才学识等各方面修养的外化,也是其特有的行为气质的外在方式。《世说新语·容止》讲述了这样一个故事。

魏武将见匈奴使,自以形陋,不足雄远国,使崔季珪代,帝自捉刀立床头。既毕,令间谍问曰:"魏王何如?"匈奴使答曰:"魏王雅望非常,然床头捉刀人,此乃英雄也。"魏武闻之,追杀此使。

虽然曹操装扮成地位低下的卫士,可是,曹操高度的政治、军事文化素养,长期养成的封建时代的政治家的特有气质,并没有被他矮小的身材所掩盖,而被匈奴来使一语道破。

【小贴士】

**积极的非语言和消极的非语言**

(1) 积极的非语言。
- 正面注视表明精力集中。
- 面带微笑表示态度友好。
- 双手叉腰表示进行控制的决心和能力。
- 整洁的外表表示信心十足、精明能干,还表示有修养和礼貌。
- 手托下巴表示在评判。
- 扬起眉毛表示感兴趣。
- 微微侧着的头和友好的目光接触表明赞同地聆听。
- 谈话时,如果对方将头侧向一边,尤其是倾向讲话者的一边,或者身体前倾,面向讲话者,眼睛盯住对方,说明对对方的话很感兴趣。
- 两腿分开与肩同宽,双手背后,挺胸、抬头,目光平视对方,面带微笑,则说明对交谈有兴趣、有信心。
- 慢慢打开记录本,表示关注对方讲话;快速打开记录本,说明发现了重要问题。

(2) 消极的非语言。
- 躲闪的目光意在回避。
- 把头垂下表示对所讲的事没兴趣。
- 肩部低垂表明缺乏信心。
- 手臂环绕身体是自我安慰的表现。
- 紧锁的眉头和紧闭的双眼表明心存疑惑。
- 将手插入裤袋里或交叉在胸前,有下意识的小动作,表示不专心、不在意。
- 摆弄手中的笔、打火机,抚弄衣带、发辫等,显得拘谨、缺乏自信、缺乏经验,而且也有失庄重。
- 摘下眼镜,轻轻揉眼或擦镜片,表示精神疲劳,或对争论不休的问题感到厌倦。
- 轻轻地拿起桌子上的帽子,表示要结束谈话或告辞。
- 不停地吸烟,表明在某个问题上伤脑筋;深吸一口烟,可能是准备反击;将烟圈向上吐,表示自信、傲慢;将烟圈向下吐,表示情绪低沉、忧郁、沮丧等。

## 三、非语言沟通的运用

大体上,非语言沟通主要包括运用目光语、表情语、体态语、手势语、动作语、服饰语、环境语等方面的沟通。

### 1. 目光语

"眼睛是心灵的窗户。"眼睛是最能传神的,是口语交流中表达感情信息的重要渠道,会产生很强的感染力。兴奋、热情的目光会使听众高兴;和蔼、关切的目光会使听众感到亲切;坚定、自信、充满希望的目光会使听众受到鼓舞;冷峻如剑的目光会使听众毛骨悚然;充满仇恨的目光会使听众怒火中烧。因此,应注意运用目光语来表达内在的丰富感情。

【小故事】

**谈判中的对峙**

朝鲜战争后期,美国人被迫坐下来谈判。当谈到交换战俘时,美国代表提出无理要求并采取拖延战术,谈判桌前出现对峙,沉默的对峙。李克农将军指示中朝代表坐下去,中朝代表便一个个挺直腰板,稳坐不动,一双双眼中透出冷厉的目光,逼视着对方,沉默了132分钟。最后美国人顶不住了,宣布休会。

【点评】 李克农将军指示中朝代表坐下去,用体态语"沉默""冷厉的目光""挺直腰板""稳坐不动"与美方代表对峙,尤其是"冷厉的目光"的"逼视",体现出强大的威力,迫使对方顶不住而宣布休会。

目光语主要体现在时间、部位、方式三个方面。
(1) 时间。实验表明,在整个语言交流过程中,双方的目光相接累计应达到50%~

70%的时间,只有这样,才能在彼此间建立起信任和喜欢。如果目光相接不足全部交谈时间的1/3,则表示对交流内容不感兴趣。还要注意的是,在语言交流中除关系十分亲密外,一般连续注视对方的时间应在1~2秒内,否则会给对方造成不舒服的感觉。如果长时间对异性注视或是上下打量,这都是不合礼仪的行为。

（2）部位。目光语的部位在场合不同、对象不同的情况下而有所不同。在业务洽谈、交易磋商、贸易谈判等这些公务活动中,目光停留的部位是对方的前额至双眼这一区域,显得认真严肃、有诚意、积极主动,容易把握交谈的控制权。在大多数的社交场所,目光停留的部位则是对方的双眼至嘴这一区域,显得友善尊重,富于关切。而对于异性之间,特别是恋人之间,目光则更多停留在对方的双眼和胸部之间;对于关系并不密切,甚至陌生人之间,这种目光语则是不合礼仪的。

（3）方式。目光语的使用方式主要有以下三种。

① 环视法。这是用眼睛环视听众的方法。在环视过程中要做到神态自然,视线在全场按一定幅度自然地流转,环视场内听众。这种目光可以控制听众的情绪,了解听众反应,检查语言表达的效果。但头部不可大幅度地转动,以免扰乱听众视线,分散听众的注意力;也不可以过于呆板,使听众感到僵化而无生气。

② 注视法。这是把视线集中到某一听众或某一区域,只同个别或部分听众交流的视线,以对听众做比较细致的心理调查,启发引导全场听众专心听讲,或制止个别听众在场内小声议论、搞小动作等。但注视个别听众时目的要明确,时间不宜过长,能让听众充分理解其意图即可。

③ 虚视法。这是用眼睛似看非看的方法。虚视要求睁大眼睛面向全场听众而不专注某一点,使每一个听众都感觉到被注视。这种目光能够控制全场,可以克服语言交流中的怯场心理;在回忆和描述某种情境时,还可以表示思考,带领听众进入想象的理想境界,使听众受到优美意境的熏陶和感染。目光语必须注意与面部其他表情协调一致,与有声语言密切配合,而且反应要灵敏、自然、和谐,不可随意挤眉弄眼,生硬做作。运用虚视法,要做到"目中无人,心中有人"。

【小案例】

### 愤怒的丘吉尔

《愤怒的丘吉尔》(图2-2)是摄影师卡什在第二次世界大战时期拍摄的英国首相丘吉尔的艺术肖像,这幅照片被《镜头》杂志称为摄影史上采用率最高的一幅摄影作品。

当丘吉尔首相走出会议室步入书房时,等候已久的摄影师让丘吉尔很放松地站到椅子旁、左手扶着椅背、右手插入裤袋,嘴中含着雪茄烟的形象,但这只能拍摄出丘吉尔首相温和自然的性格,却没有达到摄影师所预期的效果。于是摄影师上前一把夺下丘吉尔嘴上的雪茄,顿时,丘吉尔首相勃然大怒,双目圆睁,一手叉腰,气势汹汹逼人,摄影师当机立断地抓拍了这一稍纵即逝的瞬间,拍摄了一幅名为《愤怒的丘吉尔》的经典肖像

图2-2 《愤怒的丘吉尔》

作品。

照片第二天被各大报纸刊登,照片形象地反映了第二次世界大战时期英国首相丘吉尔像一头怒吼的雄狮要与希特勒等法西斯决战到底的决心,极大地鼓舞了全世界人民反法西斯战争的斗志。

【小训练】

（1）向同桌讲一段自身经历的故事,要求恰当运用目光语,训练时长10分钟。

（2）假设前方的固定物是你喜欢的人,请对着镜子和自己说话,进行目光语的练习。

#### 2. 表情语

面部表情能反映一个人的内心,它是"心灵的镜子"。这面镜子,是由脸的颜色、光泽、肌肉的收与展,以及脸面的纹路所组成的。它以最灵敏的特点,把具有各种复杂变化的内心世界,如高兴、悲哀、痛苦、畏惧、愤怒、失望、忧虑、烦恼、疑惑等,最迅速、最敏捷、最充分地反映出来。面部表情包括眼、脸、眉、口四个部分。因为前面的内容已对目光语进行了详细的阐述,在此对面部表情中的"眼"就不再重复,只阐述其余三个部分。

（1）脸。脸的表情依靠脸面肌筋动作和肌肉颜色、纹路的变化,而脸面肌肉颜色纹路的变化又跟脸面肌筋动作的变化密切相关。一般是"愉快""和谐""善意"的表情,脸上肌筋动作都向上;"不快""悲哀""痛苦"的表情,脸上的肌筋动作都向下;若在感情剧烈的时候,脸上的肌筋动作,一部分向上,一部分向下,一部分向左右牵扭,失去其和谐性。我们在训练表情语时,可以选择一些感情丰富的演讲词,经过认真研读领会之后,带着感情对镜训练面部表情,使面部表情能够准确鲜明地反映出自己内在的真实感情。

（2）眉。眉和目相连,眉目常联合传情。如眉目低垂表示冷漠;眉目骤张表示恼怒;双眉紧锁表示忧愁;眉飞色舞表示兴奋等。在运用表情语时,眉的动作变化,必须和眼睛变化协调配合。

（3）口。口形变化能够表情达意。具体情况有以下几个方面:口角向上表示"高兴""愉快""谦逊";口角向下表示"忧愁""失望";嘴唇紧闭、口角向下表示"厌恶""不满";嘴唇微开、口角向下表示"悲哀""痛苦";口大张表示"畏惧""恐怖";口角平直而嘴紧闭表示"警惕""坚定";口角平而嘴唇颤抖表示"气愤""激动"等。上述口形与脸面、眼神要协调配合,不能截然分开。

（4）鼻。鼻子这个身体语言,大部分用来表示厌恶、愤怒等情感。例如,鼻孔张大、鼻翼翕动表示非常愤怒。在生活中,人们常见"摸鼻子"这个身体动作。从潜意识的角度,摸鼻子表示很犹豫,可能是在说谎。因为人们知道自己在撒谎,所以就下意识地去摸自己的鼻子,潜意识上说,其正在遮住自己的嘴。所以当看到别人在摸鼻子的时候,你一定要注意了,其很有可能是在说谎。

（5）微笑。微笑是无声的语言,但是"无声胜有声"。真诚自然、适度得体的微笑是沟通心灵的桥梁,是接近别人的最好介绍信,传递诚意,为沟通创造一个轻松、愉悦的氛围,化解陌生、紧张的感觉。同时,微笑也能显示出自信和期待,希望会有一个良好的沟通。微笑的妙用主要表现在:让人更易接受你的建议;让你的赞美更有分量;让人更易接受你的请求;让人加倍领受你的谢意。

微笑是可以培养的。要培养微笑可以先从镜子开始。当你面对镜子的时候,可以回忆一些你非常喜欢的、令人愉快的事情,然后将这种愉悦的感受传递到你的脸上,心里相信今天你会遇到许多快乐的事情。时间长了,随着这些想象酝酿出的良好感觉,就会形成善意、真诚的微笑。

【小案例】

### 卢舍那大佛

龙门石窟的卢舍那大佛(图2-3)造像微胖,衣裙简单,璎珞之类的繁饰略去,神采全集于眉宇嘴角。造型兼具庄严与世俗。微微上扬的嘴角,流露出淡淡的笑意。远观时,卢舍那大佛的这种微笑貌尤为明显。当距离逐渐拉近时,卢舍那的笑意会逐渐消退。近身仰视卢舍那大佛,只见他的庄严。从两侧观,笑意比正面要浓一些。而从左侧看,笑意又比右侧的要多一些。从左侧45°角观看,卢舍那大佛还流露出一丝妩媚。正是他那永恒的微笑,使人看上去总觉得舒服、愉快,这就是经典的微笑魅力的实例。

图2-3 卢舍那大佛

【小训练】

(1) 播放优秀节目或优秀演讲片段,指出在节目或演说过程中,主持人使用了哪些面部表情,试着解释每个面部表情所表达的意义。

(2) 请列举出用"眉""眼""目""鼻"表示内心情感的成语,并且试着通过面部表情表现出来。

**3. 体态语**

我们常说"坐有坐相,站有站相""站如松,坐如钟,卧如弓,行如风"。这些体态规范在语言交流中虽然不必完全效仿,但我们却要明白,稳定优美、舒适自然的体态,有利于塑造一个人良好的形象。体态语主要指站姿、坐姿、移动。

(1) 站姿。脚是整个人体的底盘,脚的姿势关系到人的"站相",而且许多姿态发源于此。站立姿态适当,会觉得全身轻松,呼吸畅快,易于旋转,让听众看着顺眼、舒适,体现着一种体态美、形象美。语言交流中表达者的体态、风貌、举止、表情都应该给听众以协调平衡以至美的感受。演讲家曲啸说:"听众就是演讲者的镜子,而且是多棱镜,从各个角度来反映演讲者的形象。要想从语言、气质、神态、感情、意志、气魄等方面充分地表现出演讲者的特点,也只有在站立的情况下才有可能。"恰当的站姿主要有两种。

①"丁"字式站姿。站立的姿势,一般提倡"丁"字步。一只脚在前,一只脚在后。两脚之间呈90°垂直达到"丁"字形,两腿前后交叉距离以不超过一只脚板的长度为宜。站立时,全身的力量都应集中在前脚上,后脚跟略为提起。其中,右脚在前,左脚在后,可称为"右势(丁)字形";左脚在前,右脚在后,可称为"左势(丁)字形"。这种"丁"字式站姿用于表达强烈的感情,有利于调动听众的兴趣和情绪。运用"丁"字式站姿需要注意的是两脚不宜紧靠在一起,否则会显得呆板,没有精神;两只脚不要平行地放在一条直线上,因为两腿所构成的平面,与前排听众的视线构成平行状态,如果身体的重力均等落在两只脚上,就会形成机械对称,失去对比,不但毫无美感,而且直接影响语言的效果。

②"稍息"式站姿。"稍息"式站姿是两脚之间任何一脚略向前跨步,两脚之间呈75°角,脚跟距离在5寸左右。这种站姿要求两腿均须直立,一身力量多半集中在后脚。前脚只有辅助作用。在交流过程中,也可以根据需要随时变换左势和右势。要改变站姿时,只要后脚前进一步,变左势为右势,或变右势为左势即可。"稍息"式站姿在语言交流中广泛运用,特别是在说理、达意、传知等场合时,一般都用这种形式。

除此之外,站姿应注意收腹挺胸,做到"松而不懈,挺而不僵"。要克服不良的习惯动作:身子东摇西晃,背着手来回走动,以脚尖"打点",紧张时抓耳挠腮等。

【小案例】

### 小赵的疑惑

小赵是某公司的员工,和他的同事小章一样是业绩优秀的员工,他们的能力和外形几乎在伯仲之间,但是奇怪的是,公司每次有什么重大的活动都要小章主持。小赵百思不得其解,向朋友抱怨道:"领导为什么只重用小章,而对我的多才多艺却视而不见呢?"朋友说:"如果是我,我也会用小章的,你们俩能力和外形差不多,但是他往那一站很高大、很标致,就没有见他对谁说话的时候弯着腰的,他的站姿让人看了很振奋,那么笔直,让人认为他是个很自信的人,充满活力。老板放心把工作交给他。而你总爱低着头,和人交谈的时候靠在墙或者柱子上,我们会以为你对一切都不感兴趣,缺乏活力。这不属于一个成功的、富有活力的年轻人所应有的样子。"

【点评】 俗语说"站有站相,坐有坐相",单就站相而言,小赵远不如小章。"总爱低着头",常"靠在墙或者柱子上","缺乏活力",不能体现公司员工的形象。小赵当在气质、风度上下点功夫。

(2) 坐姿。优雅美观的坐姿,不仅能塑造完美的自我形象,还可以减轻自己的疲劳。男性坐着的时候,要抬头、挺胸、收腹、两眼平视对方,两腿与肩平齐,要表现出男性的自信与大方。女性的坐姿与男性要求不同,强调坐姿要优雅,要求坐在凳子的1/3或1/2处,不要靠椅背,胸脯不要靠前桌,身体稍稍向左或右侧15°为宜,一只脚的脚趾紧接着另一只脚的脚跟,膝盖并拢。不论是男性还是女性,都切忌跷二郎腿,如果跷二郎腿还轻轻抖动,这就会传达出说话者漫不经心、懒散、对话题不感兴趣等信息。长时间的交流,可采取坐姿和站姿相结合。这样既可减少自己的劳累不适,也能形成一种"动静相济"的效果。动静结合更能突出表达所注重的思想情感。罗斯福认为交流的技巧在于"亲切、简短、坐着说"。"坐着说"比较随便,这对于"拉家常"式的交流较为适合。

(3) 移动。移动是指整个身体的运动。在语言交流中,有的人自始至终都会完全静止地站着,而有的人则可能不断走动。动与不动的原则是,如果没有移动的理由,最好的做法是站在原地。理想的移动应该有助于强调过渡、强调观点或将注意力吸引到语言内容的一个特别的方面。避免不自觉的运动,跳动或是摇晃,不停地左右换脚,从场地的一侧走到另一侧,这都会给听众造成眼花缭乱之感。

【小训练】

(1) 请同学轮流站到讲台,大家当场指出其站姿是否规范。

(2) 请同学走上讲台坐在座位上,说几句简短的话,再回到自己的座位上坐好,台下同学和老师评论该同学的表现。

(3) 每一位同学绕教室走一圈,老师和其他同学指出其走姿是否合乎要求,指出其存在的问题。

### 4. 手势语

"手是人的第二张脸。"手的动作不仅能够表情,还会达意。一些人讲话时,不能用、不会用或乱用手势,是因为缺乏手势语运用的严格训练。

(1) 手势语活动范围。手势语活动范围分为上、中、下三个区域。上区(肩部以上):手势在这一区域活动,多表达积极、宏大、激昂的内容和感情。如表示坚定的信念、殷切的希望、胜利的欢呼、幸福的祝愿、愤怒的抗议等。"让我们扬起风帆,向着光明的未来奋勇前进!"右臂向斜上方打出,表示奋斗的决心。中区(肩部至腹部):手势在这一区域活动,多表达叙述事务和说明事理,一般表示比较平静的心情。"请相信我,我一定会做好这项工作的。我虽没有名牌大学的文凭,但我有勇于进取、敢于负责的品质。"右臂抬起,手抚心区,表示忠诚。下区(腹部以下):手势在这一区域活动,多表示否定、不悦、鄙视、憎恶和厌弃的内容与情感。"考试作弊,这是令人不齿的欺骗和盗窃行为。我们郑重承诺,此类行为绝不会在我们中间发生!"右手臂放在胸前,然后迅速向斜下方打出,表示厌恶、憎恨。

(2) 手势语分类。手势语具体分为情意手势、指示手势、象形手势和象征手势四种。

① 情意手势。主要用于带有强烈感情色彩的内容,加深对方对语句思想感情的理解,可以产生情深意切、感染力强的表达效果。举例如下。

1946 年,闻一多在昆明作了著名的《最后一次演讲》,其中有一段演讲词是:

"反动派暗杀李先生的消息传出后,大家听了都悲愤痛恨。我心想,这些无耻的东西,不知他们是什么想法?他们的心理是什么状态?他们的心是怎样长的?"

说到这里,闻一多愤怒地用力拍了一下讲台。这"砰"的一声,顿时震撼了全场听众的心房,把混在台下的几个特务吓得紧缩着脑袋,不敢吱声。

闻一多先生这个拍桌子的手势动作辅助逼问探究的话语,充分表达了他悲愤交加的心情已经急剧上升到了顶点,同时也产生了震撼和震慑的双重作用。

② 指示手势。主要用于具体指明人、事物、方向或数量等,它可以给对方一种真实感。其特点是动作简单,表达专一,一般不带感情色彩。如在说到你、我、他和这边、那边时,轻轻用手指示一下,使听众产生一种形象化的感觉。指示手势是在交流过程中显示对方视觉范围内的事物的动作,视觉不及的不宜用这种手势。

③ 象形手势。主要用于模拟一些形象以引起听众的联想,给对方一个具体明确的印象、一种形象化的感觉。如一位乡干部讲"池塘里的鱼已有这么大"时,他伸出两手,手心相向画了一下"这么大"的长短,便使人一目了然,既具体又形象。

④ 象征手势。主要是用于表示一些比较复杂的感情和抽象的概念,使对方对抽象事物有一种具体感。这种手势含义虽然较抽象,但若能配合口语,运用得准确、恰当,则能启发听众的思维,引起听众的联想。如在演讲中,当演讲者讲到"我们有的是满腔的热血,有的是年轻的生命,那就用我们的热血来复苏祖国蓬勃的生机,用我们的生命来焕发母亲青春的光彩吧"!可用单手或双手有力地伸向上前方,以象征祖国——母亲的未来和希望,从而唤起听众美妙的憧憬和幸福的遐想。

另外,手势中手指的作用也是不可以忽视的,它可以表示数目,可以指点他人和自己。当对某人表示崇敬、赞扬之意时可伸出大拇指。拳头的动作相对来说少一些,它一般用来表示愤怒、决心、力量或警告等意思。但不到感情激烈时不要用,而且不可多用。

(3) 手势语沟通方法。工作中,有效地使用手势语能更有助于增强管理沟通的效果。图 2-4 描述了增强语言沟通效果的手势语沟通方法。

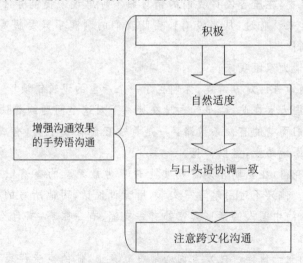

图 2-4 增强语言沟通效果的手势语沟通方法

① 手势与口语表达应一致。一般当人们的手势和口语表达不一致时,听众们常常会更相信手势所表示的意义,所以领导者在讲话或演讲时,手势与讲话内容保持一致能起到增强表现效果的作用。

② 手势要自然适度。我们在讲话时应该做到"情到于此,手自然来帮忙",矫揉造作

的手势动作会让人感觉不舒服,影响管理者的人格魅力。因此,管理者在讲话时切忌手势太多、动作太硬、速度太快、幅度太大等。

③ 尽量使用积极的手势。我们应多使用积极意义的手势,如竖起大拇指、举手致意、手掌向上等,这些会让下属感觉更亲切和友好,并可以大大提高工作效率;相反地,如果经常使用消极的手势,如用手敲击桌子、用手指指向对方、手掌向下都会给人不尊重的感觉。

④ 跨文化沟通时要注意不同文化间的差异。不同的文化,手势具有不同的含义。例如,竖起大拇指这个手势,在中国表示赞扬、夸奖别人,而在中东地区则表示否定的含义;在德国和瑞士,如果用手指指向自己则表示侮辱他人。因此,对跨文化沟通的人士来说,应仔细观察手势的幅度和样式,适应当地文化,因人、因物、因情、因事来使用恰当的手势。

【小训练】

请根据以下语句的内容给出相应的手势语和表情语。

请大家安静,安静!

什么是爱?爱,不是索取,而是奉献!

他转身朝着黑板,拿起一支粉笔,使出全身的力量,写了两个词语:"法兰西万岁!"然后他待在那儿,头靠着墙壁,话也不说,只向我们做了一个手势:"散学了——你们先走吧!"

在过去的一年中,在座各位将我们的销售额不可思议地提高了17.17%!这在公司的整个历史上还从来没有过,从来没有!由此我们的利润不只是提高了5%或10%,而是13%,整整13%!

大家不要慌,请大家跟我来!

我现在要明确地告诉对方辩友,你们犯了一个严重的逻辑错误!

现在,请让我们大家在此,心平气和地交换一下对这个问题的看法。

现在,摆在我们面前的有两条道路:一是勇往直前奋战下去,有成功的可能,但也有失败的风险;二是原地踏步,坐以待毙。

这几天,大家晓得,在昆明出现了历史上最卑劣最无耻的事情!李先生究竟犯了什么罪,竟遭此毒手?他只不过用笔写写文章,用嘴说说话,而他所写的、所说的,都无非是一个没有失掉良心的中国人的话!大家都有一支笔、有一张嘴,有什么理由拿出来讲啊!有事实拿出来说啊!

我要感谢我的竞选伙伴。他发自内心地投入竞选,他的声音代表了那些在他成长的斯克兰顿街生活的人们的声音,代表那些和他一道乘火车上下班的特拉华州人民的声音。现在,他将是美国的副总统,他就是乔·拜登!

### 5. 动作语

动作语是指头、肩以及腿脚等肢体动作语言。通过肢体动作的分析,可以判断人的心理活动或心理状态。

(1) 头部动作。头部动作是身体动作的重要部分。其实,头部动作所传递出的肢体语言非常细腻,人们需要根据头部动作的程度,再结合实际的条件来判断头部动作的信息。

① 点头。点头这一动作虽然简单,但是所传递的含义很多:赞成、肯定、理解等。另外,在特定的场合下,还表示礼貌和问候,是一种优雅的社交动作语言。

② 摇头。摇头一般情况下表示拒绝和否定的含义。但是,在特定的背景环境下,摇头还表示沉思的含义。

③ 歪头。在聆听演讲或其他某些情况下,人们会歪头,这表示很认真;在听到悲伤的消息时,一边看着对方,一边歪着头,表示对别人的遭遇很同情。

(2) 肩部动作。耸肩这一动作在外国常见,含义是对此无可奈何、随你便、放弃等。假如有人求你办件事,你做了耸肩这个动作,那么对方就明白你的意思了。举个小例子,同事对你说:"嗨,老板想安排你去机场接一位贵宾。"你不好意思说你不想去,你就做出耸肩的动作,意思就是:没办法啊,碰到了呗。

(3) 腿和脚的动作。腿和脚的动作虽然不易被察觉,但是更能直观地揭露出一个人真正的心理状态。挑衅时,双腿挺直;忧郁时双腿无力;兴奋时手舞足蹈;抖腿表明心情很轻松、很愉悦;跺脚时表示兴奋,有时还表示愤怒;脚打节拍,这其实是一个预备性的动作,表示恨不得马上就采取行动;脚和脚尖点地表示轻松、无约束;脚步轻快表明心情舒畅;脚步沉重表示疲惫不堪、心事重重。

【小训练】

请思考以下有关身体语言的描述问题并回答。

(1) 你与你的老板谈到加薪的事,当你解释加薪的理由时,你的老板歪着头,两眼注视着你,两手托腮。他在告诉你什么信息?

    A. 他赞成加薪。

    B. 他不会给你加薪。

    C. 他正在左右为难,难下决定。

(2) 你在公司向管理层汇报工作,其中一位委员心不在焉地听着,她的脚不断地打着拍子,眼睛看着她的手表。她正在告诉你什么?

    A. 她不相信你所说的。

    B. 她对你所说的内容兴奋不已。

    C. 她不耐烦了。

(3) 你被安排与一家公司的董事长会面,希望能在该公司工作。当你进入他的办公室时,他抓住你的手,用双手与你握手,请你坐下,然后拍你的肩膀。这位董事长在告诉你什么?

    A. 他嘉许你的机敏。

    B. 他想雇用你。

    C. 他正在强调他的身份和地位。

【分析提示】 这些问题的答案都是C。第(1)例中老板可能对你所表达的事实有些迷惑,但是他想仔细地听你解释;第(2)例中的委员或许有另一个约会,她需要离开去参加另一个约会,另一个约会的压力导致她那些身体动作;第(3)例中,公司的董事长可能是个非常谦和的人,他这样做只是想让你觉得放松些。

**6. 服饰语**

君子"不可以不饰,不饰无貌,无貌不敬,不敬无礼,无礼不立",这是《礼记》中对君子的服饰要求,以及浮士德重要性的阐述。英国作家莎士比亚曾经说过:"一个人的穿着打扮就是他的教养、品位、地位的最真实的写照。"

在现代生活中,人们的服饰反映出一个人的精神面貌、个人风格、生活情趣、审美追求、文化素养和社会地位等信息。服饰可以赢得沟通对象的信任和尊重,可以使人的形象更加富有魅力。作为一种非语言,服饰越来越受到人们的重视。服饰语已成为非语言沟通的重要组成部分。在与人沟通时,选择"合适"的服装十分重要。

(1) 要符合年龄、职业和身份。在人际交往时服饰应符合自己的年龄、职业和身份,做到和谐统一,即绝不能为了突出个别部分的美而破坏了整体形象的美。在生活中,不同年龄的人有着不同的着装要求。除了在正式的场合下外,年轻人可以穿得随意、活泼些,这样才能体现出青年人朝气蓬勃的精神;而中老年人的着装要庄重、雅致,体现出成熟和稳重。作为管理者,着装要充分体现自己的身份,注意自己的形象,这样才能给别人留下很好的印象。尤其是职业装更能表明一个人的身份,这能从无形中促使一个人热爱本职工作、增强责任感。

(2) 要符合个人的肤色、脸形和身材。人们要根据自己的肤色、脸形和身材来考虑着装,达到扬长避短的效果。一般情况下,个子较高的人,上衣应该适当地加长,搭配低圆领、宽大蓬松的袖子和宽大的裙子都可以给人以"矮"的感觉,衣服最好选择深色、单色和柔色;个子矮的人,最好选择浅色的套装,上衣稍短一些,这样使腿比上身更突出些,服装的款式要求以直线为佳,上下颜色最好保持一致,切忌穿大花图案或宽格条纹的服装。

(3) 要选择适当颜色的服装。在这样一个色彩缤纷的世界里,人们对不同的色彩有着不同的感觉。色彩被分为不同的色调,有暖色调、冷色调等,所以人们要了解色彩、色调所包含的象征意义。表2-5显示了各种颜色所代表的象征意义。

表2-5 各种颜色所代表的象征意义

| 颜　　色 | 象　征　意　义 |
| --- | --- |
| 黑色 | 代表权力,给人以强有力的感觉。作为管理者,在一些庄重而且正式的场合下适合穿黑色衣服,更能体现公司的实力和形象 |
| 灰色 | 代表冷漠,是一种冷色。身穿灰色服装有助于将各种事情平息下来,许多业务代理人员比较喜欢穿灰色服装,而且这也能表明其身份,开展业务也会比较顺利 |
| 棕色 | 代表着友好而富有同情心,也代表着一定的权力和力量。作为企业管理者,你要给人控制力的影响,所以在参加会议时,穿棕色西装是明智的选择 |
| 深蓝色 | 代表着力量和权力,但不像黑色和灰色那样让人感到隔阂与冷漠。管理者在参加会议时也可考虑选择深蓝色西装 |

续表

| 颜　　色 | 象　征　意　义 |
|---|---|
| 深绿色,以及赤黄色、紫红色 | 这些颜色非常鲜艳夺目,能更好地吸引人们的注意力,这样人们会更多地关注你的衣服,而不关注你个人本身 |
| 浅黄色,以及浅紫色、浅绿色 | 这些颜色代表软弱,是一种比较柔和的颜色,在业务活动中应该避免穿浅黄色衣服,因为它会让你显得软弱,削弱你的态度,不自觉地就会把优势交给对方 |

(4) 要符合内容和环境。服饰的款式和颜色,要与交际的场合和表达的内容协调一致,这有助于思想感情的表达以及听众对内容的理解和接受。如参加晚会,就不妨穿得鲜明、漂亮些,以此表示欢欣、喜悦;在追悼会上致辞,就必须穿得庄严、肃穆,以表示严肃、哀痛。与不同的人交际,也应该身着不同的服装。如同工农大众交谈,不妨穿得朴实大方一些;对知识分子演讲,则应该穿得典雅、美观一些。

在演讲中,注意服装款式与表达内容的一致,就会收到良好的交际效果。举例如下。

有一位女青年,在参加"社会主义好"演讲比赛时,穿的是西装,给听众以欣喜、美好的感觉;在参加小说分角色演讲时,则穿白衬衫打领带,显得潇洒、大方;在参加历史故事演讲比赛时,她讲的是在对敌作战中,英勇战斗、光荣牺牲的一个英雄的故事,这时她穿军装,表示崇敬、肃穆;在参加"青春·理想"演讲比赛时,则穿T恤衫,显得活泼、大方。根据不同的内容选择不同的服装,表现了这位女青年高雅的鉴赏水平和审美情趣,同时也取得了圆满的表达效果。

总的来说,在人际交往中,服饰语必须符合目前国际上公认的 TPO 衣着原则。T(Time)指时间,通常也用来表示日期、季节、时代;P(Place)代表地方、场所、位置、职位;O(Object)代表目的、目标、对象。遵循这个原则和上述要求,就会选择协调适中的服饰,做到因人而异、因时而异、因地而异,争取人际交往和口语表达的成功。

【小案例】

### 你代表不了公司

一个炎热的下午,一位销售钢材的专业推销员走进了一家制造公司的总经理办公室。这个推销员身上穿着一件有泥点的衬衫和一条皱巴巴的裤子。他嘴角叼着雪茄,含混不清地说:"早上好,先生,我代表森筑钢铁公司。"

"你也早上好!你代表什么?"这位总经理问,"你代表森筑钢铁公司?听着,年轻人,我认识森筑钢铁公司的高层领导,你不能代表他们——你的形象和外貌代表不了他们。"

#### 7. 环境语

沟通都在特定的环境中进行,因此,环境也是沟通的工具,要充分利用时间环境、空间环境进行信息和情感的交互。

1) 时间环境。时间环境在沟通中起着传递信息的作用。

沟通时间的选择,交往间隔的长短,沟通次数的多少,以及赴约的迟早,往往显示出行为主体的品性和态度。如一个学生上课经常迟到或早退,教师会认为他学习不认真。

一般地,对于时间的控制反映了沟通对象的地位、长幼和态度。情侣约会的女方让男士略等一会儿,以使自己更具吸引力和有价值;上司可故意让下属等候,表示地位优越或对下属的不满和惩罚;一般人可以运用及时答复朋友来信的方式,表示对于友谊的重视。

人们可以通过对时间把握的观察,了解到人们地位的高低,以及对事件的重视程度。也就是说,是否能准时赴约,或者谁等谁,等多久,这些都反映了交际主体职位的高低和对事件的重视程度。

(1) 赴约的心理准备。如果两人约好见面,那么双方是否准时赴约取决于双方的价值估量。很显然,如果是和自己的领导赴约,那么肯定不会让领导等待,而会很早就恭候对方;但反过来,是和你的下属赴约,那么赴约的心理状态应该是轻松、随意的。由此可见,通过是否准时赴约的心理状态,可以看出人们地位、等级的差别。

(2) 参加会议的到场时间。通过对参加会议的到场时间先后顺序这个非语言信息上,可以看出人们之间的差别。通常情况下,会议参与者会提前到达会场,而会议的主持人和领导则是准时到达会场,确实可以从中看出不同职位上的人对时间的把握是有所差异的。

一般来说,无论是组织还是个体,虽然都会对他人的迟到和自己的等待有一定的容忍程度,但是若让他人等待太久,超出对方的容忍度,那么就会引起对方的不满;同时,对自己的信任程度大大降低,破坏自己的形象。因此在这点上,无论是组织还是个体,无论是领导还是下属,都应该要准时赴约。

2) 空间环境。与时间环境一样,空间环境在沟通中也起着传递信息的作用。不同的空间环境能够表达不同的意义和情感,甚至能够反映出不同的信仰和文化背景。通过控制交流双方的空间环境因素进行沟通,称为空间沟通。在空间沟通中,要把握好沟通空间位置、空间距离、空间朝向、空间布置等。

(1) 空间位置。位置在沟通中所表示的最主要的信息就是身份。你去拜访一位客户,在他的办公室会谈,你坐在他办公桌的前面,表示他是主人,他拥有控制权,你是客人,你要照他的安排去做。在开会时,积极地坐在最显眼位置的人,表明他希望向其他人(包括领导)显示自己的存在性和重要性。宴请的位置也很讲究主宾之分,东道主坐在正中,面对上菜方向,他的右侧的第一个位置为最重要的客人,他的左侧的第一个位置留给第二重要的客人,其他客人、陪同人员以东道主为中心,按职务、辈分依次落座。由此可见,位置对于沟通双方的心理影响是非常明显的。

(2) 空间距离。观察人们在自己与他人之间保持的距离,可以发现哪些人处于密切的关系中,哪些人处于更为正式的关系中。如果你走进总经理的办公室,他继续坐在自己的办公桌前,可以预见你们的谈话将是正式的;如果他请你在房间一角舒适的椅子上与他并肩而坐,他则安排了一种更为亲切的情境,那么谈话将会是非正式的。爱德华·霍尔通过观察和访谈,发现北美人在与他人沟通时有 4 个层次的空间距离,如表 2-6 所示。

① 亲密距离。在亲密距离范围内,人们相互间的距离一般在 0~0.5 米。亲密距离适用的对象一般是父母、夫妻、情人或知心朋友等,因为他们会有意识地、频繁地相互触摸。

表2-6  4个层次的空间距离

| 距离(米) | 类别 | 语意 | 适用 |
|---|---|---|---|
| <0.5 | 亲密距离 | 亲密无间、爱抚、安慰 | 恋人、夫妻、密友交流 |
| 0.5~1.2 | 个人距离 | 亲切、友好、融洽 | 朋友、同志、同事谈心 |
| 1.2~3.6 | 社交距离 | 庄重、严肃、认真 | 会见外宾、商务谈判 |
| >3.6 | 公共距离 | 公开、大度、开朗 | 演讲、报告、讲课 |

【小贴士】

### 不一般的亲密距离

在公司中忌讳两人勾肩搭背的小动作,因为这种亲密距离让人看起来不一般,像小团体、小帮派。例如,总经理和各个部门经理坐在一起时,总经理拍拍其中一个经理的膝盖说:"老刘啊,这事你放心啊,你问的事我肯定有办法解决的。"看到这种亲密距离,其他经理可能会有这种猜测:"你看老刘和老总走得那么近,到时候肯定会提拔他的。"

② 个人距离。在个人距离范围内,人们相互间的距离一般在0.5~1.2米。个人距离的适用对象是朋友或熟人,一般在进行非正式的个人交谈时最常见,如在酒会中。在这种距离下,常常会有进一步的人际交往,也反映出人们保护个人隐私的心理状态,但如果超出这个距离,则会容易被他人听到,交谈也很困难,所以成功的沟通者在与他人接触时,会对人际距离保持足够的敏感度。

③ 社交距离。在社交距离范围内,人们相互间的距离一般在1.2~3.6米。社交距离适用于面试、社交性聚会、商业活动和咨询活动等非个人交谈,而不适用于分享个人隐私。

【小贴士】

### 社交距离在办公室中的应用

以办公桌为例,一般重要领导的办公桌大小能够使来访者与领导的距离达到社交距离,这可以体现领导的权威,而在有众多员工的大办公室里,办公桌的距离也是社交距离,这样员工可以把精力集中在自己的工作中,并且受其他人干扰的程度小。但是,如果员工要私下讨论某件事情时,会向前后左右移动,这样从社交距离移动到了个人距离内。

④ 公共距离。在公共距离范围内,人们相互间的距离一般在3.6米以上。公共距离适用于公共演讲、报告、讲课中,人们说话的声音洪亮,沟通也变得更为正规和正式。

人的亲疏程度可以用空间距离来衡量,但是一个人需要多少空间领域,情况千差万别,不能一概而论。但每一个人在心理限定上的空间感觉,必然成为自己与他人之间的一种物理距离。即使再拥挤,也需要距离。

空间距离之所以成为一种沟通手段,就是因为不同的沟通距离、不同的空间方位不但标志着人们不同的情感关系,而且影响着人们的情感表达。在近距离内,人们相互之间能给予对方强烈的情感刺激,于是产生一种近体效应,越是身体接近,就越能激发情感、密切关系。当然,近体效应的产生要以一定的情感关系为基础,而且需要恰当的情境及其他相关条件。

美学原理告诉我们,距离能够产生美。看一幅景色,往往是近看臭水沟,远看似花朵。英雄骑在马上有一种状态美;月下看美人则是朦胧美,无不强调距离的重要。人际距离是人际关系密切程度的一个尺码。人与人之间的关系与相互间在空间位置上保持的距离存在着某种联系。距离近,表示交际双方亲密;但陌生人距离太近,也会使人感到轻浮。距离稍远,则表示自尊和文雅;距离过远,也会使人有冷淡之感。交谈双方的距离可保持在1米左右,因为双方传递信息,不仅凭借语言,而且还靠体态语言、表情变化等。因此,与人交谈时一定要首先选择一个最佳位置和最佳距离。

(3) 空间朝向。空间朝向就是在交往中交际双方调整自己相对于对方的角度。具体有以下几种。

① 面对面的朝向,即交际主体的面部和肩部都是相对于对方的。这种朝向表示双方的关系或者是亲密的,或者是严肃的,或者是敌对的,同时,也体现出双方集中于正在交际的活动。面对面的朝向在讨论问题、洽谈、协商或发生争吵、矛盾时常见,此时人们会无意识地面对面。

② 背对背的朝向,即交际主体背对着背,和面对面的朝向是相反的。这种朝向表示出否定的含义。

③ 肩并肩的朝向,即交际主体的两个肩并成一条直线,朝向一致。这种朝向一般适用于比较亲密的人。

④ V形朝向,即交际主体的朝向呈一定的角度。这种朝向说明双方有着维持关系的兴趣,但是这种兴趣比面对面的朝向略有减弱。

【小贴士】

**影响空间行为的因素**

在不同场合中什么样的空间行为是合适的、什么样的空间行为是不合适的,这些行为对沟通都有一定的影响。

① 地位的影响。空间的利用通常表现出地位上的差异,只要看一看办公室的大小就能发现。比如,办公室相对越大,显示出主人在企业中所处的地位越高。当地位差距拉大时,通常人们之间的沟通距离也会随之增加。一些办公室还经常安放着大办公桌,不但看上去很气派,而且形成了缓冲带,即与来访者保持距离。许多企业在认识到距离因素扩大了地位所产生的影响时,会尽力去缩小它。例如,管理者开始主动迎接来到办公室的来访者,甚至主动到一线工人那里讨论某一问题的解决办法等,进一步改善了上下级之间的沟通关系。

② 个性的因素。与性格内向的人相比,性格外向的人在与他人接触时能保持较近的沟通距离;与缺乏自信心的人相比,自信心强的人在与别人接触时,沟通距离也较近。

③ 人与人之间的亲密程度。通常,人们总希望与自己熟悉的同伴或好朋友保持较近的距离,而尽量远离陌生人,因此空间距离也成为亲密程度的一种标志。当与他人初次见面时,我们会保持社交甚至公共距离;只有在比较熟悉后,才会被允许进入他人的私人

空间。当然，即使成了亲密的朋友，如果在正式场合，也不能保持亲密距离，而应该保持社会距离或人际距离。

④ 空间布置。人们常常受到设计和陈设的影响而浑然不知，应了解以下有关空间布置的3个因素。

① 办公室的空间设计。实际上关于办公室的空间设计的传统观点和开放式观点一直争论不休。在美国，传统的办公室通常是具有四角的空间，在四周有若干办公室，中间是大厅。中间的公共部分被称作"牛栏"。波斯纳曾描述传统的办公室有以下特点：周边的大办公室供老板使用；有两扇窗户的办公室是资深主管的视力范围，而转角办公室，即两面墙上带有窗花的房间，通常是高级主管或合伙人的办公室；建筑物内侧的办公室属于资历较浅的主管，那里没有窗户，但有一扇门，一个可以称为自己小天地的地方；而"牛栏"是属于低层员工和临时工的地方，这里就好像把你的桌子放在楼道里，没有隐私，要在那里咒骂或抱怨实在困难，因为你被置于众目睽睽之下。

开放式办公室的概念源自德国，于20世纪60年代传到美国。开放式办公室包括自由形式的工作群。拥护者声称，开放式的观念创建了民主的气氛，增加了同事之间的沟通和弹性，甚至有研究认为，开放式的办公环境提高了员工的生产力。20世纪90年代，半数以上的美国公司都采用开放式这种大部分空间为员工而非经理所用的办公室。近年来，随着办公室功能的整合，办公室变得更为简单和方便，以符合不断进步的科技要求。流线型的办公桌吸引着员工，而且员工们越来越多地掌握着他们自己的工作场所，如办公桌下的暖气、小型的个人空气供应设备、个性化的工作灯和音乐等。实践证明这种设计使员工的工作效率大大提高。

【小贴士】

**房间天花板的高度与人的思维**

美国明尼苏达大学的研究揭示了房间天花板的高度与人的思维之间的关系，根据此研究，市场学教授迈耶说："头顶的高度能激活人脑中的某种概念，当人们进入天花板较高的房间时，就会产生自由的念头；反之，人们会倾向于产生拘泥狭隘的想法，然后影响解决问题的行为方式。"根据这个规律，管理人员最好在拥有较高天花板的办公室里工作，这样更有利于管理者对公司进行大胆地改革和创新。同样的道理，工程技术人员和会计所在的房间天花板最好相对低些，这样可以对工作精益求精，使他们的思维更集中在具体的事物和细节上。

② 办公室的颜色。研究显示，办公环境的颜色影响着员工与顾客的心理和感情。颜色能被看见，也能被感受到。红色、橙色、黄色容易使人产生侵略性的激动和刺激。人们所处房间的地板、墙壁、天花板和家具如果是鲜艳的色彩，会使人血压升高，心跳加速，并增加脑部活动。在清凉的颜色中，人的生理功能会正常活动，如蓝色是冷色，它清晰而有尊严，具有镇静的效果，而淡绿色则使人安详、平和。

③ 办公室的陈设。办公室里办公桌的大小、形状、摆放位置以及座椅的舒适程度，都会影响来访者在此停留的时间和主人给来访者留下的印象。这些正如高级轿车的座位

设计一样,座位按照驾驶人的背部曲线来设计,让人感觉更舒服,这样可以防止长途行驶所带来的疲惫。

通常,办公室里办公桌的陈设方式有 4 种,如图 2-5 所示。

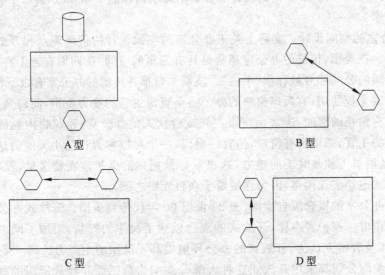

图 2-5　办公桌的陈设方式

A 型:这是一种标准的陈设方式。这种陈设方式中,房间主人坐在桌后,象征着权力,主宰着整个办公室的空间,来访者坐在对面。这样的陈设方式给主人以绝对的优势,给来访者以权威,缺少主动性。这种方式不但有利于建立各种规章制度,而且在批评、告诫员工时能取得较好的效果,但是如果你要为员工提供好消息时,却不太合适。

B 型:在这种陈设方式中主人和来访者的椅子的距离拉近,这样双方有更多的个人沟通,但是主人的椅子仍在桌后,掌控着全场,因此仍显示出权威性。如果主人希望尽快拉近与陌生来客之间的距离,那么这种 B 型的陈设方式最为理想。

C 型:这是一种桌背型摆设,完全没有障碍,来访者和主人的地位是相同的,没有差别,这样的陈设给人以亲切的感觉,适合于关系比较亲密的人使用。同时,这种方式也适合于同事间对工作问题和其他问题的谈论。

D 型:办公室的中立位置。椅子摆放的位置是办公室的非正式地方,一般是长沙发、长椅或围绕的咖啡桌等。显然,这样的布置适合于更为自由、更为友善的交流,看不出什么等级差别。如果主人要与来访者讨论个人问题,或者要获得对方对目标的认同,这样的类型非常合适。

【小故事】

**外交中的空间距离运用**

1972 年美国总统尼克松访华时,鉴于中美当时特殊的外交关系,周总理制定了"以礼相待、不卑不亢、不冷不热"的外交方针。以礼相待,就是要在机场悬挂两国国旗,党政要员到机场迎接,在机场检阅三军仪仗队,军乐队奏两国国歌。不卑不亢,就是要求所有接待人员既要表现出中华民族特有的尊严,不自卑,又要热情,不失礼节,充分显示我们从来都是礼仪之邦。不冷不热,就是不组织群众欢迎,但要加大仪仗队阵容。为了凸显中美两国政府首脑第一次握手这一历史性时刻,美国方面刻意安排尼克松的随行人员暂缓下飞机,并委派一名身材高大的保安人员把住舱门。美方保持随行人员与总统之间的距离、尼克松总统快步迎上前来与周总理握手等就是对空间距离的很好运用,凸显了对此次访问的重视;中方等到尼克松总统下到舷梯一半时才开始鼓掌欢迎,体现的是不失礼节、不卑不亢的接待原则,这也是空间距离的良好运用。

## 第三节　网络沟通

　　与传统的沟通方式相比,网络沟通在形式、介质、环境、时间上都呈现出特有的元素,便利、互动的特征使其不仅成为人们获取信息的主要途径,也成为人们表达自我的场所。网络改变了人们传统的沟通模式,当今网络沟通无疑变得越来越重要。

### 一、网络沟通的特点

　　网络沟通是指基于信息技术的计算机网络来实现信息沟通活动,它以互联网作为交流分享平台,综合利用 E-mail、QQ、博客、微信等交流载体,达到双方思想交流的目的。

　　网络作为继报纸、广播、电视之后出现的第四种具有超强影响力的传播媒介,具有其他媒介无法替代的功能,在信息沟通方面发挥着越来越独特的作用。网络沟通与传统沟通方式相比较,具有以下特点。[①]

**1. 迅速快捷**

网络作为一种传播媒体,不像纸质媒体那样要经过录入、制版、印刷、发行后读者才可以看到;网络可以在事件发生的两三分钟内将消息发上网,速度飞快,能及时满足网民的需求。

**2. 节约成本**

网络的大量信息以图、文、声、像的形式免费提供使用,相比其他的传统沟通方式不仅更为便捷,成本也更低廉,可以节省电话费、传真费、差旅费和宝贵的时间。

**3. 自主随意**

网络中的每个成员均具有自主性,可以最大限度地参与信息的制造与传播,几乎没有外在约束,还具有随意性,因为网络上虚拟的角色设置,使得沟通的双方都没有任何心理负担。但是,网民还是需要自觉遵守网络传播的社会行为规范。

**4. 缺乏制约**

在网络沟通中,网民可以不必遵守现实交往中的一些社会规范,因为他已经突破传

---

① 李明,林宇. 人际关系与沟通艺术[M]. 北京:清华大学出版社,2012.

统人际交往中身份、职业、金钱、家世等方面的制约。这样,一方面让现实中的人在网络里可以卸下面具,轻松自如,摆脱诸多人伦关系的束缚;另一方面也容易放纵自己的道德行为规范,从而造成非人性化的倾向。网民得学会"自己管理自己"。

**5. 人人平等**

在网络传播中,没有人为设置的中心,没有管理机构与直接的领导,没有等级与特权,人人平等,每个网民都有成为中心的可能。人们可以利用网络自如地进行信息交换,进行人际沟通。

【小贴士】

网络使师生心贴得更近了

"现在我随时都会打开计算机瞧瞧学生们又往留言簿和邮箱里发来了什么。这已经成习惯了。"南海一中校长邓兵这样对记者说。近日,记者在南海一中采访时见到,上网已成为师生间常用的沟通方式。自从网络进入校园,3年来仅邓校长一人,回复学生各种留言就超过40万字!网络正在校园德育中扮演着越来越重要的角色。

**师生网上坦诚相见**

不久前,一位没有署名的女生向邓校长的留言簿上发来"悄悄话":因为上体育课时不慎从双杠上跌下,意外造成腿部摔伤,"高考要体检,我该怎么办?"不知所措的女孩子不敢向任何人说出心结,只好上网向校长倾诉。

看到留言,邓校长一刻也没耽误,在全校大会上专门安排时间介绍高考体检的内容,同时写了封信,交给所有班主任,务必使这位女生能看到答复,并让所有有类似疑虑的学生放下心中包袱。

记者了解到,在南海一中,学校主页留言簿和全校教师的电子邮箱都向学生公开。学校鼓励学生通过这种方式与教师们沟通,提出意见和建议。师生间每日里网上话题不断,从谈理想、论人生,到穿校服、住宿舍,即使是一些面对面难以开口的话题也不例外。

"学生的网上留言什么内容都有,谈心事的自然不少,还有很多牢骚和意见,甚至还有学生上网诅咒我的。"邓校长笑着说,"这些反映都有内在的原因,如果是发牢骚,一定是沟通不够,如果是提意见,就要检讨学校的规章是否合理。至于诅咒嘛,越来越少了。"如今,回复学生的各种留言与邮件成了邓校长和许多教师每日必做的功课,或安抚,或解释,或鼓励,三言两语却效果良好。

**网络为传统德育方式注入新鲜血液**

在南海一中的主页上,有个《我圆大学梦》的栏目,里面是全校100多位教职工精心写就的叙述自己当年圆大学梦的文章。许多教师上班会课就带着笔记本电脑上网借用这一栏目,或是调用自己和同事制作的班会课件。网络的介入直接改变了以往班会课教师讲的干巴、学生听得乏味的状况。各种优秀的网站、"一中主页"及几十位教师的个人主页成了班会课主题和内容的主要素材来源。

在南海一中,全校41个班的教室目前都安装了液晶投影仪,每个讲台都是能直接上网的电教平台。学校经常在网络环境下召开班会,甚至家长会、校会。邓校长介绍说,以往开广播校会,学生只能听,现在是既能听又能看。一个课室做主会场,其他班下载"校会课件"同步播放,效果非常好。

**网络架起心灵之桥**

南海一中的主页留言簿,家长、校友们也喜欢造访。邓校长指着一个出现频率很高的网名"大蜜蜂哥哥"告诉记者,这个今年刚考上大学的学生,高三时就常在网上留言,如今毕了业还留恋这里。"这个'胆大包天'的学生在网上称呼我'小兵兵校长'。"邓校长笑着说。在最近的留言中,这个"大蜜蜂哥哥"说:"永远也忘不了被自己称为'小兵兵'的校长和母校。"

邓校长告诉记者,在实施网络德育以前,校长主要通过"校长信箱"与学生沟通,而教师们则更是要费不少口舌,往往枯燥又没效果。如今不论哪位同学写下的留言、提出的疑问,教师们的回答,全校师生都能在网上浏览,取得了事半功倍的效果。邓校长还表示:"信息获取量的增加,眼界开阔了,整个人的素质也随之提高,并带动学校整体水平的提升。"

邓校长说,网络为师生架起了一座沟通的桥梁,将会越来越重要。

## 二、网络沟通的工具

现代网络运用电子媒介和各种电子沟通工具,为人们提供了经济实惠、方便快捷的信息服务。由于网络对于人们的生活、学习、工作等产生了巨大的作用和影响,网络技术开发也得到了高度重视,网络沟通工具无论在种类上、形式上,还是在数量上、质量上都以惊人的速度得到发展,新的网络沟通工具不断涌现,功能日益完善,使用者越来越多,影响范围越来越大。

网络沟通最常见的方式包括电子邮件、QQ、微信、博客等。

**1. 电子邮件**

电子邮件(E-mail)是互联网上的重要信息服务方式。通过网络的电子邮件系统,用户可以用非常低廉的价格或免费把信息发送到世界上任何你指定的、同样拥有邮件地址的另一个或多个用户。电子邮件的内容可以是文字、图表、视听材料等。E-mail 具有使用简易、投递迅速、收费低廉、易于保存、全球畅通无阻等特点,已经成为利用率最高的沟通形式和沟通工具。

**【小贴士】**

### 微软公司

世界著名的微软公司为我们创造了 IT 业界公司发展的"神话"故事,他们公司内部的沟通机制同样为我们在网络时代提高沟通效果提供了典范。

首先,微软公司的总裁比尔·盖茨坚持利用电子邮件来加强与部属和员工之间的联系,他每天上班的第一件事就是检查电子信箱。

同时,公司内部的所有员工通过电子邮件频繁进行信息交流,一本新书、一篇好文章、一种创意、一丝灵感,都是员工电子邮件传递的内容。他们还形象地将这种沟通方式称为"东走西瞧"。尽管有着最快捷、发达、高效的电子沟通介质,公司还是注意运用电子邮件强化沟通。

**2. QQ**

QQ是最早的国产即时通信工具,集图文消息实时发送和接收功能于一体,为用户提供游戏社区、开放型聊天室的服务。在商用领域,由于员工使用QQ交流的不可控性会影响工作效率,QQ分支RTX和TM相继出现,较早走上了即时通信的商用化道路,但起初效果不太理想,现在正在不断地改进和发展,客户数量在不断增加。

**3. 微信**

中国拥有庞大的手机用户群,特别是随着通信技术的发展,近几年智能手机的普及率越来越高。而微信正是在这种契机下,专门为智能手机提供的一种客户端应用软件。微信改变了沟通方式,正逐渐成为一种生活方式。微信打破了通信运营商和跨操作平台的壁垒,用手机进行远距离的沟通需要支付较高的费用。就拿发送短信来说,10元只可以发送100条手机短信,而同样的价格买流量用于微信信息的发送,则可以发送上千条不同形式的信息。微信用户来自手机通信录、QQ好友和基于地理位置认识的陌生人,也就是说,只要打开微信这一款软件就可以同时给通信录好友、QQ好友或陌生人发送信息,不需要使用不同工具进行信息分类传播。微信实现了虚拟社交圈和实际社交圈的交融,使以前由于网络的虚拟性而产生的空虚感和寂寞感逐渐消失。

**4. 博客**

"博客"一词是从英文单词Blog音译而来。Blog是Weblog的简称,而Weblog则是由Web和Log两个英文单词组合而成,通常称为"网络日志"。Blog是一个网页,通常由简短且经常更新的帖子(张贴的文章)构成,这些帖子一般是按照年份和日期倒序排列的。Blog的内容涵盖广泛,有的是纯粹个人的想法和心得,包括新闻、日记、照片、诗歌、散文,甚至科幻小说;有的是对其他网站的超链接和评论;有的是关于公司事务的公告、管理心得、述评;也有的是在基于某一主题的情况下或是在某一共同领域内由一群人集体创作的内容。

Blog是私人性和公共性的有效结合,它不是纯粹个人思想的表达和日常琐事的记录,它所提供的内容可以用来进行交流和为他人提供帮助,具有极高的共享精神和价值。撰写Blog的人叫Blogger或Blog Writer。简而言之,Blog就是以网络作为载体,简易、迅速、便捷地发布自己的心得,及时、有效、轻松地与他人进行交流,再集丰富多彩的个性化展示于一体的综合性平台。国内主要门户网站已相继开设博客网,并免费提供博客网络管理服务。

在类型上,博客主要有个人博客(普通人博客、名人博客)、小组博客、家庭博客、商业博客(企业博客、产品博客)、知识库博客(K-Log)等。

### 【小贴士】

**客户沟通十大方式的选择**

(1)人工应答客户来电。

(2)利用网络进行客户问卷调查。

(3) 利用网络聊天工具。
(4) 利用电子邮件。
(5) 利用网络为客户提供网页自助服务。
(6) 利用自动语音导航为客户提供服务。
(7) 利用语音识别系统。
(8) 传真。
(9) 设立点击通话。
(10) 利用短信。

### 三、网络沟通的策略

网络沟通在人们工作、生活中越来越重要,网络沟通可采用以下策略。

**1. 彼此尊重,以人为本**

网络中需要彼此尊重。如在 QQ 聊天当中,有些不熟悉的人一上来就发视频请求,更有甚者你如果不接收,他就不停地发,这类人的做法太可恶,对他人极不尊重,因为对方需要的是一个独立的个人空间。这种做法最后的结果便是被对方拉入黑名单或被直接删除。因此,网络交往必须以尊重他人为基础。网络礼仪的核心原则之一是适度,把握分寸正是人性和人心所能接受与需要的,能够有效地塑造个人形象和表现自己的修养与气质。

网络沟通首要的一条就是"记住人的存在"。虽然网络是虚拟的,甚至有种说法叫做"在网上谁也不知道你是谁",但是既然你参与了网络,就应该以在乎自己一样的态度来在乎对方,尊重对方就等于尊重自己。聊天也好、发 E-mail 也好、跟帖也好,必须以不侵犯他人的言论权为基础,必须言谈举止都恰当才能树立你在网络中的实际形象,这样,才会备受别人尊重。

**2. 讲究礼仪,加强修养**

由于网络使用者来自不同的文化背景与生活层次,而且网络使用者无法获得像面对面时可得知的交谈规范。这时为了表示尊重对方,展现自己使用网络的负责态度,以及避免带给对方使用网络的不便及无意间产生的误解,网络礼仪就显得非常重要。网络礼仪,英文名称为 Netiquette(来自 network etiquette),我们从字面上就可以了解到,网络礼仪是一般所谓的礼仪迁移到网络情境下所产生的新的名词。网络礼仪使网络使用者能够遵守网络公约,做一个有礼貌、有规矩,懂得保护自己,避免伤害别人的"网络公民"。网络礼仪的根本就是"人",作为网络的主体,"人"应该放在礼仪中的首位:一切以"人"为中心,尊重所有网络人,方便所有网络人,快乐所有网络人!

【小贴士】

**文明上网自律公约**

(中国互联网协会 2006 年 4 月 19 日)

自觉遵纪守法,倡导社会公德,促进绿色网络建设;

提倡先进文化,摒弃消极颓废,促进网络文明健康;

提倡自主创新,摒弃盗版剽窃,促进网络应用繁荣;
　　提倡互相尊重,摒弃造谣诽谤,促进网络和谐共处;
　　提倡诚实守信,摒弃弄虚作假,促进网络安全可信;
　　提倡社会关爱,摒弃低俗沉迷,促进少年健康成长;
　　提倡公平竞争,摒弃尔虞我诈,促进网络百花齐放;
　　提倡人人受益,消除数字鸿沟,促进信息资源共享。

### 3. 特殊符号,增进交流

　　在网络中,为了方便交流,可以使用一些特殊符号。日常礼仪的表达常是用人体动作,而网络现在无法做到这一点,所以只能把人类形体符号化。形象化的符号带给大家的是生动感和幽默感,另外从交流的角度来看非常简洁方便,是增进交流、缩短心理距离的重要体现。

### 4. 传统方式,不可或缺

　　随着网络沟通工具的普及,人们越来越依赖这些新技术传递信息,然而面对面的沟通仍然是最重要的沟通方式,因为网络沟通并不能替代人与人之间的直接交流,在直接交流中,可以观察到别人的表情等肢体语言,并确保沟通的有效性与反馈的及时性,同时能够节约大量的时间。所以尽管有着快捷、发达、高效的电子沟通介质,组织或个人都不应该放弃传统的沟通方式。

## 【小故事】

### 无法替代的面对面交流

　　魏特曼·哈特咨询公司为用户提供信息管理方面的咨询服务。公司首席执行官沙利文先生每年要飞行近30万英里。他很清楚经常出差给一个家庭带来的压力:"我所从事的职业里不断会有失败的婚姻、破裂的家庭,还有那些因这种长期出差的生活方式本身而苦恼的人。"然而,沙利文先生仍然是一个频繁出差的商务旅行者,原因只有一个,要与员工在一起面对面交流。

　　大约一年前,公司里一位备受欢迎的创始人去世,沙利文当时是公司总裁。他和另外两个董事会成员马上乘飞机,在两周内飞到全美九个分支办公室去安抚心情沉痛的员工。因为他知道这些绝不是语音留言、电子邮件和备忘录所能替代的,"他们需要有机会向你倾诉,去表达他们隐约的忧虑,"沙利文说,"如果一件事十分紧急,你就必须亲自到现场。"

## 案 例 讨 论

### 1. 成功的推销

　　某单位原考虑买一辆某厂的4吨卡车,后来为了节省开支,又打消了主意,准备购买另一家工厂的2吨小卡车。厂家闻讯,立刻派出有经验的推销员专访该单位的主管,了解情况并争取说服该单位仍旧购买该厂的产品。这位推销员果然不负众望,获得了成功。他是怎样说服买方的呢?

推销员:"你们需要运输的货物平均重量是多少?"

买方:"那很难说,2吨左右吧!"

推销员:"有时多,有时少,对吗?"

买方:"对!"

推销员:"究竟需要哪种型号的卡车,一方面要根据货物数量、重量;另一方面也要看常在什么公路上、什么条件下行驶,您说对吗?"

买方:"对。不过……"

推销员:"假如您在丘陵地区行驶,而且在冬天,这时汽车的机器和本身所承受的压力是不是比平时的情况下要大一些?"

买方:"是的。"

推销员:"据我所知,您单位在冬天出车比夏天多,是吗?"

买方:"是的。我们夏天的生意不太兴隆,而冬天则多得多。"

推销员:"那么,您的意思就是这样,您单位的卡车一般情况下运输货物为2吨;冬天在丘陵地区行驶,汽车就会处于超负荷的状态。"

买方:"是的。"

推销员:"而这种情况也正是在您生意最忙的时候,对吗?"

买方:"是的,正好在冬天。"

推销员:"在您决定购买多大马力的汽车时,是否应该留有一定的余地比较好呢?"

买方:"你的意思是……"

推销员:"从长远的观点来说,是什么因素决定一辆车值得买还是不值得买呢?"

买方:"那当然要看它能正常使用多长时间。"

推销员:"您说得完全正确。现在让我们比较一下。有两辆卡车,一辆马力相当大,从不超载;另一辆总是满负载甚至经常超负荷。您认为哪辆卡车的寿命会长呢?"

买方:"当然是马力大的那辆车了!"

推销员:"您在决定购买什么样的卡车时,主要看卡车的使用寿命,对吗?"

买方:"对,使用寿命和价格都要加以考虑。"

推销员:"我这里有些关于这两种卡车的数据资料。通过这些数字您可以看出使用寿命和价格的比例关系。"

买方:"让我看看。"(埋头于资料中)

推销员:"哎,怎么样,您有什么想法?"

买方自己动手进行了核算。这场谈话是这样结尾的。

买方:"如果我多花5000元,我就可以买到一辆多使用3年的汽车。"

推销员:"一部车每年盈利多少?"

买方:"少说也有5万~6万元吧!"

推销员:"多花5000元,3年盈利10多万元,还是值得的。您说是吗?"

买方:"是的。"

【思考题】

(1) 根据本案例信息,谈谈推销员为什么能够成功地实现推销。

(2) 在推销员与客户沟通的过程中,推销员运用了哪些语言沟通的方法和技巧?

(3) 本案例对你有哪些启示?

**2. 曾国藩识人术**

有一次,李鸿章带来3个人,想让曾国藩考查一下。曾国藩便让这3个人站成一排在庭院里等候,自己在旁边暗暗观察。

其中一个人不停地四处张望;另外一个年轻人则低着头规规矩矩地站在庭院里;还有一个人神情镇定,目视前方,气宇轩昂。过了一会儿,前两个人显得有些焦急,而第三个人则依然很平静。

曾国藩把李鸿章叫过来说:"面向厅门、站在左边的那位是个忠厚人,办事小心,可以做些后勤供应一类的工作;中间那位是个阳奉阴违、两面三刀的人,不能重用;而右边那位是个将才,可以委以重任。"

李鸿章感到很惊奇,问他是如何看出来的。曾国藩笑道:"左边那个低头不敢仰视,行为拘谨,是一个小心谨慎的人;中间那位见我时很恭敬,可等我走过之后,就左顾右盼,可见此人是个阳奉阴违的人;而右边那人始终站立,前后一致,不卑不亢,当是一位将才,但其结局可能不好。"

果不其然,第三个人就是后来鼎鼎有名的淮军名将刘铭传。

【思考题】

(1) 曾国藩是靠什么来识人的?

(2) 本案例对你有何启示?

**3. 没有书面的东西不行**

2014年3月某日,总经理给新来的总经理助理曹小姐布置了一个任务,要求她向各个部门下发岗位职责空白表格,并要求各个部门在当天下午两点之前上交总经办。总经理问曹小姐是否明白意思,她说完全明白,于是就去执行。

结果到了下午,事情出来了:到了规定的时间,技术部没有按时上交。总经理问曹小姐向技术部怎么传达的?曹小姐说,完全按正确的意思传达的。总经理又问为什么技术部没上交,曹小姐说技术部就是没上交,不知道为什么。

总经理把曹小姐和技术部人员都召集到总经办会议室,问这件事情。技术部负责人回答说,当时他没有听到曹小姐传达关于上交时间的要求。而曹小姐说,自己确实传达了,为什么公司十二个部门就技术部没听清楚?技术部负责人说,确实没有听到。

到底是曹小姐没传达,还是技术部没听到?没有书面的东西,谁也说不清楚。

【思考题】

(1) 本案例给你什么启示?

(2) 如何杜绝类似事件的发生?

### 4. 老师的提醒

一名学生发了一封电子邮件给他的老师,信件开头就是"Hi",然后直呼老师的名字。老师很疑惑:这名学生的文化水平不低,怎么就不懂基本的通信礼仪呢?

为了进一步弄清楚,他回信要求这名学生打印或手写一封信给他。对比两封信,老师感慨不已:这名懂得通信礼仪的学生,为什么在虚拟世界里不遵守通信礼仪呢?

他再次回信提醒这名学生,传统的通信礼仪完全适用于现代的网络世界。

【思考题】

请结合案例谈谈你对电子邮件礼仪规范的认识。

## 实 训 项 目

### 1. 口头语言沟通实训

实训目的:

(1) 通过实训掌握书面语言及口头语言沟通中的各种技巧要领。

(2) 提高运用相关知识解决实际问题的信心和能力。

(3) 养成良好的沟通习惯和风格,形成得体的沟通综合能力。

实训情境:

【职业情境1】 假如你是公司办公室主任,公司曾向某家饭店租用大舞厅,每一季用20个晚上,举办员工培训的一系列讲座。可是就在即将开始的时候,公司突然接到通知,要求必须付高出以前近3倍的租金。当你得到这个通知的时候,所有的准备工作已经就绪,通知都已经发出去了。单位领导派你去说服对方不要违约,你怎么办?请模拟场景,角色扮演。

【职业情境2】 于雪的上司吴总是公司负责营销的副总,对员工非常严厉。吴总是南方人,说话有浓重的南方口音,经常"黄"与"王"不分。他主管公司的市场部和销售部,市场部的经理姓"黄",销售部的经理又恰好姓"王",由于"黄"和"王"经常听混淆,于雪非常苦恼。这天,于雪给吴总送邮件时,吴总告诉她:"请黄经理过来一下!"是让王经理过来还是让黄经理过来?于雪又一次没听清吴总要找的是谁。面对这种情况,于雪该怎样处理?

实训内容:

(1) 根据职业情境1,模拟演示办公室主任的沟通协调过程。

(2) 根据职业情境2,为秘书于雪找出一个两全其美的办法,并演示沟通过程。

实训要求:

(1) 本实训可在教室或情境实训室进行。

(2) 先分组讨论,再进行角色模拟演示。

(3) 分组进行,每组3~5人,一人扮演对方公司经理,一人扮演秘书于雪,一人扮演公司吴副总经理。分角色轮流演示,每组分别演示以上两个情境。

(4) 要求编写演示角色的台词与情节,用语规范,表达到位。

实训提示:

(1) 利用口语交流的技巧。
(2) 注重沟通的目的与策略。
实训总结：个人畅谈沟通体会，教师总评，评选出最佳口头语言沟通者。

**2. 非语言沟通游戏**

游戏目的：证明沟通有时完全可以通过肢体动作完成，而且同样行之有效；证明通过手势和其他非语言的方法完全能够实现人与人之间的沟通。

游戏形式：全体学生，两人一组。

游戏时间：10分钟。

游戏要求：

(1) 向对方介绍自己。一方先通过非语言的方式介绍自己，3分钟后双方互换。
(2) 在向对方进行自我介绍时，双方都不准说话，整个介绍必须全用动作完成，大家可以通过手势、目光、表情以及图片、标识等非语言手段进行沟通。
(3) 请大家通过口头沟通的方式，说明刚才通过肢体语言所表达的意思，与对方的理解进行对照。

相关讨论：

(1) 你用肢体语言介绍自己时，表达是否准确？
(2) 你读懂了多少对方用肢体语言表达的内容？
(3) 对方给了你哪些很好的线索使你了解他？
(4) 我们在运用非语言沟通时存在哪些障碍？
(5) 我们怎样才能消除或削弱这些障碍？

**3. 书面表达能力测试**

你是否善于自我表达？与别人建立开放、真诚、直接和适当的沟通行为，就是自我表达的行为。自我表达的行为可以增加一个人选择的自由度。当一个人拥有选择的自由时，自尊自重的感受会取代压抑、委屈或愤怒等伤害人的情感。请根据自己实际情形如实回答以下问题。

(1) 如果有位朋友提出一种无理要求，你能拒绝吗？
①从来没有　②很少　③有时　④大多是　⑤经常是

(2) 你是否觉得别人在言行中很少表示不欢迎你？
①从来没有　②很少　③有时　④大多是　⑤经常是

(3) 你是否能控制你的脾气？
①从来没有　②很少　③有时　④大多是　⑤经常是

(4) 当你有充分的理由退货给店方时，你是否迟疑不决？
①从来没有　②很少　③有时　④大多是　⑤经常是

(5) 当一个人对你非常不公平时，你是否让他知道？
①从来没有　②很少　③有时　④大多是　⑤经常是

(6) 你是否因很难对推销员说不，而买些自己实际不需要或并不想要的东西？
①从来没有　②很少　③有时　④大多是　⑤经常是

(7) 你是否易于开口赞美别人?
①从来没有　②很少　③有时　④大多是　⑤经常是
(8) 在讨论或辩论中你是否觉得很容易发表意见?
①从来没有　②很少　③有时　④大多是　⑤经常是

说明:

计分标准为:①1分;②2分;③3分;④4分;⑤5分。

8~16分:你的自我表达欲望和能力都还很不够,需要大力加强。

17~32分:你具有一定的自我表达欲望和表达能力,同时又能自我控制。

33~40分:你的自我表达欲望和能力都很强,甚至有时过于表现自己,这既是你的优点,又可能成为你不受别人欢迎的原因。

**附:自我表达时可以参考的方法**

自我表达可以概括为:坚定的原则与温和的态度。

坚定的原则是指自我表达的内容一定要明确,不能模棱两可。一般来说,为了能够完整准确地描述自己的意见,有效的自我表达通常分成4个语意群:①描述情境;②表达情绪;③提出意见;④征询讨论。例如,如果图书馆内有人在大声说话,你可以这样对他讲:你们的声音太大了,我无法专心看书,我认为图书馆不是说话的地方,或者你们可以到外面去讲话。这4句话分别起到上述4种功能。

温和的态度是指自我表达的方式不能过于猛烈,否则会使对方很难接受你的意见,当然也不能过于软弱,否则对方根本不会把你的言论放在心上。要注意的方面包括:目光温和的接触、脸部表情放松、声调坚定平稳、说话流利、保持适当距离、姿势适中、语气肯定等。

**4. 制定网络沟通行为规范实训**

实训目标:明确网络沟通的基本规则和礼仪。

实训学时:2学时。

实训地点:教室。

实训方法:将全班学生分组,4~6人为一组,要求其结合所学网络沟通的知识和自身使用网络的体会,制定出一份网络沟通行为准则。在课堂上分组进行交流,师生共同评价。

**5. 网络沟通能力测试**

(1) 你在回复朋友的邮件时,会在主题栏里_____。
　　A. 根据具体内容重新拟定一个标题
　　B. 习惯使用英文标题
　　C. 总是用 Re、Re...代替

(2) 你认为电子邮件内容的篇幅应该是_____。
　　A. 越短越好　　B. 越长越好　　C. 不计长短

(3) 有一个你认为很重要的邮件,于是你会_____。
　　A. 给客户发送一份,然后打电话通知对方你已经向他发送了邮件
　　B. 等待两天,如果没有得到回复,再发送一次

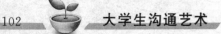

C. 为了让对方及时收到,一连将相同内容的邮件发送几次

(4) 你对自己的电子信箱会做出的处理是_____。

  A. 每天打开信箱查看一次,及时处理所有邮件

  B. 每周打开信箱查看一次,对全部邮件进行处理

  C. 想起来就查看一次,有些邮件不必回复

(5) 你在发送电子邮件前保持的习惯是_____。

  A. 发送前再认真检查一遍,确认无误后再发出

  B. 为了节省时间,提高效率,写完后立即发送出去

  C. 把收件人地址核对准确,信件内容不必检查

(6) 你是否喜欢在邮件里和好朋友开玩笑?_____。

  A. 是的,因为我们关系良好

  B. 是的,但在每次开玩笑时都标明"开玩笑"

  C. 不是,开玩笑容易被误解

(7) 你用QQ聊天时,对方夸大事实,并且撒谎,你会_____。

  A. 讨厌撒谎的人,立即拆穿他的谎言

  B. 只要不是恶意的欺骗,没必要拆穿谎言,继续正常聊天

  C. 不必拆穿谎言,但从此不再与他聊天

(8) 你与普通网友的QQ聊天方式是_____。

  A. 对方问一句,你答一句,很少主动开口

  B. 主动发问,不放过任何问题,包括对方的年龄、工资等

  C. 保持主动,但有些个人隐私问题必须回避

(9) 遇到想深入交往的网友时,你会_____。

  A. 礼貌地请求加其为好友,如被拒绝就不再打扰对方

  B. 加其为好友,并索要对方照片

  C. 请求加其为好友,没有得到回复就再三提醒

(10) 你与普通网友聊天时,对"真诚相待"的理解是_____。

  A. 网络是一个虚拟世界,不可向任何人实话实说

  B. 反正谁都不认识谁,说实话也无所谓

  C. 以真诚为主,但不能什么个人信息都公布于众

得分见表2-7。

表2-7 得分情况

| 选项\题号 | (1) | (2) | (3) | (4) | (5) | (6) | (7) | (8) | (9) | (10) |
|---|---|---|---|---|---|---|---|---|---|---|
| A | 3 | 3 | 3 | 3 | 3 | 1 | 1 | 2 | 3 | 1 |
| B | 2 | 1 | 2 | 2 | 1 | 2 | 3 | 1 | 1 | 1 |
| C | 1 | 2 | 1 | 1 | 2 | 3 | 2 | 3 | 1 | 3 |

测试结果:

（1）将军级交流者（30分）。你完全是一个网络交流的高手，你在网络世界里会左右逢源，游刃有余。

（2）尉官级交流者（16～29分）。你在网络交流艺术方面还存在一定欠缺，尚需要进一步努力，才能成为一个真正的网络交流高手。

（3）列兵级交流者（10～15分）。你对网络交流艺术掌握甚微，甚至还不清楚最起码的交流知识，在网络空间里不会受他人欢迎。你应该认真研究一下相关学问了，否则怎么能成为一个"将军"呢？

## 课 后 练 习

1. 运用语言沟通的知识和技巧，由3～4名同学自由组成小组，其中一人为讨论组织者，任选以下问题进行讨论，5～8分钟完成讨论，并派一人当众综述沟通结果。

（1）你们几位同学都是电影爱好者，打算成立一个校内影迷协会，作为发起者请讨论它的可行性方案。

（2）你们几个同学是超级数码影迷，一直想自导、自拍、自演一部DV，现在商量实施方案。

（3）如果你们班有一名同学因经济困难假期无钱回家，几个好朋友想帮助他，但他的自尊心很强，讨论一个最得体的办法。

（4）假设你们班得到优秀班集体的奖金1000元，你们几个是班干部，现在商议一下这笔奖金的处置方案。

2. 结合实际分析如何成为一个善于言辞的人。

3. 根据自己写好的演讲稿，面对班级同学发表演讲。注意用语、着装及发型，同时充分运用肢体语言，练习眼神、表情的使用。

4. 观摩演讲或观摩电影，有目的地观察别人的手势、表情，仔细研究，博采众长，并经常对镜练习、矫正。多积累，烂熟于心，形成自己的动作。

5. 你认为书面沟通中最重要的原则是什么？

6. 如何保证写作简洁？

7. 结合自身感受谈谈网络沟通的特点。

8. 或许你在网上对人有不礼貌的行为，或许别人对你有不礼貌的行为。请试举一例，并根据所学的知识和技术，提出解决问题的方案。

# 第三章 沟通技能

聪明的人借助经验说话,而更聪明的人是根据经验不说话。

——古希腊民谣

每一个人都需要有人和他开诚布公地谈心。一个人尽管可以十分英勇,但他也可能十分孤独。

——[美]海明威

## 学习目标

**知识与能力目标**:认识倾听的重要性,明确阻碍倾听的因素并克服,运用倾听的策略实现有效地倾听;明确提问的作用,掌握提问的原则与方法;明确回答的作用,掌握回答的原则和方式;了解赞美的类型,在沟通中能够艺术地赞美他人;明确取得良好的说服效果的条件,在沟通中能够有效地说服他人;明确拒绝的基本要求,在沟通中能够得体地拒绝他人。

**思政目标**:运用高超的沟通技能,营造轻松、愉悦的沟通氛围,让人与人之间展开真诚、密切的交流与沟通,在全社会形成团结互助、平等友爱、共同前进的社会氛围和人际关系。

## 案 例 导 入

### 经理室的对话

小王是一家科教设备公司的推销员,他希望通过勤奋的工作来创造良好的业绩。一天他急匆匆地走进一家公司,找到经理室,于是就有了以下的一段对话。

小王:"您好,李先生。我叫王乾,是科教设备公司的推销员。"

经理:"哦,对不起,这里没有李先生。"

小王:"您是这家公司的经理吧?我找的就是您。"

经理:"我姓于,不姓李。"

小王:"对不起,我没听清您的秘书说您是姓李还是姓于,我想向您介绍一下我们公司的彩色复印机……"

经理:"我们现在还用不着彩色复印机。"

小王:"噢,是这样。不过,我们还有别的型号的复印机,这是产品目录,请过目。(接着,掏出香烟和打火机)您来一支。"

经理:"我不吸烟,我讨厌烟味,而且我们公司是无烟区。"

小王:……

【问题】

(1) 小王与经理的沟通存在哪些问题?

(2) 如何才能与人进行有效地沟通?

# 第一节 倾 听

【小故事】

### "听"来的钢盔

第二次世界大战期间,一位叫亚德里安的美国将军利用战斗的间隙到战地医院探望伤员。他毫不张扬地走进病房,静静地坐在病床边,倾听每一位伤病员讲述自己"死里逃生"的经历。其中一位炊事员说,他听到炮弹呼啸而来,就不假思索地把一口锅扣在自己的头上,虽然弹片横飞,战友倒下了一大片,他却幸免一死。听到这里,亚德里安将军略有所悟地点了点头,走到这位炊事员床前同他握手,脸上露出赞赏的微笑。

后来他发布一道命令:让每个战士都戴上一口"铁锅"。

于是,在人类战争史上,"钢盔"这个重要发明,就因为一位将军有耐心和雅量倾听一个炊事员的"唠叨"而诞生了。据说,这个别出心裁的"发明",使七万余名美军在第二次世界大战中免于战死。

【点评】 将军诚意的倾听,表现出了对战士生命安全的关注和高尚的人品,他满足对方倾诉并寻求尊重的愿望,而自己也在获得尊重的同时,获得了创造的灵感,从而做出重大决定。

## 一、倾听的意义

听是一种被动的感官感受,只有声音、没有信息;倾听则是一种主动积极地、有选择性地接受,不但能获得信息,而且能了解情感。听可以说是除了呼吸之外,我们最常做的事。然而真正懂得倾听的人不到25%,所以倾听需要技巧和训练。倾听的意义表现为以下几个方面。

**1. 倾听是获取信息、开阔视野的重要途径**

"听君一席话,胜读十年书。"这句俗语从倾听的角度说明了倾听是获取信息开阔视野的重要途径。有数据显示:在我们获取信息的途径即听、说、读、写所占的时间中,听占到了53%。然而现在是网络化时代,面对面沟通被有些人忽视,由此产生的"宅男""宅女"现象越来越引起人们的担忧,这从另一个角度说明倾听的缺失对现代人造成的不良影响。与其将自己封闭在一个狭小的空间里,还不如走出家门倾听来自各界的声音,那样对你的未来才更有帮助。

**2. 倾听是对别人尊重和鼓励的特殊方式**

根据人性特点,我们都知道,人们往往对自己的事更感兴趣,对自己的问题更关注,更喜欢自我表现。一旦有人专心倾听我们的话,我们就会感到自己被重视。我们真诚投入地倾听他人的倾诉,恰到好处的反应,是对他人尊重和鼓励的最好方式。

【小故事】

"谈吐优雅"的倾听者

戴尔·卡耐基在纽约的一个宴会上遇到了一位著名的植物学家。在此之前,他从未与从事类似职业的人接触过。彼此攀谈了几句后,卡耐基发觉植物学家的话语有很强的吸引力,让他像着了迷似的坐在椅子上,静静听植物学家讲有关大麻、其他植物学家和布置室内花园等事。此外,植物学家还给卡耐基讲述了有关马铃薯种植方面的事情。

宴会结束时,这位植物学家在主人面前对卡耐基大加赞赏,说他"极富激励性",并认为卡耐基是个最风趣、最健谈,并具有"优美谈吐"的人。

后来卡耐基在回忆这段经历时感叹地说,实际上,那晚他几乎没有说过多少话,因为他对植物学了解得太少了,即使想谈也无从谈起,但他一直安静且认真地聆听。这种用心的倾听,也让他对植物学家的谈话产生了真正的兴趣。植物学家也感觉到了这一点,所以谈兴就更浓了。

【问题】 一个不折不扣的倾听者,为什么被评价为"最风趣、最健谈,并具有'优美谈吐'的人"?

**3. 倾听是为自己争取主动的关键**

在时机未到时选择倾听并保持沉默是一种"大智若愚"的艺术。在商业活动中多听、少说甚至不说,这样做的目的是为了获得最大的利益。少开口不做无谓的争论,对方就无法了解你的真实想法;反之,你可以探测对方动机,逐步掌握主动权。因此,"雄辩是银,倾听是金"。

【小故事】

爱迪生的沉默

爱迪生发明电报以后,西方联合公司想购买此发明。其妻建议开价2万美元,他觉得太高了,但还是打算按照妻子的建议要价。谈判在西方联合公司办公室进行。买方代表问:"对你的发明,你打算要多少钱呢?"爱迪生欲言又止陷入思索,现场一片沉默。随着时间的推移,沉默变得难熬,购方代表急躁起来,试探性地问:"我们愿意出10万美元买下你的发明,你看怎么样?"结果双方成交。

### 4. 倾听可增进彼此的理解与信赖

表露内心的事,可以消除两人之间的误会、隔阂、不信任与敌对,使两个人之间关系更加密切。由此来看,倾听可谓是彼此沟通的桥梁,误解与愤恨都会随着有效的倾听而化为乌有,感情也会伴着彼此的倾听更进一步。

### 5. 倾听有利于获得身心健康与成功

倾听可改善周围环境的气氛,有利于获得身心健康与成功。心理学家们指出,善于倾听的人容易克制冲动,控制愤怒,拥有一个较为平和的人际环境,这对于成功与健康是有百益而无一害的。

【小案例】

#### 哈里的助听器

销售员哈里,因为听力不好,每次面对客户的时候,只好看着客户说话时的口形来判断客户说的是什么,然后再做出回答。

一次,哈里在老约翰的办公室里进行销售拜访,是关于一批钢铁的采购合同。在约翰提到对这批货品的品质要求、运输要求以及到货期限等问题时,哈里眼也不眨地盯着老约翰的脸,生怕错过了一个字,甚至还时不时地在笔记本上做记录。这时,正是春暖花开的季节,窗外景色明媚、阳光灿烂,几只鸟儿在欢快地叫着。

可是,哈里因为听力欠佳,无心在乎这一切,只是专注地看着老约翰的嘴唇在动。直到会谈结束,哈里才松了口气,老约翰也很满意地从座位上起身,双方约定了下次见面的时间。

之后,哈里去看了医生,医生给了他一副助听器,告诉他这种仪器可以使得他的听力变好。哈里用了一下,果然是这样,于是他就每天都戴着这副助听器。

那天,哈里如约来到了老约翰的办公室。今天,他听得很清楚,所以注意力也不知不觉地就分散了。一会儿,他看着窗外的景色发呆,一会儿他被清脆的鸟叫声给吸引住了。过了一会儿,有推门声,哈里探头看了一下,原来是老约翰的秘书端咖啡进来。于是,哈里的目光一直追随着女秘书婀娜的身姿。

老约翰很生气,说道:"我一直很欣赏你工作时的专注劲,你可以一小时一小时地看着我,听我说话而不分神,让我觉得受到了尊重,这是其他销售人员所不曾做到的。可是,今天,你却很不在意地听我说话,让我觉得很诧异,虽然我们的合同已经谈得差不多了,但我还是要等下一次再做决定。"

哈里听了,很是吃惊,他本来以为这副助听器能够给自己的销售生涯带来帮助,没想到却使客户大为恼火。现在他才明白,原来专注地聆听对他的工作是这么重要。

那么,下一次见老约翰的时候,他还要不要戴助听器呢?

【问题】 没助听器时哈里是怎么表现的?为什么有助听器反而使得他惹得老约翰极为生气?

## 二、倾听的障碍

📖【小故事】

### 巴顿将军怎么了

巴顿将军为了显示他对部下生活的关心,搞了一次参观士兵食堂的突然袭击。在食堂里,他看见两个士兵站在一个大汤锅前。

"让我尝尝这汤!"巴顿将军向士兵命令道。

"可是,将军……"士兵正准备解释。

"没什么'可是',给我勺子!"巴顿将军拿过勺子喝了一大口,怒斥道:"太不像话了,怎么能给战士喝这个?这简直就是刷锅水!"

"我正想告诉您这是刷锅水,没想到您已经尝出来了。"士兵答道。

【问题】 是什么原因导致了巴顿将军的尴尬?

一般来讲,倾听有五个层次:一是听而不闻。如同耳边风,"左耳进右耳出",完全没有听进去。二是敷衍了事。"嗯""哦""哎""好好好",略有反应其实是心不在焉。三是有选择地听。只听合自己心意的,与自己意思相左的一概自动过滤掉。四是专注地听。有些沟通技巧的训练会强调"主动式""回应式"的聆听,以复述对方的话表示确实听到,即使每句话或许都进入大脑,但是否都能听出说话者的本意、真意,仍值得怀疑。五是同理心的倾听。一般人聆听的目的是为了做出最贴切的反应,根本不是想了解对方。所以同理心的倾听的出发点是为了"了解"而非为了"反应",也就是通过交流去了解别人的观念、感受。在沟通中应重视倾听,尽可能做到高层次的倾听,避免低层次的倾听。但事实上并不是所有倾听都能达到理想效果,因为倾听存在着各种各样的障碍,它们会直接或者间接地影响倾听的效果。

**1. 来自环境的倾听障碍**

环境干扰是影响倾听最常见的因素之一,交谈时的环境各种各样,时常转移人的注意力,从而影响专心倾听。有学者做过试验,一个人同时听到两个信息时,他会选择其中的一个,放弃另一个,这样就很容易忽略另外一个人的信息。具体来说,环境障碍主要从两方面施加对倾听效果的影响。

(1) 干扰信息传递过程,削减、歪曲信号。如在嘈杂的课堂上,教师的声音几乎被学生的吵闹声淹没了,坐在后排的同学根本就听不到教师在说什么,这跟一个安静的教室所能达到的效果是迥然不同的。

(2) 影响沟通者的心境。也就是说,环境不仅从客观上,还从主观上影响倾听的效果,这正是为何人们很注重挑选谈话环境的原因。比如,领导在会议厅里向下属征询建议,大家会十分认真地发言,要是换作在餐桌上,下属可能就会更随心所欲地谈谈想法,有些自认为不成熟的念头也在此得以表达。反之亦然,在咖啡厅里上司随口问问你西装的样式,你会轻松地聊上几句,但若上司特地走到你的办公桌前发问,你多半会惊恐地想这套衣服是否有违公司仪容规范。这是由于不同场合人们的心理压力和情绪都大有不同。

**2. 倾听者自身的倾听障碍**

倾听者本人在整个交流过程中具有举足轻重的作用,倾听者理解信息的能力和态度都直接影响倾听的效果。但由于每个人都有自己的思想和经验,难免在倾听时加上自己的感情色彩,在无形中树立了障碍,无法准确理解别人传递的信息,从而影响了沟通。来自倾听者自身的障碍表现在以下方面。

(1) 注意力不集中。倾听者受到内部或外部因素的干扰而无法集中注意力,这是最常见的阻碍倾听的因素。当你疲倦时,胡思乱想时,或是对说话者所传递的信息不感兴趣时,都很难集中注意力。

(2) 打断说话者。倾听者打断说话者也是阻碍倾听的因素之一。在回应说话者之前,应该先让他把话说完。对说话者缺乏耐心甚至粗鲁地打断他们,这是对说话者本人及其信息不尊重的表现。

【小案例】

**4 和 2**

宾夕法尼亚大学法律系教授艾德恩·凯迪博士,教书已20年,每学期在他上第一堂课的时候,总是先在黑板上写下两个数字:4 和 2。

然后他问学生:"结果是多少?"

许多学生都争相作答。

有的说"6",他摇摇头。

有的说"2",他摇摇头。

最后有人得意地说:"我知道了,是 8。"他也没点头。

学生一阵纳闷,凯迪博士才说:"你们根本还没听到这是个什么题目?是加法、减法、乘法或除法?你们不了解问题,又怎么能说出真正的答案呢?"

【点评】 我们常常也是如此。在还没弄清楚问题之前,就急于下定义,做出似是而非的决定,如此又怎能得到最正确无误的答案呢?所以,一定要认真听别人把话讲完。

(3) 缺乏自信。倾听者缺乏自信也是阻碍倾听的因素之一,这是因为缺乏自信会令倾听者产生紧张的情绪,而这种情绪一旦占据了他的思维,就会使他无从把握说话者所传递的信息。也正是为了掩饰这种紧张情绪,许多倾听者总是在应当倾听时擅自发言,打断说话者。

(4) 过于关注细节。阻碍倾听的另外一个因素是倾听者过于关注细节。如果倾听者尝试记住所有的人名、事件和时间,那么就会觉得倾听"太辛苦"了。这种紧紧抓住信息中的细节而不抓要点的做法非常不可取,这样做就可能完全不能明白说话者的观点。

(5) 排斥异议。有些人喜欢听和自己意见一致的人讲话,偏心于和自己观点相同的人。这种拒绝倾听不同意见的人,不但拒绝了许多通过交流获得信息的机会,而且在倾听的过程中注意力就不可能集中在讲逆耳之言的人身上,也不可能和任何人都交谈得愉快。

(6)心存偏见。倾听者心存偏见会在很大程度上阻碍倾听。偏见让倾听者无法对说话者所传递的信息保持开放和接纳的心态。这是因为,偏见使人在倾听之前就已经对说话者或他所传递的信息做出了判断。

【小故事】

### 龟兔赛跑

有一次我听著名的经济学家厉以宁教授的讲座,厉以宁为了阐述管理当中的几个关键问题,要讲龟兔赛跑的故事。坐在我旁边的一个小伙子嘀咕道:龟兔赛跑的故事有什么可讲的,我上小学的时候就听过了,于是他没注意听。其实厉教授讲的故事很有新意,语言也很诙谐。他说,我们北大光华管理学院讲的龟兔赛跑是这样的:龟兔赛跑有四个回合,第一回合,乌龟虽然在竞争中处于劣势,但坚持下来,等待对方犯错误,结果兔子睡大觉,乌龟赢了。第二回合,兔子接受教训,不再睡大觉,把潜在的可能变成了现实,兔子赢了。第三回合,乌龟调整了策略,改变了比赛路线,在新的比赛路线上邻近终点处有一个水池。比赛中兔子虽然跑得快,但过不了水池。乌龟虽然跑得慢,但顺利地游过了水池,乌龟赢了。第四回合,乌龟与兔子结成战略伙伴关系,互助互信,在陆地上兔子背着乌龟跑,在水里,乌龟驮着兔子游,结果乌龟与兔子一起快速抵达终点,达到了双赢。和我邻座的小伙子正是由于成见,错过了厉教授的精彩讲述。

(7)太注重说话方式与个人外表。人们倾向于根据一个人的长相或讲话的方式来判断一个人,因此听不到他真正说了什么。有些人常被说话者的口音和个人外表以及行为习惯扰乱心绪,从而影响了倾听效果。

(8)臆测。臆测是指倾听者在倾听过程中凭着自己的主观臆断对说话者的话进行推测或猜想。臆测是沟通的障碍,它常常会使人产生曲解或误解。所以,倾听者要尽力避免对别人进行臆测,虽然有时候臆测也可能是正确的,但是最好尽可能避免臆测。

【小故事】

### 重在倾听

美国著名的主持人林克莱特在一期节目上访问了一位小朋友,问他:"你长大了想当什么呀?"小朋友天真地回答:"我要当飞机驾驶员!"林克莱特接着说:"如果有一天你的飞机飞到太平洋上空时,飞机所有的引擎都熄火了,你会怎么办?"小朋友想了想:"我先告诉飞机上所有的人绑好安全带,然后我系上降落伞,先跳下去。"

当现场的观众笑得东倒西歪时,林克莱特继续注视着孩子。没想到,孩子的两行热泪夺眶而出,于是林克莱特问他:"为什么要这么做?"他的回答透露出一个孩子真挚的想法:"我要去拿燃料,我还要回来!还要回来!"

(9)厌倦。由于大脑思考的速度比说话的速度快很多,前者至少是后者的3~5倍(据统计,人们每分钟可说出125个词,理解400~600个词),很容易在听话时感到厌倦。因为人们可以接纳一个人说的话,但同时还有很多空余的"大脑时间",人们很想中断倾听过程,去思考一些别的事情。"寻找"一些事做,占据大脑空闲的空间,这是一种不良的倾听习惯。

【小训练】

### 一起来做倾听游戏

用 10 分钟的时间教师带领全体学生做一个小游戏,证明人群中谁是真正的倾听者,并迅速提高学生们的聆听技巧。

游戏要求:

(1) 教师宣布,接下来将提出一系列问题,每个问题都有一个很简短的答案,学生所需做的就是将答案记在纸上。注意:每道题只念一遍。

(2) 教师将下面所附的 8 个题一一念给全体学生听,学生作答,教师检查学生的答案。随后教师再重新读一次问题,并逐一解释各题。学生可参考后面所列的解题关键。

游戏题目:

(1) 我国法律是否规定成年男子不得娶其遗孀的姐妹为妻?

(2) 如果你 20:00 上床睡觉,设定闹钟在 9:00 将你闹醒,你能睡几个小时?

(3) 在我国,每年都庆祝 10 月 1 日国庆节,在英国是否也有 10 月 1 日?

(4) 如果你只有一根火柴,当你走进一间冰冷的房间时,发现里面有一盏油灯、一个燃油取暖器、一个火炉,你会先点燃哪一个来获取最多的热量?

(5) 平均一个男子一生可以有几次生日?平均一个女子一生可以有几次生日?

(6) 根据国际法的规定,如果一架飞机在两个国家的边境坠落失事,那些不明身份的幸存者应当被安葬在他们准备坐飞机去的国家,还是出发的国家呢?

(7) 一位考古学家声称发现了一枚标有"公元前 48 年"字样的钱币,这可能吗?

(8) 有人造了一幢普通的四堵墙的房子,每面墙上都开着一个面向南的窗口,这时有只熊来敲门,猜猜这只熊是什么颜色的。

解题关键:

(1) 从没有任何一部法规会有如此的规定,因为这个男人若想娶他遗孀的姐妹为妻,首先得让自己的妻子变成遗孀,而他的妻子要变成遗孀,她就得先去世。

(2) 你只能睡一个小时,因为闹钟不会区分是白天还是晚上,除非你按 12 小时制设定。

(3) 是的,在英国也有 10 月 1 日,还有 2 日、3 日直到 31 日。

(4) 首先你得先点燃火柴。

(5) 平均一个男人一生只有一次生日,平均一个女人一生也只有一次生日,其他的都是生日纪念日。

(6) 无论哪里的法律都绝不允许埋葬不明身份的幸存者,因为他们还活着。

(7) 那个考古学家在骗人,因为公元前不可能在钱币上刻上"公元前"的字样,那时还没有公元纪年。

(8) 是只白熊,因为只有在北极才可能建一幢那样的房子,在北极点每个方向都是南方。

相关讨论:

(1) 你答对了多少,答错了多少?
(2) 为什么你的成绩不太理想呢?
(3) 为什么我们说倾听也应当是积极主动的,必须边听边想,不能只是被动地接受?①

### 三、倾听的策略

有效的倾听既是一种技巧,又是一个极富警觉性与极费心思的过程。特别是在面对面的沟通过程中,倾听者要做到"耳到""眼到""心到""脑到"。所谓"耳到",就是要集中注意力把说话者所说的每句话都听清楚。所谓"眼到",就是要用眼睛去观察对方的表情、眼神、手势、体态与穿着等,以判断其口头语言的真正含义。所谓"心到",就是要以换位思考的态度站在对方的立场与角度,去体会其处境与感受。所谓"脑到",就是要运用大脑去分析对方的动机,以便了解其口头语言是否话中有话或有弦外之音。

【小故事】

#### 假日酒店

1951年,威尔逊带着母亲、妻子和5个孩子,开车到华盛顿旅行。一路所住的汽车旅馆,房间矮小,设施破烂不堪,有的甚至阴暗潮湿,又脏又乱。几天下来,威尔逊的老母亲抱怨说:"这样的旅行度假,简直是花钱买罪受。"善于思考问题的威尔逊听到母亲的抱怨,又通过这次旅行的亲身体验,受到了启发。他想:我为什么不能建一些方便汽车旅行者的旅馆呢?他经过反复琢磨,暗自给汽车旅馆起了一个名字叫"假日酒店"。

想法虽好,但没有资金,这对威尔逊来说的确是最大的难题。他想募股,但别人没搞清楚假日酒店的模式,不敢入股。威尔逊没有退缩,心中只有一个念头,必须想尽办法,首先建造一家假日酒店,让有意入股者看到后,放心大胆地参与募股。具有远见卓识且敢想敢干的威尔逊,冒着失败的风险,果断地将自己的住房和准备建旅馆的地皮作为抵押,向银行贷款30万美元。1952年,也就是他举家旅行的第二年,终于在美国田纳西州孟菲斯市夏日大街建起了第一座假日酒店。5年以后,他将假日酒店开到了国外。

【点评】 能够耐心听别人说话的人,必定是一个富于思想的人。威尔逊就是一个有思想的人。他的成功,在于他能注意倾听别人的谈话。我们在吸取他人有益的思想时,必须做的事就是要像威尔逊那样,学会倾听,听别人说什么,从他人的语言中提炼出有价值的信息,便于自己思考时使用。

听是一种生理反应和行为,倾听则是一种艺术,有效的倾听能够使人不需要出声就能达到沟通的目的。因此,掌握倾听的方法和技巧,是培养和提高倾听技能的重点与关键。

**1. 创造良好的倾听环境**

创造良好的倾听环境应从以下三方面入手。

---

① 王建民.管理沟通实务[M].北京:中国人民大学出版社,2015:166-167.

(1) 选择合适的场所。场所合适与否直接关系到沟通双方的心理感受和外在噪声的干扰。在公众场合下,应避免在噪声比较大的地方交谈,如施工场所、十字路口。应尽量寻找安静、舒适、典雅、有格调的咖啡厅、茶室等,同时力求避免电话、手机和他人的干扰。如果是在家中聚会,有必要将电视音量关小,保证室内空气清新、舒适,假如邻近街道,可以将门、窗关紧,同时注意室内家具的摆放、颜色的搭配等细节问题。

(2) 选择恰当的时间。公众场所都有自己的高峰期,像公园、商场、节假日风景区,人比较多,咖啡厅晚上人流不息,而餐馆则在中午用餐时间和18:00以后客人较多。选择场所时还应考虑到时间的不同对谈话双方的效果也将不同。

(3) 保持一定的距离。说话者跟听话者感情好,私下交谈时则相互挨得紧,恋人更是如此。但如果在正式场合,不论亲疏,都应保持一定的距离。过远,则不容易听清;过近,容易使说话者感到紧张。

**2. 良好的心理准备**

倾听,要求倾听者要有良好的精神状态,集中精力,随时提醒自己交谈到底要解决什么问题,听话时应保持与谈话者的眼神接触,但在时间的长短上应适当把握好,如果没有语言上的呼应,只是长时间盯着对方,会使双方都感到局促不安。另外,要努力维持大脑的警觉,保持身体警觉则有助于使大脑处于兴奋状态。

倾听时,应该保持开放的心态,这是提升倾听技巧的指导方针之一。这样做不但使你能考虑到事情的各个方面,还能减少你与说话者之间的防御意识,而这种意识会极大地阻碍你们之间的良好沟通。回应说话者时,即使你不同意他的观点,也应对其信息保持积极的态度。

【小案例】

善于倾听的水均益

中央电视台的主持人水均益非常善于沟通。一次,他向美方提出采访当时的总统克林顿,但久未得到美方的明确表态。一天,美国使馆新闻官保罗打来电话,一上来就声明:"我没有任何消息给你,也没有得到白宫的答复,不过我问你一道技术性的问题。"最后,保罗又说:"水先生,我个人非常希望你们能得到这次访问的机会,我祝你好运!"保罗的话完全是一套外交辞令,没有任何明确的信息,但水均益听出了弦外之音。因为,保罗问到诸如节目播出的具体时间、节目长度、收视率等技术性问题,如果美方无意接受采访,就没有必要了解这些详细内容;作为新闻官,保罗也不会随便表明自己的态度。水均益捕捉到"信号"后,立即做好采访准备。果然当天晚上,美方通知:克林顿总统正式接受采访。由于水均益已有准备,所以采访工作变得非常主动,并获得了成功。

**3. 正确的态势语言**

人的身体姿势会暗示出他对谈话的态度,自然开放性的姿态,代表着接受、兴趣与信任。根据达尔文的观察,交叉双臂是日常生活中最普遍的姿势之一,一般表现出优雅富于感染力,让人看上去自信心十足。但这常常自然地转变为防卫姿势,当倾听意见的人采取这种姿势,大多是持保留的态度。向前倾的姿势是集中注意力、愿意倾听的表现。

倾听时交叉双臂,跷起二郎腿也许是很舒服,但往往让人感觉这是种封闭性的姿势,容易让人误以为不耐烦或高傲。

**4. 运用倾听的技巧**

沟通中,应注意运用以下倾听的技巧。

(1) 对主题或说话者产生兴趣。这样做有助于倾听者以积极的态度进行倾听。倾听时,你的目标应当是从每个说话者那里获取知识,但如果你对他们不感兴趣,就很难集中注意力。因此,应当消除自己对主题或是说话者的偏见,使自己对其产生兴趣。倾听时,应该关注说话者提供的信息,而不是他们的外表、性格或是说话方式,不要因为这些因素而给他们下定论,应该根据他们提供的论据来判断信息的价值。另外,也不要仅仅因为说话者的出色表达就立即对他们做出肯定的判断。出色的表达并不意味着说话者传递的信息有价值。因此,应该等到说话者完整地传递了信息之后,再做出判断。

(2) 积极关注自己不熟悉的信息。要提升自己的倾听技巧,还应该学会积极关注自己不熟悉的信息。如果在倾听时遇到此类信息,就更需要高度集中注意力。因为如果不这样做,就有可能抓不住信息中的重点。当对方传递的是自己不熟悉的信息时,可以采取下列方法来改变自己:不要因为信息复杂而气馁;使自己对学习产生兴趣;提问以确认说话者的观点。

(3) 专注于说话者的主要观点。倾听时,一定要专注于说话者的主要观点,为了全面理解讲话者的言辞中包含的内容和情感,倾听者要集中精力努力捕捉信息的精髓。这样做能避免讲话者的情绪对你产生影响,并且能集中精神理解讲话者所述观点中的重点。

(4) 不要过早下结论。要提升自己的倾听技巧,倾听者在倾听时就不要过早下结论。当你不同意说话者的看法时,最自然的反应就是立即不再理会他所传递的信息。尽管你不需要同意说话者的所有观点,但是在下结论之前,还是应该听完他的话。只有听完了全部的信息,才可以彻底地检验并公正地评估说话者的观点、论据和论证过程。

(5) 复述说话者所传递的信息。通过复述,倾听者可以确定自己是否完全理解了该信息。复述时,倾听者可以用自己的话向说话者概括信息的主要内容,这样能减少对信息的误解和错误的推测。

(6) 不到必要时,不打断他人的谈话。善于听别人说话的人,不会因为自己想强调一些细枝末节、想修正对方话中一些无关紧要的部分、想突然转变话题,或者想说完一句刚刚没说完的话,就随便打断对方。经常打断别人说话就表示我们不善于倾听,个性激进、礼貌不周,很难和人沟通,所以除了在不得不说的情况下,否则不应打断对方谈话。

(7) 尊重说话者的观点。每个人都有自己的观点,要鼓励别人说出自己的看法,而不能因为自己的主观意愿,否定自己不同意的观点,如果无法接受说话者的观点,那可能会错过很多学习的机会,而且无法和对方建立起融洽的关系。

(8) 换位思考。站在对方的角度去考虑他所说的话,以客观的心态去面对说话者,用心去感受说话者的心情,感受他的喜悦或悲伤,这也是做到最高层次倾听的体现。这样做可以避免因心理定式和偏见等产生的障碍。

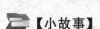【小故事】

### 因为我最了解他的心

一把坚实的大锁挂在大门上,一根铁杆费了九牛二虎之力,还是无法将它撬开。无奈,只好聘请小巧玲珑的钥匙来试试,只见弱不禁风的钥匙轻轻地钻进锁孔,轻巧地一转身,大锁就"啪"的一声被打开了。

粗大的铁杆不解地问:"论身体你没有我壮,论体力你更是比不上我,为什么你就轻而易举地把它打开了呢?"

小巧的钥匙说:"因为我最了解他的心。"

【点评】 这则寓言故事告诉我们:不但要听清对方的谈话,而且要换位思考,充分理解对方的情绪和感受,这样才能打开每个人紧锁的内心,破解沟通的"瓶颈"。

(9)倾听者不应该过于拘谨。倾听者在倾听时过于拘谨使倾听变成了一种被动行为,此时,倾听者绝不会表达自己的观点,他们根本不参与交流,常常只是以"很好"和"我明白你的意思"之类的话来回应说话者。倾听者在倾听时过于拘谨可能是因为害羞,也可能仅仅出于不想给说话者带来麻烦,无论是什么原因,他们的行为都会阻碍有效的沟通。要避免在倾听时过于拘谨,应当遵循以下原则:乐于表达自己的想法;通过提问参与对话;回答问题要干脆;与说话者进行眼神交流。

### 5. 善于运用其他形式沟通

毕竟只是用听的话,所记住的信息有限,这时候就需要借助一些其他的方式来帮助自己更好地记忆。比如做笔记,这样能更有效地记住对方所说的话。同时通过做笔记也能有选择地记下自己认为更重要的信息,从而避免因为什么都要记下而费时费力。

【小贴士】

### 聆听六要点

礼仪专家赵玉莲总结了聆听(LISTEN)六要点。

L(Look):注视对方,使用"肯尼迪总统眼神法",方法是轮流看对方的眼睛,看左眼、看右眼,再看回左眼,两眼交替注视。据说肯尼迪总统经常使用,最能打动对方的心。

I(Interest):表示兴趣,点头、微笑、身体前倾,都是有用的身体语言。

S(Sincere concern):真诚的关心,留心对方的说话,做真心善良的回应。

T(Target):对牢目标,对方故意离题,马上带回主题,对方说溜了嘴更要接上。

E(Emotion):控制情绪,就是听到过分言语,也不要发火。

N(Neutral):避免偏见,小心聆听对方的立场,不要急于捍卫己见。

总之,是否经过严格科学训练,是否能够进行有效倾听的倾听者,在倾听时的表现是截然不同的,表3-1[①]中列出了这两种倾听者在相同情境下的倾听表现。请对照自己的

---

① 程庆珊.商务沟通[M].大连:东北财经大学出版社,2012.

倾听习惯,看看自己做得怎样。

表 3-1　不同倾听者在相同情境下的不同反应

| 差的倾听者 | 好的倾听者 |
| --- | --- |
| • 寻找自己感兴趣的领域<br>• 关注枯燥的主题,兴趣领域很窄,忽略传送错误<br>• 不记录或记录不完整,主动回应<br>• 无回应或很少有语言和非语言的回应<br>• 传递质量差就不认真听了;由于沟通对方的个人特征而不接受;快速地做判断<br>• 很容易被干扰;集中精力时间短<br>• 避免困难的资料,不想动脑解决问题<br>• 遇慢速说话者时做白日梦,注意力不集中<br>• 打断讲话,并问一些小的问题,做一些使人分心的评述<br>• 把自己的精力放在两个或多个任务中<br>• 经常打断对方谈话,喜欢以自我为中心,控制着谈话的话语权<br>• 容易受感情色彩强烈的话语影响,很难控制自己的情绪 | • 寻找对每个人有启迪的内容和信息,照顾到可能感兴趣的新主题<br>• 关注内容和含义,忽略传递问题,只对其中的信息敏感<br>• 倾听过程和细节,用多种方法来记录<br>• 经常以点头和"哦""啊"等来回应,显示主动的身体姿态<br>• 避免快速地判断,等待,直至完成核心信息的理解<br>• 抵制各种干扰;长时间集中精力<br>• 用较困难的材料来刺激思想,寻求解决方案<br>• 利用间隙时间对信息进行总结和梳理,像关注显性的信息一样关注隐含的信息<br>• 澄清一些信息或要求举例,或复述其观点<br>• 一次只做一件事情<br>• 不会打断对方的讲话,一直耐心地听对方陈述完,即使有不同意见也不会打断对方<br>• 能承受负面语言或消极语气,能够很好地控制自己的情绪 |

【小案例】

### 一次倾听达成的交易

在家居装饰卖场的一个店面里,一对父女在挑选地毯,销售人员迎上来,热情地问:"您好,两位想要选一款什么样的地毯呢?"

老先生并没有理会销售人员的问话,而是专心地对年轻女士讲着什么。销售人员看两位聊得出神,就暂时停住了接下来要推介产品的话,而是注意听两位讲话的内容。

销售人员从两位的谈话中获得了以下信息:

(1) 年轻女士是陪父亲来挑选地毯,这个地毯的使用者和决策者是老先生。

(2) 老先生的老伴去世了,女儿为了避免老先生睹物思人,准备对房子进行全新的装修,所以地毯也要换。

(3) 老先生对老伴思念甚浓,一直在向女儿讲述她去世的妈妈如何喜欢原来的地毯,如何打理和清洗,而现在只剩他一个人,要不要都没有用了。

(4) 老先生家里还有一只小狗,老先生认为不用买地毯是因为怕地毯被狗狗弄脏不好清理。

销售人员了解了这些信息之后,又观察到父女两人意见上出现了分歧,父亲不太热衷挑选,而女儿则分外积极。于是销售人员走上去,先向女儿询问家里新装的家具风格,并推荐了与之配套的地毯材质、色调。然后又以向女儿介绍的方式间接说给老先生听,建议地毯的适用位置并介绍了一些除污方法,以免除老先生的顾虑。

最后销售人员直接夸赞老先生有一位孝顺的女儿,并说老先生身体如此健康,要多享受儿女给予的天伦之乐。一方面暗地里安慰了老先生的丧偶之心;另一方面鼓舞老先生去享受新的生活。

就这样,本来无意购买的老先生终于在女儿的坚持和销售人员的建议下,购买了该家店铺的地毯。

【问题】 案例中的地毯销售人员运用了哪些沟通技巧?

【小训练】

### 情境对话分析

某搬家公司通过在报纸上刊登广告来招揽业务,但生意来了之后反倒不愿做了。请分析下面的情境对话。

小王:"您好,请问是××搬家公司吗?"

搬家公司接线员:"是的,请问您是哪里?"

小王:"我是广州点石成金咨询有限公司。"

搬家公司接线员:"咨询公司?做什么的?"

小王:"我公司主要做电话营销技巧培训。今天,我给您打电话是因为……"

搬家公司接线员:"我们不需要培训。"(咣当!没等小王说完,电话就被粗暴地挂断了。)

**参考分析:**

(1) 搬家公司接线员犯的错误是什么?

提示:没有听完对方的谈话就挂机,结果失去了生意。同时,粗暴的挂机行为有损公司与她自己的形象。

(2) 小王犯的错误是什么?

提示:小王也有说话技巧上的问题,如果她能开门见山地说明来意会比较好,比如,"您好,是××搬家公司吗?我们明天要搬办公室,请问你们有时间吗?"这样,对方会很客气地与之交谈,而绝不会粗暴地挂机。

(3) 请同学们就所学内容及自己平时的经验,相互交流在倾听时的积极做法。

提示:①别说话;②让对方放松心情(放松才能畅所欲言);③向对方表示你想聆听;④避免分心;⑤要设身处地以对方的立场思考;⑥要有耐性;⑦避免争辩与批评;⑧发问;⑨控制你的情绪等。

(4) 请同学们就所学内容及自己平时的经验,相互交流在倾听时的消极做法。

提示:①打断他人的说话;②经常改变话题;③抑制不住个人的偏见;④贬低讲话人;⑤急于下结论;⑥神情茫然,姿势僵硬;⑦只注意听事实,不注意讲话人的感情;⑧使用情绪化的言辞;⑨在头脑中预先完成讲话人的语句;⑩当对方还在说话时就想着如何进行回答等。

## 第二节 提 问

【小案例】

找 证 据

有甲、乙、丙、丁四位同学吸烟成瘾,老师知道后,把他们叫到一起,问:"你们抽烟吗?"甲、乙、丙、丁齐声回答:"不抽!"于是老师让他们分别到办公室去一趟。

甲先进去,老师问:"抽烟吗?""不抽。""那吃根薯条吧。"甲伸出两根手指夹住了薯条。老师呵呵一乐:"不抽?"甲低下了头。

甲出去后,将过程告诉了乙、丙、丁,于是乙满怀信心地进了办公室。"抽烟吗?""不抽。""吃根薯条吧。"乙接过去。"蘸点番茄酱吧。""啊,蘸多了。"乙开始像弹烟灰那样弹番茄酱。"不抽?"老师乐呵呵地盯着乙的手指,乙也低下了头。

乙出去后,将过程告诉了丙和丁。丙进了办公室,吃完了薯条。老师问:"不给同学带根去吗?""哦。"丙把薯条夹在耳朵上。老师盯着丙的耳朵,丙低下了头。

丁听了丙的介绍,忐忑不安地进了办公室。他总算把薯条安心地放到口袋里,老师突然喊:"校长来了!"只见丁连忙拿出薯条,使劲往地上踩……

【问题】

(1) 老师是通过什么办法让每位同学都承认自己抽烟的?

(2) 提问有何作用?应该如何提问?

在沟通中,提问往往是交谈的起点,是把话题引向深入的方式之一。因此,会不会问,该怎么问,问什么,都直接影响着交际的效果。

### 一、提问的作用

中医讲究的望、闻、问、切四种疗法,在人际交往过程中,同样适用。提问者必须掌握察言观色的技巧,学会根据具体的环境特点和谈话者的不同特点进行有效的提问。提问有以下三个作用。

**1. 有利于把握回答者的需求**

通过恰当的提问,提问者可以从回答者那里了解更充分的信息,从而对回答者的实际需求进行更准确的把握。

【小案例】

三个小贩卖水果

一天,一位老太太拎着篮子去楼下的菜市场买水果。她来到第一个小贩的水果摊前问道:"这李子怎么样?"

"我的李子又大又甜,特别好吃。"小贩回答。

老太太摇了摇头没有买。她向另一个小贩走去,问道:"你的李子好吃吗?"

"我这里是李子专卖,各种各样的李子都有。您要什么样的李子?"

"我要买酸一点儿的。"

"我这篮李子酸得咬一口就流口水,您要多少?"

"来一斤吧。"老太太买完李子继续在市场中逛,又看到一个小贩的摊上也有李子,又大又圆非常抢眼,便问小贩:"你的李子多少钱一斤?"

"您好,您问哪种李子?"

"我要买酸一点儿的。"

"别人买李子都要又大又甜的,您为什么要酸的李子呢?"

"我儿媳妇怀孕了,想吃酸的。"

"老太太,您对儿媳妇真体贴,她想吃酸的,说明她一定能给您生个大胖孙子。您要多少?"

"我再来一斤吧。"老太太被小贩说得很高兴,便又买了一斤。

小贩一边称李子一边继续问:"您知道孕妇最需要什么营养吗?"

"不知道。"

"孕妇特别需要补充维生素。您知道哪种水果含维生素最多吗?"

"不清楚。"

"猕猴桃含有多种维生素,特别适合孕妇。您要给您儿媳妇天天吃猕猴桃,她一高兴,说不定能一下给您生出一对双胞胎。"

"是吗?好啊,那我就再来一斤猕猴桃。"

"您人真好,谁摊上您这样的婆婆,一定有福气。"小贩开始给老太太称猕猴桃,嘴里也不闲着:"我每天都在这儿摆摊,水果都是当天从批发市场找新鲜的批发来的,您儿媳妇要是吃好了,您再来。"

"行。"老太太被小贩说得很高兴,提了水果边付账边应承着。

三个小贩面对同一个老太太,为什么销售的结果完全不一样呢?

【点评】 提问是探询顾客需求的最好办法。第一个小贩急于推销自己的产品,根本没探寻顾客的需求;第二个小贩进行了促成式提问;第三个小贩通过纵深提问,挖掘出老太太需求背后的原因,最后获得成功。

### 2. 有利于保持沟通过程中双方的良好关系

当提问者针对回答者的需求进行提问时,回答者会感到自己是对方注意的中心,他(她)会在感到受关注、被尊重的同时,更积极地参与到谈话中来。

### 3. 有利于掌控沟通进程

主动发出提问可以使提问者更好地控制对话沟通的进度,以及今后与回答者进行沟通的总体方向。一些经验丰富的提问者总是能够利用有针对性的提问来逐步实现自己的询问目的和沟通目标,并且还可以通过巧妙的提问来保持友好的关系。

## 【小贴士】

### 提问的方式

人际沟通的最终目标是达成一个共同的协议。要想充分了解并确认对方的需求、目的,通常要通过提问得知。常见的提问方式有两种,如表3-2所示。①

表3-2 常见的提问方式

| 提问的方法 | 开放式问题提问 | 封闭式问题提问 |
| --- | --- | --- |
| 特点 | 回答没有框架,可以让对方自由发挥;答案是多样的,是没有限制的 | 提问时给对方一个框架,让对方只能在框架里选择回答;答案是唯一的,是有限制的 |
| 举例 | 你午餐吃的什么?<br>您什么时候有时间?<br>您的订购计划是怎样的?<br>您为什么喜欢这样的工作? | 您吃午餐了吗?<br>您是上午有时间还是下午有时间?<br>您订购一套还是两套?<br>您喜欢您的工作吗? |
| 优势 | 收集信息全面,得到更多的反馈信息,谈话的气氛轻松 | 可以引导对方直接给到自己想要的结论,容易控制谈话的时间 |
| 劣势 | 占用一定的沟通时间,谈话内容容易跑偏,不便于控制沟通节奏 | 收集信息不全面,不利于了解对方的真实意思,只能是确认信息。另外,封闭式问题有时会让对方产生一些紧张或戒备的感觉 |
| 应用 | 时间充裕,需要收集信息,想让对方充分参与、充分主导时用开放式问题 | 时间有限,需要尽快得出结论,想自己控制局面时用封闭式问题 |

## 二、提问的原则

提问应注意遵守以下原则。

**1. 提问对象的辨识性**

提问应因人而异,即从对方的年龄、身份、职业、性格以及不同的民族文化背景出发,选择不同的提问方式和技巧。

【小案例】

### 不会提问的实习记者

临近教师节了,一位实习记者被派往一所省级示范中学,采访在教改中做出突出贡献的张老师。这位实习记者见面就问:"您是哪所大学毕业的呀?"张老师回答道:"我没上过大学。如果你是来找大学学历的教师,那你找错门了。上过大学的教师,我们学校有的是!"结果这位实习记者讨了个没趣。

为了缓和气氛,他转移话题,准备从生活入手,随口问道:"您孩子多大了?该上初中了吧?"张老师脸一红,很不高兴地说:"我还没结婚呢……"随后说声"失陪"便抽身离去。

---

① 秦保红.职场礼仪教程[M].北京:中国人民大学出版社,2016.

这位实习记者十分尴尬。

**2. 提问场合的敏感性**

提问要注意场合,比如厕所里一般不适合高谈阔论;办公室里,当对方很忙或正在处理一些急事时,不宜提琐碎无聊的问题;当对方伤心或失意时,不宜提太复杂、太生硬或者是可能引起对方不愉快的问题。注意场合,还要考虑对方的回答,比如一位中学生很想去游泳,但他父母不让去,如果当着他父母的面,你问他:"去游泳吗?"这名中学生可能因为怕他父母会给你一个虚假的回答"不去",如果换个场合提问,其结果可能会说"去游泳"。

**3. 提问目的的鲜明性**

在提出疑问的时候,要带着鲜明的目的性而提出问题。或者为了寻找答案,或者为了引导对方进一步说明问题,或者作为问题的假设和可能……这些都是提问的目的。鲜明的目的,能够让提问变得有效;然而,鲜明并不等于完全直接地提问,在某些情况下,通过旁敲侧击或者"曲线救国"反倒会比直接询问更有效果。此外,还应注意在旁敲侧击、"曲线救国"的时候,一定要紧扣提问的目的,不能迷失于连环的询问中,而失去根本。

【小案例】

向总统提问

清华大学经管学院一学生曾向美国前总统小布什提问:"总统先生,中美两国的学术文化交流活动前景是非常广阔的,刚才在您精彩的演讲当中,对我们清华大学给予了很高的评价。那么,如果将来您的两个宝贝女儿有机会继续深造,您愿意让您的女儿来我们清华大学吗?"

这个提问着眼于中美文化交流这样的大问题,但入手于一个很小的具体事件:小布什总统是否愿意让女儿来清华大学读书。这个问题很具体,让对方有明确的回答方向,不能不做出明确的回答。如果这样问:"你是怎样看待中美两国文化交流的前景的?"就比较空洞和模糊,对方完全可能也用模糊的语言来应答。

**4. 提问方式的多样性**

在提问过程中,不要拘泥于一种提问方式,单一的提问与回答的方式会使沟通变得不自然、不活跃,会影响到回答者的思维模式。提问的方式要多样,要根据不同的沟通内容、不同的沟通目的、不同的环境,使用不同的提问方式。如提前给出问题,让回答者进行准备,有利于获得相对完整和系统的回答;在现场沟通中进行提问,则可以得到直接而相对真实的回答。连环式的提问具有引导作用;跳跃式的提问则可以开拓思维;设问式的提问可以给出以问为答;反问式的提问则具有权势的威压。

**5. 提问语言的简明性**

提问的语言不宜过长,要通俗、干净、利索,不要拖泥带水、含糊其词,但应具有启发性和诱导性。提问中的语言必须能为对方所理解,同时要注意提问中不要提一些"是不是""对不对"等不需要动脑、脱口而出的问题,因为得不到正确的或者提问者想要的答案。

**6. 提问难度的量力性**

提出的问题要与沟通的内容相关,不要出现风马牛不相及的"提问",也不要出现重复的"错问"。同时,提出问题的难度要具有量力性,必须考虑到沟通对象的年龄特征、知识水平和接受能力。一般来说,低难度的问题是针对较为具体的特殊的事例,中难度的问题则可以是一些抽象的带有一般规律性的问题,高难度的问题则是以开放式为特征,考量回答者的综合素质。在对群体提问时,难度应控制在中等水平,以大多数的回答者经过思考能够回答为前提,既不要过于简单,也不要过于繁难。

**7. 提问留余地的艺术性**

提问一定要留有余地,以免伤害别人。美国明尼苏达大学拉尔夫·尼科斯基博士对此作了四点概括:一是忌提明知对方不能或不愿作答的问题;二是用对方较适应的"交际传媒"提问,切不可故作高深、卖弄学识;三是不要随意搅扰对方的思路;四是尽量避免你的发问或问题引起对方"对抗性选择",即要么避而不答,要么拂袖而去。

【小训练】

**沟通游戏:猜物品**

游戏目标:通过提问获取自己所需要的信息。
参加人数:全体学生,2人一组。
游戏时间:5分钟。
要求:

(1) 学生每2人为一组,一人提问,一人回答,目的是猜物品。开始时,一人会给予指示。由一人向另一人提问题来获得这件物品更多的信息。问题的格式是"是不是……"或者"是……吗?"只能回答"是""不是"或者"不一定"。如果问题需要回答其他内容的,则为无效问题,不予作答,所以请注意提问的技巧。

例如,一人提示:"这是一款电器。"另一人可以问:"是不是家庭用的?"或者"是家庭用的吗?"而不能问:"是在哪里用的?"

(2) 每件物品每个人只能问5个问题,然后根据问的问题猜出这是什么物品。

(3) 在规定时间内猜对物品数目多的组获胜。

讨论:在游戏中你是如何提问的?效果如何?如何改进?

## 三、提问的方式

提问可采用以下方式。

**1. 直接提问法**

提问者从正面直接提问,开诚布公、干脆利落、直截了当地讲明询问目的,开门见山地提出问题。

在运用直接提问法时要注意情感的铺垫,使对方心理上会舒缓一些,也能合作一些,同时防止提过于直白的问题,以免显得过分生硬,容易造成询问对象的心理排拒,难以获得有价值的信息和材料,而且还会给人一种笨嘴拙舌的感觉。

【小案例】

### "你是否对别人的批评很敏感?"

有人问美国华尔街40号国际公司前总裁马修·布拉:"你是否对别人的批评很敏感?"他说:"早年,我对这种事情非常敏感。我急于要使公司里的每一个人都认为我非常完美。要是他们不这样想,就会使我忧虑。只要一个人对我有一些怨言,我就会想法子取悦他。可是,我做的讨好他的事,总会让另外一个人生气。等我想要补偿这个人的时候,又会惹恼其他的人。最后我发现,我越想讨好别人,就越会使我的敌人增加。所以,我对自己说:只要超群出众,你就一定会受到批评,还是趁早习惯。这一点对我大有帮助。以后,我决定尽自己的最大能力去做,而把我那把破伞收起来,让批评我的雨水从我身上流下去,而不是滴在我的脖子里。"

### 2. 限定提问法

人们有一种共同的心理——认为说"不"比说"是"更容易、更安全,所以一般在沟通过程中,提问者向回答者提问时,应尽量设法不让对方说出"不"字来。提问者在问题中给出两个或多个可供选择的答案,此时可采用限定提问法,即两个或多个的答案都是肯定的。如与别人进行约会,有经验的提问者从来不会问对方:"我可以在今天下午来见您吗?"因为这种是只能在"是"或"不"中选择答案的问题。如果将提问方式改为限定型,即改问:"您看我是今天下午2点钟来还是3点钟来见您?""3点钟来比较好。"当他说这句话时,提问的目的就已经达到了。

【小案例】

### 向大娘提问

北京远郊区有个山村的群众吃水很困难。后来,在当地政府的关怀下,村民都用上了自来水。记者采访一位老大娘时问道:"大娘,您吃上自来水了,高兴吧?"大娘回答说:"高兴!高兴!"这次采访,记者就提了这一个问题,大娘也就连着说了两个"高兴",心里有话却因记者的直白而没能说出来。如果问:"大娘,原先您想到过吃自来水吗?"或者"大娘,听说你们过去吃水好困难?"大娘心里的话就能痛快地说出来。

### 3. 诱导提问法

诱导提问法就是提问者通过采用启发诱导的方式,引导或激活对方的思路,诱发对方的情感,使对方明确双方沟通的范围和内容,从而有针对性地把对方掌握的信息引导出来,这比较适合提问对象不愿意说、不大会说、不想主动说等情形。在某种情况下,诱导提问法还可以有意识地通过提问来使对方落入提问者的"圈套",从而使其承认或否认某种言行。

【小故事】

### 孟子的诱导提问

孟子在劝谏魏惠王时,曾经提出一个问题:"假定有一个人向大王报告:我的臂力能举起三千斤的重物,却拿不起一根羽毛;我的目力能把秋天鸟的细毛看得分明,但一车柴火摆在眼前却瞧不见。您相信吗?"魏惠王说:"不,我不相信。"孟子马上接着说:"这样看来,那个力士连一根羽毛都拿不起,是不肯用力的缘故;那位明察秋毫的人,连一车柴火都瞧不见,是不肯用眼睛的缘故;如果老百姓得不到安定的生活,是不肯干,不是不能干。"孟子开始的问话就是诱导提问法。

**4. 追踪提问法**

所谓"追踪提问法",是指提问者把握事物的矛盾法则,抓住重点,循着某种思路、某种逻辑,进行连珠炮式的提问。这种提问既要按照事物的内在联系,把基本情况和事实真相了解清楚,又要抓住重点,深入挖掘,达到应有的深度。一般来说,提问者对于触及事物本质的关键性材料,以及对方谈话中的疑点,或者从对方谈话中发现的有价值的新情况、新线索,往往会抓住不放,打破砂锅问到底,直至水落石出。这里可采用的提问方式如"还有什么呢?""其他原因呢?""您能进一步解释一下吗?"。需要注意的是,追问既要问得对方开动脑筋,又要让对方越谈越有兴趣,态度、语气都要与谈话的气氛协调一致,不要把追问搞成逼问,更不要变成变相"审问"。

**5. 假设提问法**

假设提问法是指提问者通过假设的方式提出一些假设性的问题,是一种"试探而进"的提问方法。这种提问方式采用"如果""假如"一类的设问方式,不但可以了解采访对象的观点、看法和见解,而且还能深入了解对方的内心世界。

假设提问法往往用来启发沟通对象的思路,引导对方谈出对某个问题、某种事情的真实想法,或者设身处地地为对方着想,积极帮助对方回忆某种情境,或者用来调节对方的情绪,促使对方谈出一些不大想说、不大好说的事情或想法,或者由提问者对人物或事物进行合乎规律的推断、预测,促使对方产生联想和想象,或者提问者已经有了一定的认知,再提出一些假设性问题,同沟通对象开展讨论,促使自己认知的深化。

**6. 激将提问法**

激将提问法是指以比较尖锐的问题,适当地刺激对方一下,促使对方的心态由"要我说"变为"我要说",从而不能不说,甚至欲罢不能。运用激将提问法时,提问者要考虑自己的身份是否得当,刺激的强度是否适中,还要考虑谈话的气氛怎样。有些时候尖锐、刁钻、奇特,甚至古怪的提问,是"兵行险招",成则大成,败则大败。例如某些西方政治家,也爱接待善于用"激将提问法"的记者,他们通过巧妙地回答记者刁钻刻薄的提问,能够在公众面前显示自己的才能。

## 【小案例】

### 采 访

根据国务院关于搞好安全生产的指示,《新华日报》有一记者有一次去南京某厂采访。这是一家数千人的大厂,因安全措施落实得好,连续七年未发生过安全事故。由于记者事先得知该厂领导有思想顾虑,不愿在报上张扬,并曾婉言谢绝过其他记者对这一题材的采访,故记者一坐下来就问:"记不清在哪里听说过了,你们厂今年2月因安全措施没落实,曾经触电死过一人,是不是?"接待采访的一位副厂长顿感震惊和委屈:"我们厂?2月死过人?不可能!"记者紧追不舍:"为什么不可能?"副厂长激动起来,一边示意厂办主任打开文件柜,出示安全生产记录;一边大嗓门站着讲述该厂抓安全生产的措施与经验,采访大获成功。

### 7. 转借提问法

转借提问法就是提问者假借他人之口向提问对象提出自己想提的问题,既可以借助第三方提出一些不宜于面对面提出或不太好直说的问题,也可以说明所提问题的客观性,增加提问的力度。举例如下。

一个青年教师向一位老教授这样提问:"刘教授,我听张主任说,您刚刚发表了一篇关于××问题的学术论文是吗?据说这篇论文很有影响,方便借我拜读一下吗?"借他人来说事,问中有赞,会让对方欣慰。

提问的方法丰富多样,提问者都可以根据沟通中的具体情况,灵活地加以运用。同时,这些方法既是相对独立,又是相互联系的。它们可以单独使用,也可以交替或交叉使用。掌握了每种方法的要领,就可以在沟通的过程中运用自如,获取最佳沟通效果。

## 【小案例】

### 李燕杰教授发问

一天晚上,演讲大师李燕杰教授刚从夜校上完课回家,一位青年从后面跟上来,非要和他谈心。李燕杰看看眼前的青年,留着小分卷,上穿红色衬衫,下穿牛仔裤,胸前却挂着一个耶稣受难的十字架,心里便明白了眼前这个青年的思想状况。青年诚恳地要拜李燕杰为师,表示要学好文学和外语。李燕杰见他真诚,就和他谈起心来。于是,李燕杰便开始了一连串的提问。下面是他们的对话。

李燕杰(以下简称李):"你为什么要戴这个(十字架)呢?"

青年:"您是搞中国古典文学的,还懂这玩意儿?"

李:"你真把我看扁了,我要连这个问题都答不上来,今儿个我不就栽了吗?"

青年人笑了。

李:"你不是在学外语吗?我问你,'圣经'这个词,英语怎么说?"

青年人答不上来。

李:"Bible,Bible。你挂十字架,会念祈祷词吗?"

青年:"不就是'阿门'吗?"

李:"不对。"(从头到尾背了一遍祈祷词)你读过《圣经》吗?你知道《圣经》都讲了什么吗?

青年:"不知道,没读过。"

李燕杰给青年讲解了《圣经》的主要内容,然后话题一转,又谈到美的含义。

李:"打个比喻,有个女孩子非常漂亮,相貌好,身材好,还有一身白皙的皮肤,看上去非常美。可是有人告诉你,她就是爱在电车上干这个(做一个扒手的动作),这时候你还认为她美吗?"

青年:"内心与外表不一致,不美。"

李:"有这么一幅油画,一个修女,外表穿得非常肃穆,内心对耶稣也很真诚,胸前挂着十字架,你觉得美吗?"

青年:"内外和谐,对基督徒来说,当然美了。"

李:"那么阁下既不懂《圣经》又不是教徒,胸前却挂着个十字架,难道你会认为这样很美吗?"

青年哑口无言。

【问题】 请分析这里李燕杰教授运用了哪些提问方式。

## 第三节 回 答

【小案例】

### 老板娘的巧妙回答

一位美国客人参观韶山毛泽东故居之后,在附近一家个体饭店吃饭。老板娘的湘菜做得十分正宗,美国客人吃得很满意。饭后客人突然问:"如果毛泽东主席还在,会允许你开店吗?"老板娘稍稍思索后,从容地回答:"如果没有毛主席,我早就饿死了,哪里还能开店呢?"

【问题】

(1) 老板娘的回答"妙"在何处?

(2) 如何才能做到得体地回答呢?

### 一、回答的作用

回答问题是沟通过程中的重要环节之一,有效的回答建立在对提问者的观察、了解的基础之上,具有以下三个作用。

**1. 使提问者的疑问得到解答**

当提问者提出问题时,或许期待关于沟通话题的更多内容,或许希望与回答者就某些问题展开辩论。回答者的角度就是要解答提问者的疑问,通过成功解答问题,可以增强回答者讲话的说服力,使对方不但获得信息,而且心悦诚服。

**2. 使回答者获得进一步的展示**

回答者在回答问题时,更使自己继续立于讲话者的角度,他(她)拥有提问者所不具备的优势,通过回答的系统性与连贯性,使回答者自身的能力与学识获得进一步的展示,获得沟通对象的认可。

**3. 有利于减少与沟通者之间的误会**

在与提问者沟通的过程中,很多回答者都经常遇到误解提问者意图的境况,不管造成这种问题的原因是什么,最终都会对整个沟通进程造成非常不利的影响,因此回答者应该根据实际情况进一步了解,弄清提问者的真正意图,然后根据具体情况采取合适的方式进行解答,以减少沟通中的误会。

### 刘吉答青年学生问

刘吉教授是我国著名的演讲家,擅长与青年对话,下面是他任中国科技大学党委书记时与青年学生的对话。

问:"您是怎样一下子成了党委书记的?"

答:"我是先成为共产党员,然后才成为党委书记的,不是一下子,而是两下子。"

问:"因为我看透了别人,所以我现在只考虑自己,您说我这样做对吗?"

答:"不对。就因为您只考虑自己,所以才看透了别人。"

问:"有人说跳迪斯科、扭屁股是颓废,您同意吗?"

答:"我不同意。中国新疆舞可以扭脖子,蒙古族舞可以扭肩膀,为什么迪斯科不可以扭屁股呢?不都是扭身上的一部分吗?"

问:"您怎样看待那些以'短平快'手法赚大钱的人?"

答:"可以'高点强攻',也可以'短平快',我看只要不犯规就行。"

问:"现代化大生产运用的是高等知识,为什么还要我们补习初中课程呢?"

答:"有一个笑话说,一个人在吃第五个烧饼时饱了。他说,早知如此,何必吃前四个呢?"

问:"实行厂长责任制以后,在你们厂是厂长职务高还是书记职务高?"

答:"您最好回家问问,在你们家是您的爸爸有权威,还是您的妈妈有权威。"

问:"您怎样对待老大难问题?"

答:"老大难,老大难,老大去抓就不难。"

问:"您喜欢青年留什么样的发型?"

答:"发型要因各人的头的大小、脸形的方圆长短,以及男女性别而异,绝不可以千头一律。"

问:"您对您的直接顶头上司是什么态度?"

答:"不阿谀奉承,不溜须拍马,也不背后说他的坏话,我是'三不主义'。"

问:"有的青年穿着非常入时,可说话非常脏,怎么解释?"
答:"这叫形式与内容不统一。"

【点评】 刘吉的回答,运用了多种回答问题的方式和策略,有巧妙回避,有坦诚相对,有溯因解释等,针对不同的问号用了不同的表达方式,或严肃,或轻松,或精确,或模糊,或抽象,或具体,或坦率,或委婉,大都恰到好处。这是一次较为成功的答问。

## 二、回答的原则

正如在讲话过程中要把握住要点一样,在问答过程中要把握问答的要点同样重要。如果无法做到,说话者就会失去了说服听众、主导话题的重要机会。因此,在问答过程中,尤其是回答问题的过程中,要始终坚持三条原则,从而把握住话语的主动权。

**1. 始终保持回答者的信用**

确保自己在回答每个问题时都能保持严肃认真、谦虚礼貌的态度,正确的态度会带来鲜明的回答内容与性格,从而使回答者保持自信。如果回答者在提问者的心目中失去信用,那么在整个沟通的过程中都将处于被动的局面。如果在解答问题的过程中情绪失控或者对听众心存戒备,都将导致回答者的主导地位受到质疑。

**2. 用回答来满足听众**

面对众多的提问,回答者不必回答所有问题。不要在一个人身上花费太多时间。不过很可惜,大部分回答问题的人都希望能从所有听众那里看到满意和赞许的眼神,于是刻意地将时间花在一个问题上,从而失去了对其他人、其他问题的解答。因此,回答者在面临很多个问题的时候,要学会用一种可以平衡所有对象的方式来解决问题,眼神不要停留在一处太长时间,保持对整个会场的关注。对问题太多的人可以说:"你问了一个非常有深度的问题。可是因为我们有许多听众都有需要解答的问题,我回答问题的时间又非常有限,所以可不可以把机会让给别人?"这样既不失礼貌,又能使正常的进程得以继续。

**3. 力求获得其他听众的支持**

尊重提问者,让提问者获得持续的尊重,而给予回答者一定的时间和耐心。如果一次被问到过多的问题,比如,"我怎样才能解决人员不足、空间不足、老板也没有给予我足够信任的问题?"回答者可以这样回答:"你问了3个非常好的问题,可是因为还有其他的听众要提问,就让我先回答一个吧,如果我们还有时间的话再来解决剩下的问题好吗?"以这种方式,即使你只回答了其中部分问题,仍然能够使听众满意。并且听众将会对回答者产生敬意,因为没有让一个人独占了大家有限的时间。

如果回答者被问到一个偏离主题的问题,那么回答者可以停顿一下,然后问:"在座的其他人还有类似的问题吗?"如果没有,就简要地回答一下这个问题,并且告诉提问者自己很愿意在讲话结束后留下来同他进一步探讨这个话题。这个办法在回答那些不怀好意的提问者时也很有效。

## 三、回答的方式

回答的方式很多,我们介绍以下几种。

**1. 针对性回答**

有时问题的字面意思和问话人的本意不是一回事,我们回答时,就不仅要注意问话的表面意义是什么,更要认清提问人的动机、态度、前提是什么,使回答具有针对性。

对　　答

一次,某专科学校期末考试安排老师监考。有一学生违反考试纪律夹带小抄,被监考老师抓住,其班主任前来求情。于是就有了这样一段对话:"他反正又没看,你高抬贵手饶他这一回吧。"监考老师回答:"国家明文规定,私自拥有藏匿枪支,属于违法行为。如果有人私自藏匿枪支却并未杀人,算不算犯罪呢?"班主任哑口无言。

无独有偶。一次,英国大戏剧家萧伯纳结识了一个肥头大耳的神父。神父仔细打量着瘦骨嶙峋的剧作家,揶揄地说道:"看着你的模样,真让人以为英国人都在挨饿。"萧伯纳马上接过话说道:"但是,看看你的模样,人们一下子就清楚了,这苦难的根源就在你们这种人身上!"

**2. 艺术性回答**

这里所说的艺术性包括避答、错答、断答、诡答。

(1) 避答。这种方式用于对付那些冒昧的提问者所提出的问题。有时,某些问题自己不宜回答,但对方已经把问题摆到面前了,保持沉默显然被动,就可以避而不答。

避答两例

① 日本影星中野良子来到上海,有人问她:"你准备什么时候结婚?"中野良子笑着说:"如果我结婚,就到中国度蜜月。"中野良子的婚期是个人隐私,中野良子自然不愿吐露。她虽然没有告诉婚期,却说结婚到中国度蜜月,既遮掩了过去,又表现了她对中国人民的友谊。

② 王光英当初赴中国香港地区创办光大实业公司时,一下飞机,记者们蜂拥而上。一位女记者挤到面前,问道:"先生,请问您这次到香港带了多少钱来?"王光英见对方是个女记者,急中生智,这样应答道:"对女士不能问岁数,对男士不能问钱数,小姐,你说对吗?"既达到了目的,又很有幽默感。

(2) 错答。这是一种机警的口语表达技巧,既可以用于严肃的口语交际场合,也可以用于风趣的日常口语交际场合。它的主要特点是不正面回答问话,也不反唇相讥,而是用话岔开问话人所问的问题,做出与问话意见错位的回答。请看下面的例子。

【小案例】

### 美丽姑娘的错答

一个美丽的姑娘独自坐在酒吧间里,从她的装扮来看,一定出身豪门。一位青年男子走过来献殷勤,"这儿有人坐吗?"他低声问。"到阿芙达旅馆去?"她大声地说。"不,不,你弄错了。我只是问这儿有其他人坐吗?""你说今夜就去?"她尖声叫道,表现得比刚才更激动。许多顾客愤慨而轻蔑地看着这位青年男子。这位青年男子被她弄得狼狈极了,红着脸到另一张桌子那儿去了。

以上例子是很典型的错答,是用来排斥对方和躲闪真实意思的交际手段,用得很成功。运用错答的语言技巧,一是要注意对象和场合;二是使对方明白,既是回答又不是回答,潜在语是不欢迎对方的问话;三是有时要利用问话的含混意思,答话要模棱两可,似是而非,使对方也无法理解。

(3)断答。断答就是截断对方的问话,在他人还没有说出,或者还没有说完某个意思时,即做出错答的口语交际技巧。它与错答相同之处是答与问都存在人为的错位,即答非所问。它们的不同点是,错答是在听完话之后做的回答,断答是没有听完问话抢着进行回答。为什么不等对方问清楚,就要抢先回答?有以下两种原因:一是等对方把问话全说出,就会泄露出某种秘密,难以收拾;二是待听全问话再回答,就会比较被动,不好应付。因此,考虑对方要问什么,在他的问话未说完时,就迅速按另外的思路回答,一方面可以转移其他听众注意力;另一方面可以使问者领悟,转换话题,免予因说破造成尴尬局面和其他不良后果。

【小案例】

### 女青年三次断答

一对青年男女在一起工作,男方对女方产生了爱慕之情,男方急于要向女方表白心意,女方却不愿将友情向爱情方面发展,女方认为还是不要说破,保持一种纯真的朋友情谊为好。于是,出现了下面的断答。

男青年:"我想问问你,你是不是喜欢……"

女青年:"我喜欢你给我借的那本公关书,我都看了两遍了。"

男青年:"你看不出来我喜欢……"

女青年:"我知道你也喜欢公共关系学,以后咱们一起交换学习心得?"

男青年:"你有没有……"

女青年:"有哇!互相切磋,向你学习,我早就有这个想法。"

男青年:……

这位女青年三次断答,使得男青年明白了她的想法,于是不再问了,这比让男青年直接问出来,女青年当面予以拒绝,效果要好得多。

(4)诡答。这是与诡辩连在一起的回答。诡有奇异的意思。诡答,即一种很奇异的回答。在特殊的情况下,不能、不宜或不必照直回答时急中生智,用诡答技巧,做出反常的回答,既增添了谈话的情趣,又应付了难题。

【小故事】

## 老头子

清朝乾隆年间的进士纪晓岚在宫中当侍读学士时,要伴皇帝读书。一天,天色已亮,而乾隆皇帝还没来,纪晓岚就对同僚说:"老头子还没来?"恰巧乾隆皇帝跨门而入,听到他的话,就愠怒地责问:"'老头子'三个字作何解释?"纪晓岚急中生智,跪下道:"皇上万寿无疆叫做'老';皇上乃国家元首,顶天立地叫做'头';皇上是真龙天子,叫做'子'。"于是龙颜大悦。"老头子"本来是一种对老年人不尊敬的称呼。面对乾隆的责难为了开脱自己的罪责,纪晓岚采用文字拆合法来偷换概念,居然把"老头子"变成了对皇帝的敬称。试想,如果纪晓岚不是运用"诡辩"来应付这样的难题,怎么能避免一场杀身之祸呢?

### 3. 智慧性回答

智慧性回答包括否定预设回答和认清语义诱导回答两种。

(1) 否定预设回答。预设是语句中隐含着使语句可理解、有意义的先决条件。在正常情况下,这种先决条件的存在是不言而喻的,如"鲁迅先生是哪一年去世的?"这个问话包含有预设:鲁迅先生已经去世。预设有真假之别,符合实际的预设是真预设;反之就是假预设。就问话而言,其预设的真假关系到对问话的不同回答。黑格尔在《哲学史讲演录》中谈到古希腊诡辩学派时曾讲过这么一个例子。有一位诡辩学派的哲学家问梅内德谟:"你是否已经停止打你的父亲了?"这位哲学家提此问题的目的是要迫使从未打过自己父亲的哲学家陷入困境,因为无论梅内德谟做出"停止了"或"没有停止"的回答,其结果都是承认自己打过父亲的虚假的预设。可见,利用虚假预设可以设置语言陷阱。有些智力测试题提问陷阱的设置也是如此。

【小案例】

### 秦始皇为什么不爱吃胡萝卜

在中央电视台《天地之间》节目"乐百氏智慧迷宫"里曾有道智力测试题:"秦始皇为什么不爱吃胡萝卜?"选手们都答不上来。

此问预设了"秦朝时有胡萝卜""秦始皇吃过胡萝卜"这两点,将思考点定在"为什么不爱"。

其实秦朝时还没有胡萝卜。

应这样回答:"秦朝还没有胡萝卜,秦始皇当然说不上爱吃胡萝卜了。"

(2) 认清语义诱导回答。人们理解语言会受到已有经验的影响,自然而然地产生某种语义联想。如由"春天"会想到桃红柳绿,万紫千红;由"冬天"又会想到寒风凛冽,白雪皑皑;见"晚霞"能想到色彩的绚丽;看"群山"就能想到山势的起伏……既然普遍存在着语义联想,那么就可以利用语义联想来设置陷阱,诱导目标进入思维定式的困境。举例如下。

在一个没有星星、看不见月亮的时候,有一个盲人身着黑衣,步行在公路上。在他的后方,一辆坏了车前灯的汽车奔驰而来,奇怪的是,司机在未按喇叭的情况下,却安全地将车停在了盲人的身后。这是怎么回事呢?

见到"星星"或"月亮"这些词语,我们一般都会联想到晚上。现在出现了"星星""月亮""黑""灯"等字眼,我们就很容易与"黑夜"联系起来了,而这正是本题的陷阱。它通过这些词语诱导你的思维走向"黑夜",那样你就会山穷水尽,百思也难得其解了。

答案应是:这是白天,毫不奇怪。

语言诱导这种陷阱在智力测试提问中可以说随处可见,知道这种陷阱的特征,有些问题就很容易解答了。

【小故事】

### 顾维钧巧答美国小姐

顾维钧是20世纪初中国外交界的领袖,25岁就获美国哥伦比亚大学法学博士学位。他在担任驻美公使时,有一次参加国际舞会,与他共舞的美国小姐突然发问:"请问,你喜欢美国小姐,还是中国小姐呢?"这个问题看似简单,其实不易回答。如果说喜欢中国小姐,就得罪了美国小姐;若说喜欢美国小姐,不仅有违心意,且会导致麻烦。顾维钧略加思索后笑道:"无论是中国小姐还是美国小姐,只要喜欢我的,我都喜欢。"

【问题】 顾维钧的回答妙在何处?

#### 4. 形象性回答

形象性回答是指当提问者提出一个带有一定"理论"色彩的问题时,如果回答者泛泛而谈地讲一些空洞的大道理,往往得不到听者的认同。这时不妨用形象化的方法,如讲故事、打比方等,将枯燥的道理具象化,让听者品味并深刻理解。

【小案例】

### 韩寒巧妙回答

在中国香港地区书展读者见面会上,有读者问韩寒:"你是如何看待你成长之路上遇到的种种困难挫折的?"韩寒沉思片刻后回答说:"一个农夫的驴子不小心掉进了枯井里,农夫绞尽脑汁都没法救出驴子,为免除驴子等死的痛苦,他决定将泥土铲进枯井中把驴子埋了。刚开始驴子叫得很凄惨,后来却渐渐安静了下来。农夫好奇地探头往井底一看:原来,当泥土落在驴子的背部时,驴子便将泥土抖落在一旁,然后站到铲进的泥土堆上面!就这样,驴子很快便上升到了井口!我们在成长之路上难免会陷入'泥土',换个角度看,它们也是一块块的垫脚石,而想要从'枯井'中脱困的秘诀就是将'泥土'抖落掉,然后站到上面去!只要我们锲而不舍地将它们抖落掉,站上去,那么即使是掉落到最深的井,我们也能安然地脱困。"韩寒通过即兴讲述一个"驴子落枯井"的小故事,生动有趣地谈及了成长路上的"枯井"和"泥土"的现实意义,深刻地道出了自己独特的人生观——

把困难化作动力,给人以智慧的启迪。

#### 5. 借用性回答

借用性回答就是在回答提问者提出的问题时,巧妙地借用对方问话中的语气和词句等,以一种出人意料又在情理之中的借题发挥式的方法来回应对方,实现一种在特定情境下的理想应答效果。

【小故事】

基辛格的回答

1972年,基辛格随同尼克松访问莫斯科,途中在维也纳就美苏首脑会谈问题举行了一次记者招待会。这时《纽约时报》记者提出一个所谓"程序问题":"到时你是打算点点滴滴地宣布,还是来个倾盆大雨,成批地发表协定呢?"从不放过任何机会讥讽《纽约时报》的基辛格,一板一眼地说:"我明白了,这位记者先生要我们在倾盆大雨和点点滴滴之间任选一种,这很困难,无论怎样,都是很糟糕的,这样吧,我们点点滴滴地发表成批声明。"

#### 6. 条件性回答

条件性回答即设定条件回答对方。有时对方提出的问题在不同条件下有不同的结论,对这样的问题应根据情况,弄清对方提问的目的,特别注意是否有"陷阱",然后设定对本方有利的条件作为前提,再回答相应的问题。特别是,需要对付某些刁钻古怪的问题时,也以设定条件回答为好。

【小案例】

小江的回答

在一次面试中,应聘者小江和考官谈得很投机,接近尾声时,考官看看表,问:"可不可以请你一块儿吃晚饭?"小江答:"如果作为同事,我愿意接受您的邀请。"

【点评】 这个问题本身就是一道考题,深藏陷阱。痛快答应,有巴结考官之嫌;直接拒绝,则不够礼貌。小江加了一个条件,回答得十分得体、到位。

#### 7. 无效性回答

无效性回答是指当提问者提出的问题很难回答时,如果不予理睬或一律说"无可奉告",既显得对对方不礼貌,又可能使自己当场受窘,所以这时可以做出绝对正确而毫无实质意义的无效性回答。

【小案例】

王蒙的"大实话"

有一次,一位美国人问作家王蒙:"20世纪50年代和70年代的王蒙,哪些地方相同?哪些地方不同?"王蒙答道:"50年代我叫王蒙,70年代我还叫王蒙,这是相同的地方;50 年代我 20 多岁,70 年代我 40 多岁,这是不同的地方。"

中国从 20 世纪 50 年代到 70 年代经历了诸多政治风云,王蒙身处其中,也有许多一言难尽的遭遇和变化,这些内容很敏感和微妙,不容易说清楚,或者王蒙也根本不想再去触及这些往事,而且也不宜或不必贸然向一个陌生的美国人谈这些。所以,王蒙机敏幽默地说了这些绝对正确的看似"切题"却什么也没说的大实话。

### 8. 反驳性回答

当对方所问问题本身是错误的,可以以事实直接反驳对方,也可以一针见血地指出其错误的地方,还可以顺着对方的思路,把它引向对自己有利的方向上,当然也可以采取迂回曲折的方式从侧面进行反驳。

【小案例】

#### 中国作家的巧妙回答

艾伦·金斯伯格是美国著名的诗人。在一次欢迎中国作家代表团的宴会上,金斯伯格向中国作家提出了一个刁钻的问题:把一只 2.5 千克的鸡装进一个只能装 0.5 千克水的瓶子里,用什么方法才能把它取出来?中国作家镇定自若地答道:"您是怎样放进去的,我就怎样把它取出来!显然您是凭嘴把鸡说进这只瓶子里的,所以我也用嘴把鸡从瓶子里取出来。"中国作家的智慧和机敏的反应令金斯伯格大为赞叹。

## 第四节 赞 美

美国管理学家玛丽·凯(Mary Kay)说:"赞美是一种有效而且不可思议的力量。"的确如此,在社会交往中,绝大多数人都期望别人欣赏、赞美自己,希望自身的价值得到社会的肯定。在交际中,恰当地运用赞美的方式,会激发人们的积极性,产生巨大的精神力量。

### 一、赞美的类型

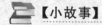【小故事】

#### 受到赞美的保洁员

一天晚上,韩国一家大公司发生了被盗事件,但盗窃者并没有得逞。该公司的一位保洁员不顾生命危险,与盗窃者进行了一场惊险的搏斗。

在这样一个大公司里,论地位、工资,这位保洁员都难以引起重视;论责任,防火防盗这些事情与一个小小的保洁员也没有直接的关系。然而,是什么让这位保洁员产生了如此强烈的正义感呢?

后来,有人从这位保洁员的口中得知,他之所以会这样做,是因为公司总经理每次看到他在辛勤工作时,总是微笑着表扬他把地板打扫得很干净。因此他心存感激,并以此作为回报。

赞美是社交语言中一种常见的言语交际形式。当我们用恰到好处的赞美甜蜜了别人的心时,也就拉近了人与人之间的距离。要知道,赞美是一种神奇的力量,是人际关系的催化剂。所以,要适当地赞美别人,我们播下的每一粒赞美的种子,在未来的某一时刻都可能会开出遍地鲜花。

赞美是多种多样的,一般地,根据不同角度,赞美可以作不同的分类。

### 1. 从赞美的场合上分类

从赞美的场合上可以把赞美分为当众赞美和个别赞美。当众赞美是指面对特定的组织、团体、群体等,对某人或某事的赞美。如表彰会、庆功会、总结大会等。这种形式能充分调动全体人员的积极性,鼓动性强,宣传面广,影响面大,能产生一定的轰动效应,营造热烈、向上的气氛;但它受时间、场所限制,运用不好,容易流于形式和走过场。个别赞美是指在会下针对个别人谈话中予以表扬的形式。这种形式使用方便,自如灵活,针对性强,能解决一些具体问题,效果比较好,时间、地点不受限制。

### 2. 从赞美的方式上分类

从赞美的方式上可以把赞美分为直接赞美和间接赞美。直接赞美是指直接面对好人或好事予以赞美,以告世人皆知,这是一种常用的表扬方式。在一个社会组织内,出现好人好事,单位领导或管理人员要及时予以表扬,或者通过大会场合,或者通过某种媒介,表扬先进,带动后进,能形成良好的风气。这种形式直截了当,不拐弯抹角,使人们听到后,得到鼓励和好感。间接赞美是指通过第三者来赞美某人或某事的形式。使用这种形式,注意分寸,讲究策略,往往是当面不便直接开口,或者是找不到合适的时机去说,而借用对方传达自己赞美他人的话语。这样使他人听到后,感到心情舒畅。这种形式通过对方传达佳话,能消除隔阂,增强团结,融洽气氛,创造和维系良好的上下级关系与同志关系。

### 3. 从赞美的用语上分类

从赞美的用语上可以把赞美分为直接赞美和反语赞美。直接赞美作用同上。反语赞美是指用反语来赞美某人或某事的形式。这种形式在特定的言语环境和背景下使用,幽默含蓄,别致风趣,比一般的赞美有更好的表达效果。例如,某制药厂厂长赞美一位药剂师大胆实验、大公无私的献身精神,他说:"为了减少药物的副作用,在正式投产前,你长期泡在实验室里,对新药不择手段,抢吃抢喝,多吃多占,在自己身上反复实验,我这个厂长真是拿你没有办法。"这种反语赞美的形式,令人感到新奇巧妙,别有情趣。

### 【小贴士】

#### 两个有趣的实验

实验1:日本科学家做了一个实验,在两个相同鱼缸里放了相同的水和两条相同的鱼,一边是不断地施予赞美和舒缓的音乐,一边是咒骂和嘈杂的声音,结果发现,赞美的那边,仪器上显示的波纹是舒缓的,水也很清澈;而另一边,波纹很乱,水也变得浑浊。

实验2:日本有个专家做了一个实验,实验结果证明:人们对水的结晶体用不同方言说"谢谢""你很可爱"之类的赞美语时,它会在显微镜下呈现一种像冰花一样的漂亮形态;而当用不同方言对它说"王八蛋"之类的骂人语时,它则会呈现一塌糊涂的形态,这说明水的变化会随着人的心情和情绪而变化。

【点评】 赞美不仅对人类有巨大的影响,甚至对自然界中的动植物同样有着巨大的影响力。

## 二、赞美的艺术

一般来说,赞美是一种能引起对方好感的交往方式。赞同我们的人与不赞同我们的人相比,我们更喜爱前者,这符合人际交往的酬赏理论。

但令人遗憾的是,不少人把赞美当作取悦他人的简单公式,不分时间、地点、条件对他人一味地加以赞美,实际上,这一做法是很不可取的。因为我们知道:人借助语言进行交往,语言具有影响对方的心理反应,进而影响双方人际关系的效能,任何一种语言材料、语言风格、交往方式对人际关系产生何种影响,常因人、因时、因地而异。赞美这一交往方式也不例外,它的效能也具有相对性和条件性。

美国心理学家阿伦森(Elliot Aronson)曾举例说:假设工程师南希出色地设计了一套图纸,上司说:"南希,干得好!"毋庸置疑,听了这话,南希一定会增加对上司的好感。但如果南希草率地设计了一套图纸(她自己也知道图纸没设计好),这时,上司走过来用同样的声调说出同一句话,这句话还能使她产生好感吗?南希可能得出上司挖苦人、戏弄人、不诚实、不懂得好坏、勾引异性等结论,其中任何一项都使南希对上司的喜爱有所减少。

因此,赞美的效果要受各种条件制约。运用赞美的语言艺术,借助以下条件,才能使赞美引起对方好感,取得良好的沟通效果。

### 1. 热情真诚的赞美

每个人都珍视真心诚意,它是人际交往中最重要的尺度。能引起好感的赞美首先必须是发自内心、热情洋溢的,否则那就是恭维。赞美和恭维到底有什么区别呢?"很简单,一个是真诚的,另一个是不真诚的;一个出自内心,另一个出自牙缝;一个为天下人所欣赏,另一个为天下人所不齿。"(戴尔·卡耐基语)美国"石油大王"约翰·洛克菲勒在人际交往中善于运用真诚的语言来赞美他人,以此来维系良好的人际关系,这是他的交际秘诀。

一次,洛克菲勒的一个合伙人爱德华·贝德福特,在南美的一次生意中处置失当,使公司损失了上百万美元。贝德福特垂头丧气地来见洛克菲勒,洛克菲勒本可以指责他的过失,但他并没有这样做,他知道贝德福特已经尽了他最大的努力,不能把他的功劳全部抹杀。

于是,洛克菲勒另外寻找一些话题来称赞贝德福特。约翰·洛克菲勒把贝德福特叫到办公室,真诚地对他说:"干得太棒了,您不仅保全了 60%的资金,也为我们敲响了一记警钟。我们一直都在努力,并且取得了几乎所有的成功,还没有尝到失败的滋味。像这样也好,我们可以更好地发现自己的错误和缺点,争取更大的胜利。更何况,我们也并不能总是处在事业的巅峰时期。"

几句赞美的话语,把贝德福特夸得心里热乎乎的,也深深地打动了他,两人结为至交。后来,在洛克菲勒的创业中,贝德福特做出了很多重大的贡献。

**2. 令人愉悦的赞美**

赞美的言语应该是对方喜欢听的言语,能达到使人愉悦的目的,我们称它为愉悦性原则。在交际活动中,遵守愉悦性原则,就是要多说对方喜欢听的话语,不说对方讨厌的言辞。这样,往往能收到较好的表达效果。

朱元璋有两个过去一块儿长大的穷朋友。朱元璋后来做了皇帝,这两位朋友仍过着苦日子。一天,一位朋友从乡下赶到南京,拜见了朱元璋。他对朱元璋说:"我主万岁!当年微臣随驾扫荡芦州府,打破罐州城,汤元帅在逃,拿住豆将军,红孩儿当关,多亏菜将军。"朱元璋听到他讲得很动听,十分高兴,也隐约记起他所说的一些事情,立刻封他做了御林军总管。事情一传出,另外一位朋友也去了南京,拜见朱元璋,也说了那件事:"我主万岁!从前,你我都替人家看牛,一天我们在芦苇荡里,把偷来的豆子放在瓦罐里煮着,还没煮熟,大家就抢着吃,把罐子打破了,撒了一地豆子,汤都泼在泥地里。你只顾从地下满把地抓豆子吃,却不小心连红草叶也送进嘴去。叶子哽在喉咙口,苦得你哭笑不得。还是我出的主意,叫你用青菜叶子带下肚子里去了……"朱元璋见他不顾体面,没等他说完,就命令:"推出去斩了!"从上例可见,第一位朋友将放牛娃偷吃豆子的趣事,赞美为叱咤疆场的赫赫战绩,巧妙比喻,高雅别致,说得动听,使人愉悦。第二位朋友明话直说,粗俗低劣,讲得不爱听,有伤皇帝尊严,自然当斩。

**3. 具体明确的赞美**

空泛、含混的赞美因没有明确的评价原因,常使人觉得不可接受,并怀疑你的辨别力和鉴赏力,甚至怀疑你的动机、意图,所以具体明确的赞美才能引起人们的好感。对他人总以"你工作得很好""你是一个出色的领导"来赞美,只能引起人家反感。

【小故事】

### 罗斯福总统的赞美

克莱斯勒公司为罗斯福总统制造了一辆汽车,因为他下肢瘫痪,不能使用普通的小汽车。工程师把汽车送到了白宫,总统立刻对它产生了极大的兴趣。他说:"我觉得不可思议,你只要按按钮,车子就开起来,驾驶毫不费力,真妙。"他的朋友和同事们也在一旁欣赏汽车。总统当着大家的面夸奖:"我真感谢你们花费时间和精力研制了这辆车,这是件了不起的事。"总统接着欣赏散热器、特制后视镜、钟、车灯等,换句话说,他注意并提到了每一个细节,他知道工人为这些细节花费了不少心思。总统坚持让他的夫人、劳工部部长和他的秘书注意这些装置。这种具体化的赞美让人感觉到真心实意。

#### 4. 符合实际的赞美

在赞美别人时,应尽量符合实际,虽然有时可以略微夸张一些,但是应注意不可太过分。如某个人对某领域或某个方面提出了一些很好的意见,或者有了一点成果。你可以说:"你在这方面可真有研究",甚至可以说:"你是这方面的专家。"可如果你说:"你真不愧是个著名的专家""你真是这方面的泰斗"等,对方如果是个正派人就会感到不舒服,旁观者就会觉得你是在阿谀奉承,另有企图。

#### 5. 让听者无意的赞美

赞美者不是有意说给被赞美者听的赞美叫无意的赞美,这种赞美会被人认为是发自内心,不带私人动机的。

《红楼梦》中一次贾宝玉针对史湘云、薛宝钗劝他要做官为宦、仕途经济的话,对史湘云和袭人赞美黛玉道:"林姑娘从未说过这些混账话不曾?要是她说这些混账话,我早和她生分了。"凑巧这时黛玉正好来到窗外,无意中听见这些话,使她"不觉又惊又喜,又悲又叹"。结果宝黛二人推心置腹,感情大增。

#### 6. 雪中送炭的赞美

最有实效的赞美不是"锦上添花",而是"雪中送炭"。在他人最需要的时候送上赞美,往往比那些平时说出的赞美更能受到重视。赞美要选好时机。在独特的情境下表达出来的赞美和赏识更让人怦然心动,也更能换来对方的倾心相报。

宋太祖被后人称为"仁义皇帝",他对士兵从来都不忘赞美和奖赏,经常以恩典来感化他们,让他们为皇帝的赏赐而感动,心甘情愿地为朝廷建功立业。

公元964年,宋朝兵分两路进攻后蜀,战事进行得较为顺利。有一天,京城开封下起了鹅毛大雪,宋太祖在讲武殿处理军事。由于天气寒冷,殿中置设毡帐,宋太祖戴着紫貂裘帽。宋太祖触景生情,对左右侍者说:"我穿戴得这样厚实,身体还觉得寒冷,那么西征将帅士卒顶着霜雪,处境一定相当的难。"说完,即解一袭帽,派人送到战争前线赐给统帅王全斌。王全斌拜赐感泣,决心率西征将士全力以赴,消灭后蜀以报答皇上的赏赐之恩。

攻打北汉时,宋军将太原城重重围住,无奈太原城十分坚固,以致久攻不下。宋太祖的侍卫亲军看到皇帝为这座孤城整日愁眉不展,自告奋勇要求充当攻城先锋。指挥使李怀忠率众攻城,不想失利而归,且身中流箭,差点丢了性命。宋太祖得知后深表惋惜,于是,当殿前都虞侯赵廷翰率各班卫士再次叩头请战时,宋太祖对这些侍卫们说:"你们都是天下兵中的精中之精,无不以一当百,好像是我的爪牙。我宁肯不得太原,也不会让你们冒着生命危险,踏入必死之地。"说罢,下令班师退兵。

宋太祖的这番话令左右侍卫们感激涕零,众人感动得热泪盈眶,叩头齐呼"万岁"。

#### 7. 不断增加、重复的赞美

阿伦森研究表明:人们喜欢那些对自己的赞美不断增加的人,并且对自始至终都赞美自己的人与最初贬低逐渐发展到赞美的人,人们会尤其喜欢后者。因为相对来说,前者容易使人产生他可能是个对谁都说好的"和事佬"的感觉；但人们对开始持否定态度的后者会留下这样一种印象：说我不好，一定是经过考虑、分析的，可能有他一定的道理。从而认为对方可能更有判断力，进而更喜欢他。

重复的赞美也可以赢得对方的好感。请看这样一个实例。

刘先生因业务需要，和某老板打交道，很多人都觉得这个老板很难缠，刘先生的下属也批评该老板。刘先生承诺下属，用一个星期的时间来改变这种情况。刘先生与老板开始做游戏，开始刘先生不断地讲一句话："老板，与你合作是我这辈子最快乐的事情。"在吃饭、握手过程中，刘先生不断地重复说："与你合作是我这辈子最快乐的事情。"接下来的第二天、第三天、第四天……刘先生一直在重复这句话，最后一直坚持了七天，讲了几百次。等到老板要离开的那天，老板握着刘先生的手说："小刘，与你合作是我这辈子最快乐的事情。"

### 8. 出人意料的赞美

若赞美的内容出乎对方意料，易引起好感，举例如下。

卡耐基在《人性的优点》中讲过他曾经历的一件事：一天，他去邮局寄挂号信，从事着年复一年的单调工作的邮局办事员显得很不耐烦，服务态度很差。当他给卡耐基的信件称重时，卡耐基对他称赞道："真希望我也有你这样的头发。"闻听此言，办事员惊讶地看着卡耐基，接着脸上泛出微笑，热情周到地为卡耐基服务。显然这是因为他接受了出乎意料的赞美的缘故。

### 9. 适可而止的赞美

对学生、下属、晚辈等表示赞美，如过分使用溢美之词则可能会助长对方骄傲、自满、浮躁的情绪，不利于对方学习、工作、做人等的进一步发展。这就要求我们在赞美这一类人时应当把握好分寸，适可而止，以含蓄的语气表示赞扬，少一些华丽的溢美之词，多一些实实在在的引导、肯定和鼓励，既满足对方自我价值实现的心理，又令其感受到肩上的责任和期冀，从而更加懂得上进。

丰子恺考入浙江第一师范学校后，李叔同教他图画课。在教木炭模型写生时，李叔同先给大家示范，画好后，把画贴在黑板上，多数学生都照着黑板上的范画临摹起来，只有丰子恺和少数几个同学依照李叔同的做法直接从石膏上写生。李叔同注意到了丰子恺的颖悟。一次，李叔同以和气的口吻对丰子恺说："你的图画进步很快，我在南京和杭州两处教课，没有见过像你这样进步快速的学生。你以后，可以……"李叔同没有接着说下去，观察了一下丰子恺的反应。此时，丰子恺不只为老师的赞扬感到欢欣鼓舞，更意识到在老师没有说出的话当中包含着对他前程的殷切希望。于是，丰子恺说："谢谢！谢谢先生！我一定不辜负先生的期望！"这天晚上，李叔同对丰子恺的赞扬，激励他走上了艺术生涯。丰子恺后来回忆道："当晚李先生的几句话，决定了我的一生……这一晚，是我一生中的一个重要关口，因为从这晚起，我打定主意，专门学画，把一生献给艺术。几十年一直没有改变。"

这里，李叔同尽管注意到了丰子恺在绘画方面的天赋，他自己也为此而颇感激动，但他在赞扬丰子恺时仍然努力保持了平和的心态和语气,只用朴实、含蓄的语句表示了对丰子恺画艺进步的肯定,同时欲言又止,让他自己去领会其中浓浓的期冀之情。这样的赞美方式,既让丰子恺感到满足,同时也给予了他极大的激励。

总之,赞美是人的一种心理需要,是对他人尊重的表现,是一剂理想的黏合剂,它给人以舒适感,使我们拥有更多的朋友。但"赞美引起好感"并不是绝对的、无条件的,它要受赞美动机、事实根据、交往环境诸因素的制约和影响。因此在与他人相处时,必须记住——一味地赞美不可取。

【小训练】

分析下列实例中赞美的失误点。

(1) 小陈去拜见某教授。小陈一见面就说:"久闻您老的大名,您老真是才高八斗、学富五车。"教授笑眯眯地反问:"你说说看,我有哪八斗才,哪五车学?"小陈闹了个大红脸。

(2) 小刘在出席一位青年作家作品研讨会时,出于对作家妻子甘当"贤内助"的由衷佩服,不禁赞美说:"你俩真像诸葛亮夫妻一样,男的才华横溢,女的相夫教子,天生的一对啊!"丈夫听后倒没什么,夫人却是一脸的尴尬。

(3) 叶发的女儿叶莉很早就和姚明确立了恋爱关系,那时姚明还籍籍无名。后来姚明加入了NBA,一下子名扬天下。街坊邻居们看到叶发都会赶上来攀谈,羡慕地说道:"姚明是你未来的女婿啊!他可是个大明星,你女儿嫁给了他,以后家里就有了一棵'摇钱树',你们老两口多豪华的生活都可以过上,真有福气啊!"每次叶发听到这些话,都会感觉很不舒服,仿佛女儿是在攀龙附凤,冲着姚明的名气和钱去的一样。他总是不咸不淡地回应说:"孩子有孩子的生活,我们有我们的生活,不能什么都指望孩子!"

## 第五节 说 服

【小故事】

### 诸葛亮的说服技巧

诸葛亮所运用的说服技巧,充分地体现在说服孙权与刘备联手抗击曹操一事中。公元208年,刘备兵败樊口,再也没有反击之力,要与曹军抗衡,则必须与孙权联手。如果派一般的使者,为了请求对方的援军,一定会低声下气,但是诸葛亮却相反,而是摆出一副强硬的态度,以激起孙权的自尊心:"将军您是否也要权衡自己的力量,以处置目前情势。如果贵国的军力足以和曹军抗衡,则应该早早和曹军断交才好;若是无法与曹军相抗衡,则应尽快解除武装,臣服于曹操才是上策。"孙权年轻气盛,果然被激起了强烈的自尊心:"照你的说法,为什么刘备不向曹操投降呢?"诸葛亮就紧接着"火上浇油":"你知道田横的故事吗?他是齐国的壮士,忠义可嘉,为了不愿侍二主而自我了断。更何况我主刘备乃堂堂汉室之后,钦慕刘君之英迈资质而投到他旗下的优秀人才不计其数,不论事成或不成,都只能说是天命,怎可向曹贼投降?"说到这里,孙权的自尊心已被充分激发起来了,于是他激动地表示:"我拥有江东全土以及十万精兵,又怎能受人支配呢?我已经做好决定了。"最后,刘备在"赤壁之战"中转败为胜。

**【点评】** 赤壁之战中转败为胜,关键在于诸葛亮通过激起孙权的自尊心,进而说服了孙权。诸葛亮充分地运用了说服的技巧。

说服就是改变或者强化态度、信念或行为的过程。说服是以求得对方的理解为目的的谈话活动,是使自己的想法变成他人的行动的过程。说服的过程是思想、观点的交锋,也是沟通的重要方面。说服是以人为对象,进而达到共同的认知。人们常说:"人生,就是从不间断的说服。"工作亦如是,尤其是在商务领域,那里聚集着各种性格的人,为了达到共同的目标,大家必须同心协力,因此说服的场面更是俯拾皆是,所以说工作也是不间断的说服。只有善于说服的人才能够获得他人的尊重和信赖。

## 一、说服的条件

要想取得良好的说服效果,必须首先具备以下条件。

### 1. 说服者具有较高的信誉

说服进行的基础是取得对方的信任。而信任来自说服者的信誉。

信誉包括两大因素:可信度与吸引力。可信度高、吸引力强的人,说服效果明显超过可信度低、吸引力弱的人。可信度是由说服者的权威性、可靠性以及动机的纯正性组成,是说服者内在品格的体现。说服者的年龄、职业、文化程度、专业技能、社会资历、社会背景等构成的权力、地位、声望就是权威性。俗话说:"人微言轻,人贵言重。"一般来说,一个人的权威性越大,对别人的影响力也就越大。如果说服者在被说服者心目中形成了某种权威性形象,那么他说服别人转变态度的可能性也就越大。

要提高说服者信誉,首先要提高说服者自身的素质,使之具有合理的智能结构,具有高尚的道德修养,具备权威性和可靠性,说服才有分量、有威信,才能赢得听者的尊重和信赖。吸引力主要指说服者的外在形象,因此说服者还需重视外在形象的修饰。一个外貌、气质、穿着、打扮能给人好感的人,才具有吸引力;一个言谈、举止、口音等方面能与对方体现出共性的人,才具有吸引力。一个恰当的印象,会产生首因效应,帮助说服者成功说服他人。

### 2. 对说服对象有相当的了解

"知己知彼,百战不殆。"在说服他人之前,必须了解说服对象,捕捉对方思想、态度方面流露出的点滴信息,摸清对方思想问题的症结所在,了解对方的心理需求,根据不同情况区别对待,因人而异,有针对性地开启对方的心扉,才能真正实现感情和心灵的共鸣,避免或减少盲目说服造成的错位反应。具体要从以下两个方面对说服对象进行了解。

(1) 要了解对方的性格。苏洵在《谏论》中举了一个有趣的例子。

有三个人,一个勇敢,一个胆量中等,一个胆小。有人将这三个人带到深沟边,对他们说:"跳过去便称得上勇敢,否则就是胆小鬼。"那个勇敢的必定毫不犹豫地一跃而过,另外两个则不会跳,如果对他们说,跳过去就奖给两千两黄金,这时那个胆量中等的就敢跳了,而那个胆小的人却仍然不敢跳。突然来了一只猛虎,咆哮着猛扑过来,这时不待别人给他们任何许诺,他们三个人都会先你一步腾身而起,就像跨过平地一样。

从这个例子我们可以看出,不同性格的人,接受他人意见的方式和敏感程度是不一样的,针对性地采取不同的方法去说服对方,更容易达到目的。

(2) 要了解对方的优点或爱好。有经验的推销员,一进入顾客家中,总会立刻找到客户感兴趣的话题进行交谈。例如,看到地毯,马上会说:"好漂亮的地毯,我也很喜欢这种样式……"通过各种话题创造进入主题的契机。因为从对方的长处或最感兴趣的事物入手,一方面能让对方比较容易接受你的观点;另一方面在对方所擅长的领域里更容易说服他。

### 3. 能够把握住说服的最佳时机

说服还要能够抓住最佳时机。同样一番道理,彼时说可能不如此时说,现在说不如以后说。时机把握得好,对方才会愿意听,才会用心听,才能听得进。否则,说服过早,会被对方认为神经过敏或无中生有;说服过晚,已时过境迁,对方认为你是"事后诸葛亮",你即便有再好的口才,再好的意见,都不可能收到预期的效果。掌握时机,要将说服对象与时、境、理联系起来考虑,配合起来运用。可利用特定场合,造成境、理相衬,进行深入说服;可利用景中道情,情中说理,进行委婉说服;还可借助眼前实物,进行暗示说服等。举例如下。

童童有点儿害羞,爷爷却偏偏喜欢在别人面前"展示"孙子。可是一旦遇到孙子没有按自己的意愿和别人打招呼或者背唐诗,就会很生气地数落孙子。结果导致童童更加害羞和怕见生人。童童妈妈几次看见这样的场景,一直想找个机会告诉公公:如果不勉强童童,让他在旁边看一会儿的话,孩子反而会主动地和别人打招呼。

一次爷爷多年未见的老战友来访,爷爷太兴奋了,只顾得和战友聊天,忘记"展示"孙子了。童童呢,则在熟悉了客人和现场气氛后,主动地拿起一个大苹果送到客人手里,还跟客人有问有答。客人一再夸童童有礼貌,童童很兴奋,爷爷也觉得格外有面子。等送走了客人,趁着爷爷还处在兴奋状态的时候,童童妈妈赶紧把早想说的话和公公沟通了一番,并且以刚才的情况做了实证。爷爷欣然接受了童童妈妈的提议。

### 4. 需要营造良好的说服氛围

说服,总是在一定的语言环境中进行的,环境制约了语言,因此,说服效果的好坏,一定程度上也取决于环境。一个宽松、温和、优雅的环境较之肃穆、压抑、逼人的环境,其说服的效果自然会好得多;在一个自己熟悉的地点环境中施行说服,较之于陌生的环境,自然也会有利得多。营造一个恰当的说服氛围,不但是必要的,而且是必需的。举例如下。

某啤酒生产厂得罪了一家餐馆的经理,对方就改换销售另一品牌。在直接和负责人谈判无效的情况下,销售人员天天晚上去这家餐馆里帮忙搬运货物,甚至包括竞争对手生产的啤酒。他总是说:"你是我的老顾客了,我要为你服务,即使你不销售我们公司生产的啤酒。"他的诚意终于打动了经理,最后争取到了独家销售权。可见充分体会对方的感受,会营造出融洽的情感氛围,在此基础上再委婉地提出自己的观点,怎么可能不赢得对方的赞许呢?

## 二、说服的方法

为了使说服取得效果,可运用以下方法。

### 1. 影射法

当两种意见对立的时候,往往需要一种缓冲的说法来调和,影射就是一种很好的方式。通过一些小故事,或生活中一目了然的道理,先与对方取得相同的立场,这既为下一步提出自己的意见埋下伏笔,又维护了对方的自尊心,比较容易奏效。我国古代史籍记载中,有许多贤臣劝谏君主的著名故事,都是以影射的方法让君主相信某个道理。

战国时期,吴王夫差决心攻打齐国,朝中大臣多数反对,但他一意孤行,将直言进谏的伍子胥赐死,还下令"敢谏阻伐齐者死"。

这一天,夫差的儿子友来见他,夫差见友瘸着腿就问他是怎么弄的,友回答说:"我早晨见一只大螳螂欲捕蝉,而一只黄雀正准备把这只螳螂作为美食,我用弹弓赶打黄雀,却不小心掉进了一个大坑中。"夫差听完,大笑友愚笨。友于是说道:"我只顾眼前利益,没有想到身后的祸患,所以才弄成这个样子,可天下还有比儿臣更愚笨的人呢!"夫差问:"那是谁?"

友说:"那蝉、螳螂、黄雀都只图眼前之物,忘却身后之忧,是贪而愚的。儿臣只顾打黄雀而坠入深坑,也是贪而愚的,但我失去的仅是一只黄雀。父王攻打齐国,还是贪而愚的,但失去的却是国家!父王只想到称霸诸侯、扩大疆土;只想到征服齐国的利益而劳民伤财,疲师伐远。然而父王却完全忘了越王勾践会趁机来攻打我们,所以说父王比儿臣更愚笨!父王竟不听大臣劝阻,还下了死令。现在儿臣说完了,请父王处置吧!"

夫差听了,觉得有些道理,就没有处罚友,并重新考虑伐齐之事。

友没有拼死直谏,只用了生活中的一件小事就使吴王重新考虑伐齐,充分说明采用影射的劝说方法更能让人动心。

### 2. 举例法

优秀的劝说者都清楚,个别的、具体的事例和经验比概括的论证和一般原则更有说服力。在劝说他人时,举出一些实例,把你亲眼看到过的人和事说出来,对方会自然而然地得出结论。

有一天,太宗问魏徵:"你看近来政治怎么样?"魏徵见如今天下太平,太宗思想上有些松懈,就回答说:"贞观初年,陛下主动地引导人们进谏;过了三年,遇到有人进谏,还能愉快地接受。这一两年来,勉勉强强接受一些意见,可是心里总觉得不舒服了。"太宗闻言,吃了一惊,问:"你有什么根据?"魏徵说:"陛下刚即位的时候,判元律死罪,孙伏伽进谏,认为按法律不应该判死罪。陛下就把价值百万的兰陵公主的园子赏给他。有人觉得赏得太丰厚了,您说:'即位以来,他是第一个向我进谏的,所以要厚赏!'这是您主动地引导进谏。后来,柳雄把他在隋朝做官的资历做了手脚,被人揭发后要判他死罪。戴胄奏请只判徒刑,经过他再三申诉,您终于赦免了柳雄的死罪,还对戴胄说:'如果都像你这样坚持法律,就不愁有人滥用刑罚了。'这是您能够愉快地接受意见。最近皇甫德参上书,说修洛阳宫是劳民伤财,收地租是剥削老百姓等,您听了很不满意,后来虽然赏了他绸缎,心里却老大不愿意。这就是难以接受意见。"

太宗听了,觉得很有道理,对魏徵说:"若不是你,谁能说出这样的话来?一个人苦于不知道自己的缺点啊!"自此以后,唐太宗更加虚心。

### 3. 善意威胁法

威胁似乎不是一个好的字眼,但是有时我们就应该学会用它。相信大家都能体会到用威胁的方法可以增强说服力,而且我们还不时地加以运用。这就是用善意的威胁使对方产生恐惧感,从而达到说服的目的。举例如下。

在一次集体活动中,当大家风尘仆仆地赶到事先预订的旅馆时,却被告知当晚因工作失误,原来订好的套房(有单独浴室)中竟没有热水。为了此事,领队约见了旅馆经理。

领队:"对不起,这么晚还把您从家里请来。但大家满身是汗,不洗洗澡怎么行呢?何况我们预订时说好供应热水的呀!这事儿只有请您来解决了。"

经理:"这事我也没有办法。锅炉工回家去了,他忘了放水,我已叫他们开了集体浴室,你们可以去洗。"

领队:"是的,我们大家可以到集体浴室去洗澡,不过话要讲清,套房一人50元一晚是有单独浴室的。现在到集体浴室洗澡,那就等于降低到统销水平,我们只能照统销标准,一人降到15元付费了。"

经理:"那不行,那不行!"

领队:"那只有供应套房浴室热水。"

经理:"我没有办法。"

领队:"您有办法!"

经理:"你说有什么办法?"

领队:"您有两个办法:一是把失职的锅炉工召回来;二是您可以给每个房间拎两桶热水。当然我会配合您劝大家耐心等待。"

这次交涉的结果是经理派人找回了锅炉工,40分钟后每间套房的浴室都有了热水。

上例中的领队不是对对方不礼貌,而是有时我们必须这么做,才能维护自己的权益。但是,在具体运用时要注意:态度要友善;讲清后果,说明道理;威胁程度不能过分,否则会弄巧成拙。

### 4. 换位思考法

要站在对方的立场考虑问题,理解并同情对方的思想感情,从对方的角度说明问题,体验你的思想感情,进而使他改变自己的看法,达到理想的说服效果。

【小案例】

## 最后通牒

1977年8月,克罗地亚人劫持了美国环球公司从纽约拉瓜地机场到芝加哥奥黑尔的一架班机,在劫持者与机组人员僵持不下之时,飞机兜了一个大圈,越过蒙特利尔、纽芬兰、伦敦,最终降落在巴黎市郊的戴高乐机场。在这里,法国警察打瘪了飞机轮胎。飞机停了3天,劫机者同警方僵持不下,法国警方向劫机者发出最后通牒:"喂,伙计们!你们能够做你们想做的任何事情,但美国警察已到了。如果你们放下武器同他们一块儿回美国去,你们将会判处不超过2～4年徒刑。这也可能意味着你们也许在10个月左右释放。"法国警察停顿片刻,目的是让劫机者将这些话听进去。接着又喊:"但是,如果我们不得不逮捕你们,按我们的法律,你们将被判死刑。那么你们愿意走哪条路呢?"劫机者被迫投降了。

【点评】 本案例中法国警察在劝说中帮助劫机者冷静地分析客观形势,明确向对方指出了两条道路:投降或者顽抗,投降的结果是10个月左右的徒刑,而顽抗的结果只可能是死刑。面对这两条迥异的道路,早已心慌意乱的劫机者识相地选择了弃械投降,符合自己的利益,从而做出正确的选择。

### 5. 巧言点拨法

巧言点拨也是一种说服的手段。在白宫一次讨论削减预算经费的会议上,里根总统幽默地对大家说:"有人告诉我,紫色的软糖是有毒的。"说着,他随手拾起一粒紫色的软糖塞进嘴里,以此表明不管别人怎样反对,他将要大大削减政府开支的态度和决心。经他这一警告式的点拨暗示之后,本来不同意压缩政府经费开支的官员,便开始动摇了。

在日常生活中,人与人之间常常会因述不清、道不明的原因而产生误解,影响人们间的正常交往。然而,倘若你能巧言点拨、以理服人、以情动人、能言善辩面对被说服者,误解就会消除,感情便能融洽,则可达到"口服"而且"心服"的效果。

【小案例】

## 巧言点拨二则

一天,有位北方客人来到上海某绣品商店,他是为好友前来购买绣花被面的。一条有一对白头鸟的被面吸引了他,但他又有点犹豫:这鸟的姿态很美,就是嘴巴太尖了,以后夫妻要吵嘴的。营业员察觉了这一点后,笑眯眯地向他介绍道:"您看见了吗?这鸟的头上发白,表明夫妻以后白头偕老,它们的嘴巴伸得长,是在说悄悄话,是相亲相爱的表示。"这位北方顾客听了,忙不迭地说:"有道理,有道理。"便买了下来。在营销上,营业员抓住了顾客的心理,打消了顾客在消费时的戒备之心,并顺水推舟地以"白头偕老,相亲相爱"的吉利言辞巧妙点拨,从而使其更加产生购物的欲望,达到了销售的目的。

无独有偶。一位顾客来店挑选象征长寿的手绣被面,馈赠侨居国外的长辈。接待他的营业员拿出一条绣有松鹤图案的被面给他看。那人看了觉得意思甚好,想掏钱买,猛地看见松树旁边还有一朵梅花,感到有些不吉利,梅的谐音是"霉",长辈看了犯忌。营业员了解到这点后,连忙向他解释:"这朵梅花也是吉利的象征,您知不知道,有句老话叫'梅开五福'?"那人经这么一点拨,豁然明白了。顾客很高兴地买下了被面。

### 6. 多说"是"法

让人多说"是"的方法,是劝说他人的一个重要技巧,其全部内容就是:开头先让对方连连说"是",如果有可能,务必不要使对方说"不"。据说这是两千多年前古希腊哲学家苏格拉底常用的方式,故称苏格拉底问答法。

心理学研究表明,多说"是",能使整个身心趋向于肯定方面,身体组织呈开放状态;而说"不"时,全身的组织——神经与肌肉都聚集在一起,呈拒绝状态。英国心理学家欧弗斯托指出:一个"不"字的反应是最难克服的障碍。"不"字出口之后,人格尊严就会驱使他坚持到底,即使他自觉错了。因此和一个人谈话时,开头就不要让他反对,实在是要紧不过的事。生活中许多人忽略了这一点,一开口就使人发怒,做出蠢事。要劝说别人,就要运用理智,只有不惜做出忍耐和牺牲,才有可能将对方的否定意见改为肯定意见。有一位推销员说:"我费了很多年时间,才懂得争辩是最不合算的。从别人的观点看事物,设法让人多说'是'字,才最有利、最有趣。"这的确是经验之谈。

某公司有做网站的服务项目,小孙帮客户设计的网页是红色的,客户看过后却说想要蓝色的,请看小孙是怎样劝说客户的。

客户:"怎么是红色的?我想要蓝色的!"

小孙:"是吗?为什么不要红色的?"

客户:"红色的不好看,太显眼。"

小孙:"您做网站的目的是宣传你们公司的产品是不是?"

客户:"是的。"

小孙:"那您是想让客户容易记住还是记不住呢?"

客户:"当然要容易记住啦。"

小孙:"请问人在看东西时是兴奋的时候容易记住,还是平淡的时候容易记住?"

客户:"当然是兴奋的时候容易记住。"

小孙:"请问红色是不是给人兴奋的感觉?"

客户:"是的。"

小孙:"所以用红色更能达到宣传的效果,是不是?"

客户:"好像是的。"

### 7. 引起关注法

在说服时,要选择能够引起对方关注和兴趣的方式表达意见,要运用富有吸引力的内容支撑你的观点,从而引导说服对象关注设定的话题,让对方充分了解说服的内容。

第二次世界大战期间,国际金融家萨克斯想使罗斯福政府批准试制原子弹。第一次他使用了很多罗斯福听不懂的专业术语,全面介绍了原子弹可能产生的影响,但是罗斯福被冗长的谈话弄得很疲倦,他的反应是想推掉这件事。萨克斯第二次面对罗斯福时,改变了说话的方式,他对罗斯福说:"我想向您讲一段历史。早在拿破仑当权的时候,法国正准备对英国发动进攻,一个年轻的美国发明家富尔顿来到了这位法国皇帝面前,他建议建立一支由蒸汽机舰艇组成的舰队,拿破仑可以利用这支舰队无论什么天气的情况,都能在英国登陆。军舰没有帆能航行吗?这对于那个伟大的科西嘉人来说,简直是不可思议的。他把富尔顿赶了出去。根据英国历史学家阿克顿爵士的意见,这是由于敌人缺乏见识而英国得到幸免的一个例子。如果当时拿破仑稍稍多动一些脑筋,再慎重考虑一下,那么19世纪的历史进程也许会完全是另一个样子。"罗斯福听完萨克斯的话后,立即同意采取行动。

由此可见,选择了能引起说服对象关注的内容和方式,就会收到不同的效果。

**8. 启发诱导法**

当对方对某些问题比较敏感,有所忌讳,不便直言相劝时,说服者就需要采用迂回曲折、故意向对方发问的问话方式,启发诱导对方,来达到说服的效果。

【小案例】

启发诱导式的提问

在一家餐厅里,一位顾客坐下之后,就把餐巾系在脖子上。在餐厅用餐的顾客看到他这种不文雅的举动后,都很反感。这时,餐厅经理叫来一位侍者,对她说:"你告诉那位顾客,在我们餐馆里,那样做是不允许的,但是要把话说得委婉动听一些,不要惹顾客生气。"

既要不得罪顾客,又要提醒他,那么到底怎么做才合适呢?侍者想了想,走过去很有礼貌地问:"先生,您是要刮胡子,还是要理发呢?"话音刚落,那位顾客立即意识到自己的失礼,赶快取下了餐巾。

【小训练】

请根据你对"说服"的理解分析以下材料。

(1)我的家里有一个妹妹,她是一个很开朗的女孩子,但是自从她上了高中之后,就不知道为什么变了好多。有一次放暑假,她和我谈心的时候就说,她不想上高中了,她想去上中专,找一个管得比较严的学校,那样学习就能学进去,现在在这个高中里面上学什么都学不进去,什么都不想学,就只想着玩,一点学习的心思都没有了,问我的意见。

她和我说了她这个事情,我就和她说:"如果你的心态真的改变了,只要是你想学,不管在什么样的环境下,你都可以学得进去,其实换个环境只是你想离开这个学校的借口,并不一定说,你换个环境就一定能学得进去,关键在于你的心,你心里真正的想法是什么,不一定就是你和我说的这个想法。只有你真的想明白了,想学习了,再换学校也是可以的。不是说如果你换一个管的比较严的学校就一定能学进去,也不是说那个学校里面就没有和你一样想法的人,所以,关键在于自己的心,况且你现在年龄还很小,一个人出去还不能让家长放心。等你高中毕业了再想这些问题也不晚。"从那之后,知道她是真的认真想过我和她说的话了,让她明白自己是怎么想的了,我感觉我是成功了。

(2)当吉在一所大学里做兼职的银行出纳员时,一个帅气的小伙子几乎每天都到她的窗口来。小伙子不是存款就是取钱。直到把一张纸条连同银行存折一起交给她时,她才明白小伙子是为了她才这样做的:"亲爱的吉:我一直在储蓄这个想法,期望能得到利息。如果星期五有空,你能把自己存在电影院里我边上的那个座位上吗?我把你可能另有约会的猜测记在账上了。如果真是这样,我将取出我的要求,把它安排在星期六。不论贴现率如何,做你的伴侣都将是十分愉快的。我想你不会认为这个要求太过分吧?以后再同你核对。真诚的彼。"她无法抵制这诱人、新颖的接近方法。

(3) 林肯为政时,担任财政部部长的蔡斯也曾参加了总统竞选,不料却败在林肯手下,因此在工作中总是故意找茬儿。有一回,他听说有人向林肯举报自己,就借机会问林肯怎么处理此事,林肯表示根本就没在意,他又问:"我那样待你,你为什么不把我赶走呢?"可林肯笑着说:"我给你说个故事吧。我年轻时和兄弟在老家犁地,家里那匹拉犁的马很懒,但有一段时间突然犁得很快,原来马背上叮着一只马蝇,我心疼马,就把马蝇打落了。兄弟很生气地说:'你为什么要打掉马蝇?正是它才让马跑起来的。'起初我还不相信,后来马又懒起来了。我知道,现在有一只叫'总统欲'的马蝇正叮着你,让你有了不竭的动力,我又何必要打落掉它呢?"蔡斯不由得大为感动,从此就改变了原来的做法。

# 第六节 拒 绝

【小故事】

### 我站在那里

意大利的一位音乐家——罗西尼,出生于 1792 年 2 月 28 日,由于每 4 年才有一个闰年,所以,当他过第 18 个生日时,已经 72 岁了。他认为这种过生日的方法很好,至少可以省去很多麻烦。这一次,朋友们筹集了两万法郎,准备为他过生日,在生日的前一天,朋友们对他说:"我们准备花两万法郎为你修建一座纪念碑,以此作为生日礼物送给你。"他听了以后说:"浪费钱财!把这笔钱送给我,我自己站在那里好了!"

【点评】 罗西尼并没有直接拒绝别人,而是提出了一个不切实际的想法,使大家在觉得可笑的同时,接受了他的观点,这是多么巧妙的绝句啊!

拒绝是对他人意愿、行为的一种直接或间接的否定。实际上拒绝就是不接受,包括不接受对方希望你接受的观点(意见)、礼物和要(请)求等。工作和生活中人们总是互有所求,而且要求方往往是被要求方的亲朋好友,甚至是恩人、领导。俗话说:"上山擒虎易,开口求人难。"应当尽量地接受别人提出的各种要求。但是,也有许多要求是不能接受的。如果不能拒绝那些不能接受的要求,就一定会给自己(也终将给对方)带来无尽的烦恼。生活反复地证明"当断不断,反受其乱",我们必须学会拒绝。面对对方提出的问题,如果很直接地说:"这种事情恕难照办。""我实在没有钱借给你。""我们每天都一样的工作,凭什么要我来帮你的忙。"……可以想见对方一定会恼羞成怒。因此,我们必须学会根据不同情况运用不同的拒绝艺术。

## 一、拒绝的要求

我们在沟通中拒绝对方要遵守以下基本要求。

**1. 认真听**

认真倾听对方的请求,并简短地复述对方的要求,以表示确实了解了对方的需求。拒绝的话不要脱口而出,即使当对方说了一半,我们已明白此事非拒绝不可,也必须凝神听完他的话,这样可以让对方了解到我们的拒绝不是草率做出的,是在认真考虑之后才不得已而为之的,尤其要避免在对方刚开口就断然拒绝,不容分说地拒绝最易引起对方的反感。

**2. 看情势**

拒绝同其他交际一样,要审时度势,要看是否有拒绝的必要和可能。从必要的角度看,自己的道德准则不能接受的,没有能力接受的,接受后会给自己带来不愿承受或无法承受的损失的,接受后可能给对方带来麻烦或损失的,应当拒绝;如不至于如此,或对对方有利而自己受一些能够承受的损失,则应当接受。从可能的角度看,要考虑自己拒绝的能力,如无理由拒绝,或拒绝后会带来更严重的后果,则只好接受。

**3. 下决心**

如情势需要拒绝又可能拒绝,就应当下定拒绝的决心,着力克服三大心理障碍:一是磨不开情面,碍于对方的面子,总觉得不好意思拒绝。二是怕对方怪罪,怕因为对方怪罪而影响双方今后的交往,甚至影响自己的利益(如不能得到对方的帮助等)。三是怕旁人议论,怕别人说自己不够朋友、不够意思等。如果必须拒绝,这些考虑都是不必要的和有害的。

**4. 理由明**

不要只用一个"不"就让对方"打道回府",而应给"不"加上合情合理的注解,让对方明白,自己的拒绝不是毫无来由,更不是找借口搪塞,而是确有无可奈何的原因或难以诉说的苦衷。讲明自己的处境,最好具体地说出理由及原委,那么,在将心比心中,对方自然就能体谅你的言行了。

【小案例】

### 拒绝下属的加薪要求

宗严是一家公司的老板,有个员工来找他,提出了涨工资的要求,并说:"人家别的同类企业同样的岗位,工资都比我高。"宗严说道:"你想涨工资,我也特别想给你涨工资。在我们这样的公司,一个员工的薪水,是由他为公司创造的效益决定的。你的薪水越高,说明你为公司创造的效益越大,公司赚到的钱也就越多。所以,我希望我们每一个员工都能拿到同行业最高的薪水,那样我们公司也就是同行业最顶尖的公司了!我问你,咱们公司在同类企业中算是顶尖的吗?"那个员工沉默了,宗严又问道:"你的工作业绩,比那些优秀的同行业公司中同样岗位的员工高吗?"那个员工再次沉默,不再提加薪的要求。

【点评】 当下属来提涨工资的要求时,宗严首先表达了希望给员工涨工资的心愿,而且一番话有理有据,符合逻辑,有很强的说服力。接着他再通过反问,指出员工能力上的缺陷,拒绝了涨工资的要求。员工就会明白,不是领导不给自己涨,而是自己能力不够,没资格涨,他心里就不会有怨气。

### 5. 态度好

不要在他人刚开口时就予以断然地拒绝,不要对他人的请求流露出不快的神色,更不要蔑视和忽略对方,这些都会让对方觉得你的拒绝是对他没有诚意的表现,从而对你的拒绝产生逆反心理。无论是听对方陈述要求和理由,还是拒绝对方并说明缘由,都要始终保持和蔼亲切的态度,让对方了解自己的拒绝实在是在认真考虑后不得已而为之的。

### 6. 措辞柔

感谢对方在需要帮助时想到你,并略表歉意。对于他人的请求,表现出无能为力,或迫于情势而不得不拒绝时,一定要记得加上"真对不起""实在抱歉""不好意思""请多包涵""请您原谅"等致歉语,这样一来,便能不同程度地减轻对方因遭拒绝而受的打击,并舒缓对方的挫折感和对立情绪。但是不要过分的歉意,这样会造成不诚实的印象,因为如果你真的感到非常抱歉,就应该接受对方的请求。

### 7. 直言"不"

对于明显不能办到的事,应该明白直接地说出"不"字。说得多不如说得少,言简意赅,要言不烦是最有效的方法,模棱两可的说法易使对方抱有幻想,引发误解,当最终无法实现时,对方会觉得受了欺骗,由此引起的不满和对立情绪往往更加强烈。当断不断,其结果只能是害人又害己。

【小案例】

#### 老师的拒绝

中秋节前夕,张超的父母买了贵重的礼物到于老师家,并跟于老师说:"于老师,我们两口子平时做生意忙,没时间管孩子,就拜托您对张超多费心、多照顾。"于老师笑着说:"你们这么重视孩子的学习,我工作的动力更足了。我明白你们想表达对老师的感谢,这份心意我心领了,但用礼品换重视的做法可是不妥的啊,这会误导我把注意力放在家长是否送礼、送多少上面,会让我的教育丧失公平、公正。长此以往,你们家长费了钱,我丧失了师德,最终害了孩子。所以,这些礼品不能收。在学校,学生就是老师的孩子,张超到了我班里,就是我的孩子,我会尽心竭力地教好他。难道,父母对孩子负责,还需要他给父母送礼吗?"

### 8. 择他途

在拒绝对方某项要求的同时,如果能够尽量满足其他方面的合理要求来作为补偿,或是积极地替他出谋划策,建议他选择或寻求更好的途径和办法,这样可减缓对方因我们的拒绝而产生的瞬时不快情绪,缓解对方的被动局面,也可以表明我们的诚意,让对方体会到你的火热心肠、殷切期待,则更易得到他人的谅解、友谊与好感。例如,"要是明天,我大概可以去一趟。""真对不起,这件事我实在爱莫能助,不过我可以帮你做另一件事。""我只能借给你 1000 元,但我知道小李有一笔不少的活动奖金,也许你可以去找他。"等等。

【小案例】

**巧拒医药厂商**

一天,有一家医药厂商的负责人设法找到了邢质斌,要请邢质斌代言他们的医药产品,当然,厂方将给予相当丰厚的回报。但邢质斌深知:任何一种产品的质量,最有权威说话的只有消费者,不是厂方更不是代言人!何况,自己对于医药完全是一个外行,绝不接代言,名誉比金钱更重要!但邢质斌嘴上却说:"好啊!非常荣幸能受到您的邀请!"

对方没有想到邢质斌会答应得这么干脆,露出了开心的笑容。不料邢质斌又接着说:"但有来无往非礼也,我也想向中央电视台推荐您去做一天的《新闻联播》主持人,您觉得怎么样?"

对方一听,把头摇得跟拨浪鼓似的说:"那哪成?我对主持节目完全不懂,哪有主持《新闻联播》的能力?我去了还不是要给《新闻联播》丢大脸?不行不行!"

"真谢谢您能为《新闻联播》考虑!但您看您因为不懂主持就拒绝了我的推荐,那您说我该怎么样呢?我对医药产品也完全不在行啊!"邢质斌笑笑说,"难道您认为一个对医药完全不在行的《新闻联播》主持人,去为医药产品做代言就不会丢《新闻联播》的脸吗?"

对方一听,知道再谈下去也是徒劳,便很知趣地离开了。

【问题】 邢质斌拒绝医药厂商有何独到之处?

## 二、拒绝的艺术

在社交场合中,同样表达一个拒绝的意思,有不同的说法。拒绝的艺术体现在以下方面。

### 1. 直接拒绝

直接拒绝就是将拒绝之意当场明说。采取此法时,重要的是应当避免态度生硬,并需要把拒绝的原因讲明白,有时还可以向对方致歉。例如,"对不起,谢谢,这样做对我不合适。""对不起,这次我真的无法帮忙。"

直接拒绝有时可能逆耳,不能收到预期的效果。在这种情况下,要拒绝、制止或反对对方的某些要求、行为时,把拒绝的责任转嫁给对方所尊敬的或具有权威的人、组织以及某种制度等,直言由于非个人的原因(利用第三者说"不")作为借口,即使对方明知是借口,也较为容易接受,起码面子上能过得去。

【小案例】

**《三国演义》中巧妙至极的拒绝**

《三国演义》中,刘备借东吴荆州不还,东吴派诸葛瑾(诸葛亮的哥哥)来游说讨地。

诸葛亮主动假意哭请刘备还荆州,刘备决意不肯听从,而又不肯背言而无信的名声,于是假意把关羽所辖的"三郡"还给东吴。当诸葛瑾向关羽讨地时,关羽道:"荆州本大汉疆土,岂得妄以尺寸予人?"断然加以拒绝。这里,诸葛亮巧借刘备拒绝,刘备又巧借关羽来说"不",真是巧妙至极。

### 2. 婉言拒绝

婉言拒绝就是运用委婉的语言,暗示对方无法完成请求。

有一位朋友不请自来,而此时你正忙于工作无法接待,可以在见面之初,一面真诚地对其表示欢迎,一面婉言相告:"我本来要去参加公司的例会,可您这位稀客驾到,我岂敢怠慢。所以专门告假5分钟,特来跟您叙一叙。"这句话的"画外音"就是暗示对方"只能谈5分钟时间"。

### 3. 诱导拒绝

诱导拒绝就是采用诱引的方法,让对方自己感悟到或者直接说出拒绝的理由。

1945年富兰克林·罗斯福第四次连任美国总统。《先锋论坛报》的一位记者采访他,请他谈谈这次连任的感想。罗斯福没有回答,而是很客气地请这位记者吃一块三明治(夹馅面包)。记者觉得这是殊荣,便十分高兴地吃了下去。总统微笑着又请他吃第二块三明治。他觉得是总统的恩赐,情不可却,又吃了下去。不料总统又请他吃第三块,他简直受宠若惊,虽然肚子里已不再需要了,但还是勉强吃了下去。哪知道罗斯福在他吃完之后又说:"请再吃一块吧。"记者一听啼笑皆非,因为他实在吃不下去了。罗斯福微笑着说:"现在,你不需要再问我对于这四次连任的感想了吧,因为你自己已经感受到了。"

### 4. 幽默拒绝

在对方提出问题后,机智地以诙谐幽默的语言作遮掩,避开实质性问题的回答,从而传达出自己否定拒绝的态度,这就是幽默拒绝。

有一个人爱占小便宜。一天,他到一个同事家做客,看到茶几上一个精巧的小烟缸,说:"这小烟缸精巧是精巧,但颜色不太适合,不如给我配我家的茶几。"主人道:"你不如连茶几一块儿扛走,因为是为了放这小烟缸我才买的这个小茶几。"他听了后,只好作罢。

这里,主人没说"不给",却扩大原话题,请对方连茶几也扛走,对方不可能要茶几,自然也就不好再要小烟缸。举例如下。

在联欢会上,大家热情地请王某当众演唱,王某说:"大家看,我的嗓子比我的腰还粗9毫米,让我唱歌不是赶鸭子上架吗?为防止震坏大家的耳膜,保护大家的身体健康,我还是念一首抒情诗吧!"大家在笑声中同意了王某的要求。

### 5. 回避拒绝

回避拒绝就是答非所问,就是表面上看在回答问题,但实际上说的都是空话,没有任何实质信息,当遇上他人过分的要求或难答的问题时,可使用这种方法。举例如下。

有人问你,在×××问题上,你支持老王还是老李?你回答:"谁正确我就支持谁。"

对方又问,"那谁是正确的一方?"答:"谁坚持真理谁就是正确的一方。"到底支持谁？你并没有进行正面地回答。

**6. 模糊拒绝**

模糊拒绝就是不直接拒绝,而是通过与对方请教相关的话题表明自己的态度。举例如下。

钱钟书先生是我国著名作家,他的作品《围城》享誉海内外。有一位英国女士特别喜欢钱钟书。当这位英国女士来到中国,就给钱钟书先生打电话,说想拜见他。钱钟书先生在电话中说:"假如你吃了一个鸡蛋觉得不错,又何必要亲自去看那只下蛋的母鸡呢?"

钱钟书用生动的比喻做了模糊的回答,委婉地拒绝了英国女士见面的要求。

**7. 拖延拒绝**

当对方提出请求后,为避免当场直接拒绝可能带来的尴尬或不快,所以不当场拒绝,而是采取拖延的方法来达到拒绝的目的。举例如下。

某单位一名职工找到车间主任要求调换工种,车间主任心里明白调不了,但他没有马上说"不可能",而是说:"这个问题涉及几个人,我个人决定不了。我把你的要求带上去,让厂部讨论一下,过几天答复你好吗?"

这样回答的目的,就是让对方明白:调工种不是件简单的事,存在着两种可能,使对方思想有所准备,这比当场回绝效果要好得多。举例如下。

有一次庄子向监河侯借贷,监河侯敷衍他。说道:"好！再过一段时间,等我去收租,收齐了,就借你三百两金子。"

监河侯不说不借,也不说马上就借,而是说过一段时间收租后再借。这话含有多层意思:一是目前没有,现在不能借;二是我也不富有;三是过一段时间不是确指,到时借不借再说。庄子听后已经很明白了,但他不怨恨什么,因为监河侯并没有说不借给他,只是过一段时间再说而已,给了他希望。

**8. 附加条件拒绝**

附加条件拒绝就是先顺承对方的意思,然后附加一个事实上不可能的或主观无法达到的条件。

有一次,意大利音乐家帕格尼尼为了赶到一家大剧院演出,急急忙忙跨上一辆马车,他一边催车夫快点,一边向车夫问价。"先生,你要付我10法郎。"车夫知道他是大名鼎鼎的音乐家,便有意讹诈他。"你这是开玩笑吧?"帕格尼尼吃惊地问道。"我想不是。今天人们去听你一根琴弦拉琴,你可是每人收10法郎啊！我这个价格不算多。""那好吧,我付你10法郎,不过你得用一个轮子把我送到剧院。"音乐家帕格尼尼要求车夫用一个轮子把他送到剧院,这是根本不可能做到的,因此在客观上便起到了拒绝勒索的作用。

**9. 自嘲拒绝**

当对方提出一些自己不能或不想答应的要求时,通过自我解嘲的方式,即自己贬低自己来达到拒绝的目的,这样不仅拒绝对方的请求,还可以避免回答"为什么不行"的难题。

有一次,中央电视台《东方之子》栏目想采访启功先生,与先生联系时说:"我们采访的都是知名的专家、学者、社会精英,故名'东方之子'。"启功先生听了说:"我不够你们的档次,我最多是个'东方之孙'。"以此拒绝了这次采访约请。

#### 10. 建议拒绝

生活中,别人所要求的事你不能答应,你可以站在对方的立场上分析利弊,并给出建议,告诉对方怎样做更有利。这样用更好、更合理的建议代替拒绝,既拒绝了对方,又让对方看到了你为其着想的心意,拒绝而不伤人,而对方有了更好的选择,对你只会有感激,而不会有丝毫的不满。

【小案例】

胡歌的建议

有人拍了一部网剧,想请胡歌去客串一个角色,并说:"只要您肯去,报酬方面绝不让您吃亏!"胡歌看了对方的剧本后,说道:"你请我客串,是希望通过我的影响力去提高点击量。但是我在里面露脸几分钟,产生的效果真的是非常有限的。一部剧,想要观众喜欢,最重要的还是剧情和制作。你看现在一些爆红的网剧,只要剧情好,不需要任何明星也能点击量几十亿!与其请我去客串,倒不如把这些钱用来请一位好编剧,用心地去打磨一下剧本。如果你需要,我倒是可以介绍一位有实力的编剧给你,我觉得你请他,比请我要有用得多!"胡歌果然给对方介绍了一位实力编剧,对对方的帮助很大。对方一直很感激胡歌。

【小训练】

小品《有事您说话》中,郭冬临扮演的郭子为人热心,但他有个毛病,就是他办不了的事也不好意思说"不",只得打肿脸充胖子,答应下来。为了替老刘买卧铺票,他连夜卷着铺盖去火车站排队,排不上甚至自己搭钱买高价票。最后,随着答应的事情越来越多,也越来越难办,最终造成了家庭的不和谐。

假如你是小品中的郭子,你怎样拒绝?

## 案例讨论

#### 1. 用心倾听的邱次雪

蝉联过去 10 年中国台湾地区奔驰车销售前 3 名的超级业务员邱次雪,就是因为懂得听,10 年卖出 500 辆奔驰车。"每个顾客都像一本书,你要用心听才能读得懂。"她说。

20 年前,她是个蹩脚的业务员。客人上门,3 句话后她就不离"车",业绩总是挂零。直到有一次,一位顾客要她先闭嘴,对她当头棒喝。"后来,我都要求自己先不要说话,"

她说,让客人先说话,才听得到他的需求与考量点,而不是先径自推销。

不久前,一位阔太太下巴抬得高高地走进店里看车。同事亲切地上前问候:"您要看车吗?"女客人不悦地回答道:"来这里不看车,还能看什么?"这时,只见邱次雪静静地端上一杯水,不发一语。女客人开口:"你们业务员服务态度很差,卖的车又贵。"邱次雪虚心请教:"那我们应该如何改善呢?"她挽着对方的手到贵宾室坐下,门一关,30分钟后,一笔60万元的订单就到手了。

"在这个过程里我一直都没说什么,只是听她抱怨了20分钟。"原来,这位顾客早就锁定了一款车型,但逛了几间车行都没有碰到满意的业务员。邱次雪一边用心地听她抱怨,一边响应,同时也在整理自己的思绪。等客户气消后,她开始与对方聊起家庭生活的经验。不到30分钟,交易就完成了。

【思考题】

(1) 谈谈你对邱次雪"每个顾客都像一本书,你要用心听才能读得懂"这句话的理解。

(2) 邱次雪为什么能够取得成功?本案例对你有什么启示?

### 2. 电话销售中的提问技巧

【情境1】

电话销售员:"您好,李总,我是××财务软件公司的小王,很高兴您能接听这个电话。"

李总:"有什么事吗?"

电话销售员:"是这样的,我们公司最近新代理了一种财务管理软件,听说你们公司目前还没有使用这方面的软件,是吗?"

李总:"你听谁说的,我们这么大的公司怎么可能不使用财务管理软件?"

电话销售员:"是吗,您使用的是什么品牌的财务管理软件呢?"

嘟、嘟……对方已经挂断电话了。

【情境2】

电话销售员:"您好,李总,我是××财务软件公司的小王,想请教您几个问题?"

李总:"什么问题?"

电话销售员:"李总,是这样的,经常有公司给我们打来电话,向我们咨询关于库存管理、产品分类管理以及财务管理方面的问题,还请求我们给他们提供这方面的人才。李总,不知您在这方面有什么更好的观点与意见?"

李总:"这个很简单,我们有专人负责仓库管理这块,产品分片分区管理,财务也有专人负责。只是,我也有些困惑,就是他们办事效率很低,我需要个什么报表,往往不能够及时统计出来,造成信息不顺畅。更麻烦的是,一旦人员流动或调整,往往一段时间内经常出现纰漏。不知道你们有什么好的解决办法没有?"

电话销售员:"李总,您目前使用的是什么财务管理软件?"

李总:"财务管理软件?财务管理软件目前好像用不到吧?我们一直采用人工做账。"

电话销售员:"是的,给我们打来咨询电话的那些公司,也是喜欢采用人工做账,只是没有您分配得那么细致、有条理性。不过,现在这些问题他们都解决了,而且效率也提高了很多。"

李总："是吗？怎么解决的？"

电话销售员："他们使用一种××财务管理软件，不但节省了人力，而且每天都能够了解当天的产品进、销、存情况，畅销产品、滞销产品比例，进出账情况，欠账、拖款情况等。"

李总："是吗？有这样的软件？哪里能买到？"

电话销售员："李总，这样吧，我下午2点到你们公司去一下，您在吗？我把软件带过去，顺便给您的员工讲解如何使用这个软件，怎么样？"

李总："好啊，非常感谢。"

【思考题】

(1) 在情境1中，电话销售员的提问有什么问题？

(2) 在情境2中，电话销售员的提问艺术体现在哪里？

### 3. 招聘中的回答

某公司举行招聘营销人员的面试，主考官先后对几个应聘者提出了同一个问题："请你从窗口往外看，你看到了什么？"

第一个人回答："我看到了马路、汽车、房子、田野。"

第二个人回答："我看到了田野那边的山、河流、海滩。"

第三个人回答："我好像看到了我的朋友、亲人在那里为我祝福，希望我应试成功。"

第四个人回答："我除了看到前面几个人看到的这些东西外，我似乎还看到了窗外有好多人、好多车，在排队购买我们公司的产品。我想，如果我被录用的话，会和你们一起把这种预想变成现实的。"

第四个回答者被录用了。

【思考题】

(1) 为什么第四个人被录用了？请对这四名应聘者的回答进行评价。

(2) 巧妙应对难以回答的问题时可采用的方法有哪些？

### 4. 善于赞美的池田大作

1997年，金庸与日本文化名人池田大作展开了一次对谈。在对谈刚开始时，金庸表示了谦虚的态度，说："我虽然跟过去与会长（指池田）对谈过的世界知名人士不是同一个水平，但我很高兴尽我所能与会长对话。"

池田大作听罢赶紧说："您太谦虚了。您的谦虚让我深感先生的'大人之风'。在您的72年的人生中，这种'大人之风'是一以贯之的，您的每一个脚印都值得我们铭记和追念。"

池田说着请金庸用茶，然后又接着说："正如大家所说'有中国人之处，必有金庸之作'，先生享有如此盛名，足见您当之无愧是中国文学的巨匠，是处于亚洲巅峰的文豪。而且您又是世界上'繁荣与和平'的中国香港地区舆论界的旗手，正是名副其实的'笔的战士'。《春秋·左传》有云：'太上有立德，其次有立功，其次有立言，虽久不废，此之谓不朽。'在我看来，只有先生您所构建过的众多精神之价值才是真正属于'不朽'的。"

【思考题】
(1) 池田大作对金庸的赞美妙在何处？
(2) 本案例对你有何启发？

### 5. 戒烟

世界球王贝利，自幼酷爱足球运动，并很早就显示出超人的才华。一次，小贝利参加了一场激烈的足球赛，累得喘不过气来。休息时，他向小伙伴要了一支烟，以解除疲劳。贝利得意地抽着烟，淡淡的烟雾不时从嘴里吐出来。但这一举动很快被父亲看到了，父亲的眉头皱起来。

晚上，父亲坐在椅子上问贝利："你今天抽烟了？"

"抽了。"小贝利红着脸，低下了头，准备接受父亲的训斥。

但是，父亲并没有这样做，他从椅子上站起来，在屋子里来回地走了好半天，才对贝利说："孩子，你踢球有几分天资，也许将来会有些出息的。可惜，你现在要抽烟了，抽烟，会损坏身体，使你在比赛时发挥不出应有的水平。作为父亲，我有责任教育你向好的方向努力，也有责任制止你的不良行为。但是，向好的方向努力，还是向坏的方向滑行，主要还取决于你自己。因此，我要问问你，你是愿意抽烟还是愿意做个有出息的运动员呢？你自己懂事了，自己选择吧！"说着，父亲从口袋里掏出一沓钞票递给贝利，并说道："如果你不愿意做个有出息的运动员，执意要抽烟的话，这就做你抽烟的经费吧！"说完，父亲走了出去。

小贝利望着父亲远去的背影，仔细回想着父亲那深沉而又恳切的话语，他不由得哭出声来。过了好一阵，他止住了哭泣，拿起桌上的钞票还给了父亲，并对他说："爸爸，我再也不抽烟了，我一定要当一个有出息的运动员！"

从此，贝利刻苦训练，球艺飞速提高，终成一代球王。

【思考题】
(1) 贝利的父亲为什么能够说服贝利戒烟？
(2) 本案例对你有何启发？

### 6. 陈毅拒绝张元济

1949年年底，商务印书馆的董事长张元济先生找到陈毅市长，要借20万元，以解燃眉之急。

这位董事长已80岁高龄，而且德高望重，陈毅小时候就知道他的大名。当时全国刚刚解放，百废待兴，拿出20万元有很大的困难。没办法，陈毅只有直截了当地对张元济说："如果说中国人民银行没有20万元，那是骗您。我不能骗您这位老前辈，只要打个电话给中国人民银行就可以解决问题。您老这么大年纪了，为了文化事业亲自赶来，理应借给您。但是我想，还是不借给您为好，20万元搞商务一下子就花掉了，还是从改善经营上想办法，不要只搞教科书。可以搞一些大众化的年画，搞些适合工农需要的东西，学中华书局的样子。否则不要说20万元，200万元也没有用。要您老先生这么大年纪到处跑，我很感动。对不起，我军能借这笔钱，借了是害你们。"陈毅一番话，将张元济老先生说通了，他高兴地说："我完全接受你的意见，我不借钱了。你的话是对我们商务印书馆的爱护,使我很感动。"

在对张元济先生进行说服时,陈毅既顾全国家大局,又为商务印书馆着想,提醒他们借钱不是长久之策,要着眼于读者的需要、改善经营、拓宽视野。一席话点到了对方从未想过的问题,使其觉得受益匪浅,找到了比借钱更有用的方法。

【思考题】
(1) 陈毅的拒绝妙在何处?
(2) 本案例对你有何启发?

# 实 训 项 目

**1. 倾听技能训练**

形式:集体参与。
时间:10分钟。
场地:教室。
材料:任何一则包含一些数字或确切事件的新闻。
程序:
(1) 事先从报纸或文摘上选取一则200~300字的故事,注意最好是有简单情节的故事,而不是评论性文章。在课上漫不经心地向学员提起,告诉他们你要为他们念一段很有意思的故事。
(2) 大声朗读这则故事。
(3) 结束后,你会发现学员们对这个故事毫无兴趣,露出厌倦和疲累的表情。
(4) 这时拿出一个精致的礼品,说:"故事念完了,现在我会就这个故事的内容提几个问题,谁能答对,我就把这个礼物送给他。"
(5) 然后问5~7个问题,都是一些关于故事的时间、地点、名字和简单情节的问题。
(6) 尽管问题简单,你会发现还是几乎没有一个人能全部答对。

分享:
(1) 既然大家都是具有一定素质的人,既然都听了这个故事,为什么却没有人能记得非常清楚?
(2) 我们不去认真听的原因是什么呢?我们该怎样改进倾听技巧?
(3) 如果事先把奖品拿出来,学员们的倾听效果会不会不一样?这是为什么?在没有物质刺激的情况下,我们应怎样提高自己的倾听效果?

(资料来源:谢玉华.管理沟通[M].大连:东北财经大学出版社,2013.)

**2. 问与答互动训练**

训练目的:通过训练明确提问技巧在口语交流中的作用,提高口语交流中提问的技巧;通过训练培养良好的倾听习惯,分析语言、词汇的功能,提高语言的理解能力。

训练要求:分组进行,不要准备,随意性提问。可以涉及隐私、人身攻击等,但要控制,把握好度。问与答角色可以互换,不严格规定。

训练实施:学生两人一组,一个扮演提问者,另一个扮演回答者;训练指导教师要求提问者就你想问对方的问题可以随意提问,然后回答者回答,这样一问一答进行,可以反问;训练指导教师要对提问者所提问题进行分析,一方面了解提问者的目的和期望,另一方面分析回答者对所提问题的理解情况,然后辨析所提问题能不能实现提问者的目的;训练指导教师还要分析提问者对回答者的回答是否满意,符不符合自己的要求,是答非所问还是问题理解偏差。

有条件的可以进行录音,然后对照录音与训练对象一同分析。

训练考核:训练双方互评,解决这些问题:你提这个问题的目的是什么?对方的回答有没有达到提问的目的?是问题提得不好还是答非所问?

训练指导教师依据问和答的具体情况给定评价分数。

(资料来源:彭义文.口才训练教程[M].北京:北京师范大学出版社,2011.)

**3. 赞美训练**

(1)你能说出多少赞美的语言。分小组活动,以小组为单位,小组成员在规定的时间内,说出赞美他人的语言。赞美的内容包括外表、内在、生理层面、精神层面、肢体、感觉等。评选出说得最多、范围最广的小组。

(2)同学间的互相赞美。随机对班上五位同学进行赞美,然后请被赞美者谈谈感受,再由师生对赞美人语言进行点评。

(3)运用赞美进行成功推销。一个推销员走进一家银行的经理办公室推销伪钞识别器。女经理正在埋头写一份东西,从其表情可以看出女经理情绪很糟;从桌上的混乱程度,可以判断女经理一定忙了很久。同时推销员也发现女经理有一头乌黑发亮的长发。

① 请一位同学扮演推销员,一位同学扮演女经理。

② 推销员怎样才能使女经理放下手中的活计,高兴地接受推销员呢?请做情境演示。

(资料来源:周璇璇,张彦.人际沟通[M].厦门:厦门大学出版社,2015.)

**4. 说服、拒绝训练**

任务目标:

(1)能够了解说服与拒绝在沟通中的重要性。

(2)能够在沟通中准确把握说服与拒绝素养,提高人际沟通能力。

(3)能够正确运用说服与拒绝的技巧。

(4)能够形成良好的说服与拒绝素养,提高人际沟通能力。

建议学时:3学时。

任务实施过程:

(1)任务导入。观看小品《卖拐》并进行模拟表演,谈谈小品中的主人公是如何进行游说的。

(2)说服技巧训练。

① 热身准备。分析以下案例中主人公运用了怎样的说服技巧。

卡耐基是美国著名演说家、教育家。他常租用某家大旅馆的礼堂,定期举办社交培训班。

一次,卡耐基突然接到这家旅馆增加租金的通知。更改日期和地点已经不可能了,他决定亲自出面与旅馆经理进行交涉。下面是两人对话的内容。

卡耐基:"我接到你们的通知时有点震惊。不过,这不怪你,假如我处在你的地位,或许也会做出同样的决定。作为这家旅馆的经理,你的责任是让你的旅馆尽可能多的盈利。如果你不这么做,你的经理职位就难以保住,对吗?"

经理:"是的。"

卡耐基:"假如你坚持要增加租金,那么让我们来合计合计,看这样对你有利还是不利。先讲有利的一面。大礼堂不租给我们讲课,而出租给别人办舞会、晚会,那么你获利就可以更多,因为举行这类活动时间不会太长。他们能一次付出很高的租金,比我们的租金当然要高很多,租给我们你显然感到吃亏了。现在我们再分析一下不利的一面,你增加我的租金从长远看,你其实降低了收入,因为你实际上是把我撵跑了,我付不起你要的租金,势必再找别的地方办培训班。还有,这个培训班将要吸引成千上万的中上层管理人员到你的旅馆来听课,对你来说,这难道不是起到了不花钱的活广告作用吗?事实上,你花5000元钱在报纸上做广告,也不可能邀请来这么多人到你旅馆来参观,可我的培训班却给你邀请来了,这难道不是很划算吗?"

经理:"的确如此,不过……"

卡耐基:"请仔细考虑后再回答我好吗?"

结果经理最终同意不加租金。

② 实地大演练。将全班同学分成若干组,每组10人左右。教师出示情境材料,学生根据教师所提供的情境分组进行说服技巧演练。各组在全班进行表演,其他同学进行点评,教师做出小结,针对学生表演的优缺点给予指导。

(3) 拒绝技巧训练。

① 热身准备。每人讲一件印象深刻的关于拒绝的典型事例,成功的或失败的均可,然后互相点评。

② 实地大演练。将全班分成若干组,每组10人左右,教师出示情境模拟材料,学生根据教师所提供的情境分组进行拒绝技巧演练。各组在全班进行表演,其他同学进行点评,教师做出小结,针对学生进行的优缺点给予指导。

任务完成:

(1) 评出最佳说服者、最佳拒绝者各一名。

(2) 针对某些同学上网成瘾的现象进行说服。

(资料来源:赵京立.演讲与沟通实训[M].北京:高等教育出版社,2010.)

## 课 后 练 习

1. 请完成以下倾听练习。
(1) 以"积极倾听,构建和谐班级(校园)"为主题,组织主题班会,请同学们轮流发言,各抒己见。

(2) 请总结一下你倾听时存在哪些不良习惯。

(3) 为什么沟通过程中倾听占有十分重要的位置？请谈谈你的体会。

(4) 两个同学为一组，每个同学准备一篇有一定信息量的约800字的文章，一个同学将文章读给另一个同学听，倾听者要注意使自己保持专注。文章宣读完毕，由倾听者陈述自己获得的信息，宣读者检查对方信息是否准确无误。然后角色互换，再进行一轮。最后双方谈谈自己倾听中的感受。

(5) "听"的能力训练

尽管"听"是我们与生俱来的能力，但是它并不是一件容易的事情。以下练习就是最好的说明。

【练习1】 教师对学生说："请拿出一支铅笔、一张纸。在纸上画一条约10厘米长的垂直线。把你姓氏的第一和最后一个字母写在直线的上方和下方。"注意不要强调最后一个句子中的两个"和"字。教师发现大多数人会把第一个字母写在线上方而最后一个字母写在线下方。

【练习2】 教师让学生迅速回答下列问题。

"有的月有31天，有的月有30天。那么一年中有多少个月有28天？"

不少学生会回答："一个。"而事实上所有的月都有28天。

【问题】

① 以上两个小练习分别说明了倾听中的什么问题？

② 从以上练习中我们应该吸取哪些倾听经验？

(6) 到养老院做义工，陪老人聊聊天，注意运用有效倾听的技巧，看看效果到底如何。

2. 请分析以下情境中"提问"的"得"或"失"。

【情境1】 在一家经营咖啡和牛奶的茶室，刚开始营业员总是问顾客："先生，喝咖啡吗？"或者是："先生，喝牛奶吗？"其回答往往是否定的。后来，营业员经过培训换一种问法，"先生，喝咖啡还是喝牛奶？"结果其销售额大增。无独有偶。两家卖粥的小店，产品、装修、服务没什么两样，但A店总是比B店多卖一倍的鸡蛋，原因在哪儿？B店客人进门，服务员会问一句："要不要鸡蛋？"有一半要一半不要。而A店客人进门，听到的是："要一个鸡蛋还是两个？"客人有的要一个，有的要两个，不要的很少。这样，A店的鸡蛋就总是卖得多一点。同样一句话，前后一对调或者做点不起眼的变化，就会出现不同的结局，其实质在于说话人掌握了对方思考的方向。请分析这其中的原因。

【情境2】 一位传教士在做祷告时烟瘾犯了，问上司："我祷告时可以吸烟吗？"结果上司狠狠地瞪了他一眼。另一个传教士祷告时也犯了烟瘾，问上司，结果上司给予肯定的答复。请分析第二个传教士是怎么问的。

【情境3】 有一对来自阿坝地区的羌族兄弟，他们演唱的是一首流传千年的大山古歌——《羌族酒歌——唱不起了》。这是一首没有经过任何艺术加工、真正的原生态民歌。在无伴奏的情况下，羌族兄弟那极具特色的和声及效果引得专家连声称奇，评委给了很高的分数。只是在素质考核环节羌族兄弟的表现不好，得分为零。

为了缓解羌族兄弟俩的尴尬，董卿临时加入了一个小环节。她这样说道："就像这对来自深山的选手不了解外面的世界一样,我们对他们的文化也未必知道。我现场替他们给评委出一道题,请问佩戴在兄弟俩脖子上的这个银质的小壶是干什么用的?请回答。"

顿时,场上场下气氛热烈,评委们纷纷抢答,观众们也众说纷纭。可十几秒后,仍无人答出。

考虑到整个比赛的进程,董卿适时出手,赶紧转场:"刚才是否有答对的,现在请这对选手告诉我们正确答案。"

羌族兄弟中的一个走上前来,解释道:"这个银制的小壶是进山打猎时用来装油和盐的。"

这一答案解除了评委和观众的疑惑,也缓解了选手的尴尬情绪。顿时,现场报以热烈的掌声。

3. 请分析以下情境中的"回答"好在何处。

【情境1】 2000年10月美国总统大选,当时我国的一位知名教授赴洛杉矶访问。刚下飞机,记者就过来采访他:"请问某教授,你认为美国总统大选谁会获胜?"当时是官方活动,不能信口开河,如果这位教授按照记者的思路,回答谁会获胜,一旦回答错误,就是一件很尴尬的事情。这时,就应该使用外交辞令了,"首先,我要感谢各位记者对我们的关注,此外,我相信美国人民是受过良好教育的人民。美国是强调独立自主的一个民族,所以这次美国总统大选,美国人民一定会做出符合自己意愿的选择,而且我相信不管谁当选美国总统,都会促进中美关系的可持续发展。谢谢,我的话完了。"这样的回答,无论最后谁当选,这位教授都不会落入尴尬的境地。

【情境2】 一次,某记者问杨澜:"你想拥有什么样的后半生?"杨澜说:"我连前半生还没过完呢,怎么就后半生了啊?"

【情境3】 我国香港作家陈浩泉的长篇小说《选美前后》描写"香港小姐"准决赛时,为了测试参赛选手谈吐应对的技巧,司仪问参赛的杨小姐:"杨小姐,请听题,假如要你在下面的两个人中选择一个作为你的终身伴侣,你会选谁呢?这两个人一个是肖邦,一个是希特勒!"回答肖邦,会落入俗套;回答希特勒,人家会说她精神有毛病,怎么可以选择一个与人民为敌的魔鬼做终身伴侣呢?可是,在这两个人中必须选一个,这样就把杨小姐逼入了困境。只见杨小姐说:"我会选择希特勒的。"台下观众顿时骚动起来,追问她:"你为什么选择希特勒?"她回答可谓绝妙:"我希望自己能感化希特勒。如果我能嫁给希特勒,肯定第二次世界大战不会发生,也不会死那么多的人了。"

【情境4】 1860年,与林肯竞选总统的是当时煊赫一时的大人物——民主党派候选人道格拉斯。他依仗自己的财势,专门准备了一辆竞选列车,还在后边安装了一门礼炮,所到之处,他都要鸣礼炮32响。在他看来,只要用强大的气势压倒林肯这个穷小子,就能顺利地当上总统。

与对手不同的是,林肯坐着一辆耕田用的马车,所到之处,他都要亲自走到选民中间,与选民进行亲切的交流。当有人问林肯拥有多少财产时,林肯发表了一段感人至深、令人难忘的演讲:"如果大家问我有多少财产,那么我告诉大家,我有一位妻子和三个女儿,都是无价之宝。此外,还有一个租来的办公室,室内有桌子一张,椅子三把,墙角还有大书架一个,架子上的书值得每一个人读。我本人既穷又瘦,脸很长,不会发福。我实在没什么依靠的,唯一的依靠就是你们。"

4. 将来,你在事业上取得了一定成就,在老同学聚会上,你怎样谈自己的成功?别人赞扬你,你怎样表现谦虚的风度?

5. 为什么说一味地赞美不足取?应怎样对交际对象进行赞美?

6. 设想你到一个新的环境,面对初次见面的同事,请找出同事的三个与众不同的特点加以赞美。

7. 请分角色模拟演练以下赞美情境。

(1) 你的一位同学参加某项大学生竞赛活动获得了好成绩,你如何赞美他(她)?

(2) 你的口才训练教师的课程非常受学生们的欢迎,你将如何赞美她?

(3) 你的同学穿了一套新衣服,你如何赞美他(她)?

8. 与你的同桌(两人一组),自拟情境进行说服训练。

9. 如果你的班级有一名同学考入大学后,完全放松自己,整天上网玩游戏、吃喝玩乐不学习,你作为他的好朋友,如何说服他抓紧时间好好学习呢?

10. 罗斯福任海军要职的时候,一名记者问他关于在加勒比小岛上建立潜艇基地计划的问题。罗斯福本可以正面拒绝,因为这是军事秘密,然而正面拒绝就会使交际过程呆板而无趣,所以罗斯福没有正面拒绝。请你说一说罗斯福是怎么回答记者的。

11. 吴经理与王经理是大学的同窗好友,有着十几年的友情,关系非常亲密,经常在一起打球,生意上也有合作。一天,王经理来到吴经理办公室,兴致勃勃地说要好好聊聊。正好吴经理已预约陪同台商汪先生去打保龄球,这使吴经理很为难。请演示吴经理拒绝王经理的情境。

12. 试比较分析以下三份不予录用通知书。

(1) 此次本公司招聘职员,承蒙应征,非常感谢!经慎重审议,结果非常遗憾,决定无法录用,特此通知。

(2) 此次本公司招聘考试,你成绩不及格。特此通知。

(3) 此次本公司招聘职员,您立即前往应征,非常感谢!您的考试成绩相当好,不过本次暂不予录用,觉得很可惜,他日可能还有机会。务请谅解。

# 第四章
## 沟通应用

推销自己是一种才华,是一种艺术。有了这种才华,你就能安身立命,使自己处于不败之地。一旦你学会了推销自己,你就可以推销任何值得拥有的东西。

——[美]戴尔·卡耐基

假如沟通能力也是同糖或咖啡一样的商品,我愿意付出比太阳底下任何东西都贵的价格购买这种能力。

——[美]洛克菲勒

**学习目标**

**知识与能力目标**:掌握面试的沟通原则,运用面试的沟通技巧实现求职目标;明确职场沟通的重要意义,掌握职场沟通的原则,灵活运用与领导沟通、与同事沟通、与下属沟通的技巧,提高职场沟通的效果;能够组织会议、主持会议,参加会议符合规范要求。

**思政目标**:在求职面试、职场相处、会议活动中,应用正确的沟通方法,营造完美的沟通形象和和谐的人际关系。

## 案 例 导 入

### 不善于沟通的约翰

约翰所在的公司要进行人事调动,负责人罗伯特对约翰说:"把手下的工作放一放去销售部工作,我觉得那里更适合你,你有什么意见吗?"

约翰撇了撇嘴说:"意见?您是负责人,我敢有意见吗?"实际上他有很大的意见,因为当时销售部的状况特别糟糕。

来到销售部后,约翰的消极情绪非常严重,总是板着一副面孔,对同事爱搭不理,别人主动跟他打招呼,他也只是应付地点点头。一来二去,同事们渐渐疏远了他。

一天,一个客户打来电话,请约翰转告罗伯特,让罗伯特第二天务必到客户那里参加洽谈会,有非常重要的生意要谈。约翰认为这是绝好的报复机会,就当作什么事也没有发生一样,吹着口哨回家了。

第四章 沟通应用  165

第二天,罗伯特将他叫进办公室严厉地说:"约翰,客户那么重要的电话怎么不告诉我?你知道吗要不是客户早晨打电话给我,一笔一千万美元的大生意就白白溜走了!"

罗伯特看了看约翰,一副毫不在乎的样子,根本没有承认错误的迹象,便说:"约翰,说实在的,你的工作能力还不错,但在为人处世方面还不够成熟,我本来想借此机会锻炼你一下,可你却让我大失所望。我知道你心里对我不满,可你非但不与我沟通,反而暗中给我使绊子。你知道吗,部门的前途差一点毁在你手里。你没能通过考验,所以现在我只能遗憾地宣布:你被解雇了。"

鉴于此案的教训,这家公司高管阶层专门召开了一次名为"张开你的嘴巴"的会议,强调并鼓励所有员工要与上级多多进行沟通。

【问题】
(1) 职场中应如何沟通?
(2) 沟通还可以应用在哪些领域?

# 第一节 面试沟通

【小案例】

### 小林成功应聘

应届毕业生小林到一家外资公司应聘,他顺利地通过了笔试和前两轮面试,这一天是最后一轮面试了。小林前面已经有 5 名面试者,他们先后沮丧地走出面试室,从他们的面部表情可以得知,面试情况不大理想。

小林进入面试室前敲了敲门,得到允许后,进门后坐在人事经理老邓对面。老邓不动声色地问了几个问题,突然,他将小林的简历递过来说:"你的专业与所申请的职位不对口。"

小林一愣,招聘启事上明明写了"专业不限",而且自己的简历也通过了筛选。他接过简历,认真地望着老邓的眼睛,回答说:"公司有很多专业人员,如果进入公司,我会学得很快。同时,21世纪最抢手的就是复合型人才,而外行的灵感也许能超过内行,因为他们没有思维定式,没有条条框框。"

老邓的眉头锁紧了,紧接着他一连指出小林身上好几个不足,如工作经验不够丰富、性格内向、不善于与人沟通。老邓的说法相当准确,他几乎一眼看穿了小林。面对老邓表示面试就此结束的冷漠表情,小林不卑不亢地说:"您说得很对,我身上有很多缺点,但也有很多优点。我相信,即便不能得到这份工作,在以后的日子里,我也会在发扬自己优点的同时,努力去弥补自己的不足!当然,我还是非常期待能在贵公司谋得一个职位的。"

说完,小林准备起身离开,不料老邓却热情地伸出了手:"恭喜你,年轻人,你用你的自信通过了我们最关键的一次面试。"原来老邓的步步紧逼是他面试的一种方式。前面5名应聘者就是因为禁不住接二连三的否定,情绪陷入低落沮丧而被淘汰。

【问题】

(1) 老邓为什么要采用这样咄咄逼人的面试方式？他的目的是什么？
(2) 小林为什么能应聘成功？他成功的关键因素是什么？
(3) 本案例给你哪些启示？

面试是在特定场景下,经过组织者精心设计,通过面试官与面试者面对面地观察、交谈等双向沟通方式,由表及里考查面试者的知识、能力、经验等能力特征和个性品质的一种人事测评手段。面试,问的是问题,听的是底气,察的是神态举止,析的是心理,判的是综合素质。通过面试,用人单位重点了解面试者的语言表达能力、思维能力、处世能力、仪容仪表,以及对一些问题的看法和其他不能通过笔试反映出来的综合素质,以弥补笔试的不足,有利于全面、公正地考查面试者。为了成功敲开职场大门,应聘面试者必须重视面试口才。

## 一、面试的沟通原则

在求职面试过程中,沟通要遵循以下原则。

### 1. 尊重对方

求职面谈时,首先,要尊重对方,不能因为招聘者的学历、职称、年龄或资历不如你优越,你就轻视对方。尊重对方、赏识对方,可以使招聘者增加对你的好感；其次,要善解人意,无论对方提出什么问题,你都应该从积极的角度去理解,而不是一味地产生对立情绪,认为是故意刁难你。

某科学院一名博士生毕业时向北京一所高校发出了求职信,并接到了面试的通知书。这位博士生读博士前就已被评为讲师,只是家属工作单位在外地。面谈前,高校的人事干部做了大量的工作,疏通了各种渠道,初步办好了接收工作,可是见面交谈时,这位博士发现坐在自己面前的是一位不足30岁的年轻小伙子,于是他不仅流露出不尊重对方的神情,还刨根问底地询问对方,处处显示出优于对方、待价而沽的情绪,引起了对方的反感,结果毁了一桩好事。这位博士抱着"此处不留爷,自有留爷处"的自信转了十几个单位,可是,不是因为名额已满,就是因为不能解决夫妻两地分居的问题而告吹。当他再次找到这所高校时,对方已录用了另外一名硕士毕业生,他只好收拾行李回到老家。其实那位和他面谈的年轻人正是录用他的关键人物。虽然看上去年轻,却已是留美博士生,并且是某个国家重点项目的负责人。人事部门有意安排他来负责招聘,主要是从将来开展博士后研究的角度着想的。事后,这位年轻人说:"这位求职者不仅仅是外语水平不符合要求,关键是妄自尊大,目空一切,好像不是他在求职,反倒是我在求职,这种人即使在国外也很难找到合适的工作。而我们现在录用的这个研究生,家也在外地,不但专业水平和外语水平较高,关键是人很谦虚,很有发展前途。"

### 2. 充满自信

求职时既要自知,更要自信。求职过程中的自信表现,就是在自大与自卑之间选择合适的一个度,既不过分张扬,也不过分卑下；也是指围绕着求职、面试的主题,进行自我介绍并回答面试官的问题,并在适当的时候,可借题发挥,进一步展示自己本身的能力与才华。如果在自信的基础上加以训练,就一定能够使求职者在真正的面试舞台上超常发挥。

### 【小案例】

#### 自信的回答

2016年宁波某房地产公司面试求职者时有这样的问题:"请你给我10个进入本公司的理由。"多数应聘者都硬着头皮搜肠刮肚给理由,有的给不到10个,有的一个理由重复好几遍,有的支支吾吾下不来台。只有一个应聘者回答:"不好意思,我实在没有10个理由,我只有一个进入贵公司的理由。"问:"说来听听。"回答:"我的理由就是,我自信我能够胜任当前的职位。"然后,该求职者从自己的专业及特长展开讲述,来支持她这唯一的理由。毫无疑问,她充满自信,争取主动,赢得了面试官的"青睐",获得了想要的职位。

### 3. 双向交流

富兰克林在其自传中讲道:"说话和事业的发展有很大的关系,你出言不慎,将不可能获得别人的同情、别人的合作、别人的帮助。"在求职过程中,正确使用语言进行表达,无论是描述自己的情况、成绩或意向,还是回答面试官的问题,都是非常重要的。同样,通过求职交流,也会使求职者获得招聘公司的相关信息。只会答、不会问的求职者正在慢慢被淘汰,因为无法发问、无法进行双向交流,就意味着一名求职者失去了自我思考的能力,而无法达到面试官的要求。

### 【小案例】

#### 李小姐的求职兵法

在一次面试过程中,总经理对已打算淘汰掉的求职者李小姐说:"李小姐,你的各方面素质都不错,只是你已成家有孩子,这点公司还要考虑一下。"

李小姐:"我认为总经理的意见有一定的道理。如果我是总经理,可能也会这样想。"总经理听了这句不卑不亢的回答,有点意外,也心生些许好感,微笑着点点头。

李小姐立即顺水推舟地说:"公司的任务重,工作忙,谁都希望职工能够轻松上阵,而不是拖儿带女,东牵西挂地来上班。"总经理听到这开始哈哈大笑,有一种被理解和被认同的好感,又有一种心底里的想法被识破的尴尬。他本来想照顾求职者的面子,找一个托词委婉地拒绝求职者,没想到对方不但没有半点怨言,反而是理解地认同,多了一份体谅之情。

李小姐看到总经理的表情,赶紧乘胜追击话锋一转,说道:"但是,我想事情还有另外一方面,也许我的想法不一定对,不过,我还是想说出来请总经理指正。因为对公司来说,最重要的是职工有责任心。但是,不当家不知柴米贵,不养儿不知父母恩,在生活中没有经过责任心训练的人,工作能有很强的责任心吗?我想,一个母亲与一位未婚女子对生活、工作责任心的理解是不会相同的。况且,我家里有老人照料家务,我绝不会因家庭琐事而影响工作,这一点我想请总经理放心。"听到这里,总经理不禁为之动容,连连微笑领首。

这微笑中,既有被折服的愉悦,也有对求职者才思敏捷、口齿伶俐的赞赏。于是便当即拍板,决定录用。

【点评】 在这次面试过程中,求职者就是通过她精彩的求职口才化被动为主动,由一个被淘汰的候选人一跃成为求职成功者,在这一案例中,良好的求职口才也就是这位李小姐应聘成功的重要法宝。

## 二、面试的沟通技巧

求职面试的沟通技巧如下。

### 1. 仔细倾听

面试的实质就是与主试者进行信息交流从而获得全面评价的过程,形式上充分体现在"说"和"听"上。因此,倾听是面试中的重要环节。应聘者注意听,不仅显示对主试者的尊重,而且要回答主试者的问题首先必须注意听,只有通过专心致志地听,才能抓住问题的实质,否则,就可能不得要领,答非所问。因此,在面试中应注意以下几点:一是目光要专注,要有礼貌地注视主试者,并且要不时地与主试者进行眼神交流,视线范围大致在鼻子以下胸口以上,千万不要东张西望;二是尽量微笑,适时爽朗的笑声可以使气氛活跃,但绝不可开怀大笑;三是用点头对主试者的谈话做出反应,并适时说些简短而肯定对方的话语;四是身体要稍稍向前倾斜,手脚不要有太多的姿势。

【小贴士】

**应聘者怎样观察主试者**

首先,应密切注意主试者的面部表情。如对方听了你的介绍,双眉上扬,双目上张,则是惊奇、惊讶的表现,可能表明,你就是他们理想的人选,有相识恨晚的感觉。这时你可能成功一半,一定要锲而不舍。如果对方听了你的介绍后,皱眉,则表示不高兴或遇到麻烦无能为力等;也可能表明你不是他们的意中人,你则可以采取其他途径进一步努力。

其次,要密切注意观察主试者的目光。对方听你自我介绍时,双目直视前方,旁若无人,则他的眼睛无声地告诉你:他是一个高傲的人,那么你说话时就要力争满足他的自尊心理。如果对方的眼睛眨个不停,则他的眼睛告诉你:他在表示怀疑,那么你就要力争把问题解释清楚。如果对方眯着眼看你,则表示他比较高兴,那么你的介绍可能打动了对方,再继续下去,就可能成功。如果对方白了你一眼,则表示他对你或你的某句话反感,这时你就要特别注意。总之,只要你认真观察,就会通过心灵的窗户——眼睛,把握对方的内心世界,力争主动权。

最后,注意主试者的反应所传达出的信息。如果听者心不在焉,可能表示他对自己这段话没有兴趣,你得设法转移话题;侧耳倾听,可能说明由于自己音量过小,使对方难以听清;摇头可能表示自己言语有不当之处。根据对方的这些反应,就要适时地调整自己的语言、语调、语气、音量、修辞,包括陈述内容,这样才能取得很好的面试效果。

## 2. 谦虚诚恳

在面谈中,应聘者如果能谦虚诚恳,则可立于不败之地,从而成功地叩响就业大门。因此,在求职过程中,应聘者的真实与诚恳是成功应聘的首要条件。在真实诚恳的基础上,还要力求使自己的就业意向与应聘行业的职业要求相一致,在面谈中尽量回避对自己不利的话题。

某设计院是国家甲级设计院,任务多,待遇高,不少应聘者竞相涉足,企求获得一职之位。其中,一名毕业于该市三流大学的毕业生前来应聘。他先自报所学的是机械制造专业,然后非常认真地询问对方有什么样的要求。设计院的一位老工程师告诉他主要是绘图工作。这位青年马上说:"这是我最拿手的,我课余时间就帮人家绘图,三天一份,您可以当场测试。"老工程师露出了笑容。因为绘图虽然容易但也并非易事,这种工作单调、枯燥、乏味,年轻人如果肯干,看来不是个眼高手低者。老工程师又问:"你搞过设计吗?"

"搞过四个设计,都获得了优秀,还有一个被实习工厂看中了。"他拿出了证书和获奖图纸。

老工程师饶有兴趣地边看边聊:"搞设计要下现场,有时'连轴转',你行吗?"小伙子拍着厚实的胸脯说:"没问题,让干什么就干什么,只是希望有机会再读个本科。"

"没问题!"这回是老工程师拍着胸脯了。

这位非名牌大学的毕业生之所以能顺利进入知名设计院,关键在于他语言朴实但又不过分谦虚,表现出诚实稳重的品质。他当然知道自己应聘行业的职业要求是要擅长绘图、能吃苦耐劳,于是就对自己在绘图方面的经验、成果,以及身体强壮、不怕辛苦等优势加以强调,至于自己是来自三流院校、甚至专业并不对口的事实就避而不谈了。

## 3. 毛遂自荐

在求职过程中,如何在众多的竞争对手中脱颖而出很重要,哪怕只是引起招聘者的注意。当我们在运用求职语言艺术时,"单刀直入、毛遂自荐"也不失为一种方式。我们可以开门见山,对招聘者直截了当地表明自己的选择意向。如果对方针对你的能力或学历提出任何异议的时候,别担心,这恰恰是给了你一个说明和展示的机会。

在某市的大学生供需见面会上,市公安局某研究所的招聘桌前,围满了前来求职的大学生,大部分是男性公民。一位年轻的女学生硬是挤到招聘桌前,向招聘人员表明自己渴望从事刑事检验分析研究的工作。

招聘人员面露难色,因为这个研究所从来没有女工作人员,有的只是清一色的男性公民。可是,面对姑娘恳求的目光,招聘人员决定破例给这位姑娘一个机会。他说:"工作人员需要下案件现场,遇到的全是血淋淋的场面,姑娘家哪敢去呢?!"

"我就敢去!"这个姑娘快言直陈,毫不含糊,"让我抬死人,我也不怕。"

"你可别说大话,干这行没黑夜没白天,得随叫随到。"

"嘿,我假期打工就是给人家开车,跑起路来没点胆儿行吗?"说着她掏出了驾驶证。人事干部与研究所的干部当场拍板,并与之签订了聘用合同。

这个例子中的女大学生就是借用对方的"发难",适时地用行动和语言展示了自己的优点与长处,反败为胜!

【小案例】

**自我推销**

文秘专业毕业的大学生聂品,去谋求某电器公司销售经理助理。专业不对口,用人单位不满意,但她的"自我推销"很有新意。

"我叫聂品,三只耳朵三张口,就是没有三个头。"主持招聘的副总一听,饶有兴致地点头,示意她继续讲下去。她接着说:"从事营销工作,重要的是具备收集信息的能力和沟通能力。假如贵公司要我发挥智慧的话,我虽然做起工作来没有三头六臂,但我一定会有'三只耳朵'——倾听、收集八方市场信息;一定会有'三张嘴巴'——用伶牙俐齿说服客户,靠巧舌如簧与客户谈判……"

副总经理见她自报家门的方式独具创意,便断定她是一个思维敏捷,有良好口语表达能力的人,而这正是他们公司渴求的人才,便破格录用了她。

**4. 积极应答**

在求职面试的过程中,如何与面试官进行良性双向沟通,是求职者能否求职成功的重要保证。因此,在面试过程中,要注意以答为基础,以问为辅助的沟通技巧。尽管不同的公司面试的程序和模式有所不同,面试官的风格各异,但是有些问题是面试官们比较喜欢问的。应聘者一定要对这些问题有所准备,知己知彼才能百战不殆。一般来说,招聘方提出的问题可分为两类:一类是规定性提问,也就是招聘方事先准备好的,对每一位招聘者都要发问的问题,例如,"能简单介绍一下你自己吗?""为什么你希望来我们公司?""如果你被录取了,你打算如何做好你的新工作?"另一类是自由性提问,亦即招聘方随意穿插的问题,这些问题往往是千变万化,涵盖宽泛,招聘方可以从应聘者不经意的对答中发现其闪光点或缺点。

【小案例】

**妙答自由性提问**

李欣萌是一位来自山东菏泽的"90后"小姑娘。大学毕业后,她去某公司应聘时,面试官对其个人信息作了充分了解后,便与其聊到了一些职场问题。李欣萌均做了简要回答。突然,面试官问道:"你认为,在工作中,是男上司好,还是女上司好?"李欣萌感觉很突兀,但她很快理清自己的思路,略作思考后,回答道:"我来应聘,主要是挑工作的,只要是与自己专业对口的工作,只要我能为工作做贡献即可。至于上司,既不是我能决定的,也不是我的意志能改变的。我没办法评价好坏。我认为,一个人能力强、性格好,跟性别没有关系。"听完,面试官点了点头,当即宣布录用了她。

【点评】 面对面试官提出的问题,如果只在"男上司和女上司"之间二选一,就中了面试官提问的圈套。而李欣萌十分机智,她巧妙迂回,既表达了自己努力工作的决心,又间接回答了面试官的问题,还说明了"能力强、性格好跟性别没关系"的道理。这样的机智回答,自然能得到面试官的肯定。

无论是哪类问题,应聘者都应当在认真倾听对方提问的基础上,避免模糊性回答,积极地采用具体性回答,做到清晰有条理,条分缕析地把话说得更清楚些、具体些,充分突出自己的"闪光点"。

【小案例】

### 面试问题回答三例

(1)面试官问题:请简单介绍一下你自己。

模糊性回答:我是一个积极乐观、勤奋努力的人,在学校老师和同学们都很喜欢我。

具体性回答:我觉得我最大的特点就是凡事追求完美,什么事如果下定决心要做,就一定要做好。比如,我大二开始在外面做家教,第一次给孩子辅导前,我总觉得自己备课不理想,头一天晚上一直熬夜到凌晨三点才做出自己觉得满意的教案。我教了那个学生一年多,他最终考上了省重点中学!我还是我们学校的演讲大赛冠军,在比赛之前,我的稿子至少修改了七遍,因为我总是觉得每多修改一次,就能更好一点!虽然有时候会有点累,但我喜欢自己努力的状态!

(2)面试官问题:为什么你希望来我们公司工作?

模糊性回答:贵公司规模很大,是行业中的佼佼者。这个职业也很适合我的专业,我非常喜欢!

具体性回答:我很早之前就开始关注贵公司,知道它是行业内的佼佼者。而且,我通过一些渠道了解到,贵公司非常关注人才,有完善的培训机制。同时,我在贵公司的招聘网站上看到,这个岗位主要从事财经类新媒体的运营,我是经济系毕业,从小就热爱写作,经常在各种报刊上发表文章。我觉得,这个工作正是将我的专业和我的特长完美地结合在了一起,非常适合我。同时,网站上还强调从事这个工作要能承受巨大的压力,我觉得这对我是一种挑战,能促使我尽快成长,所以我很希望加入贵公司。

(3)面试官问题:如果你被录取,你打算如何做好你的新工作?

模糊性回答:我会认真努力,尽全力做好自己的工作。

具体性回答:我了解到,这是一个需要高度团结协作才能取得成绩的工作。如果我被录取,首先我会做三件事:第一,尽力联系上一个从事这项工作的同事,并虚心地向他请教,尽快了解工作的具体情况,并请他给我一些指导。第二,在了解工作情况后,我会制订一个短期计划,并一步一步地去完成;如果这个短期计划有效果,我会依据这个制订长期计划;如果效果不佳,我会尽快调整自己的策略,制订新的计划。第三,我会尽快和同事们搞好关系,建立起信任。因为我觉得这份工作,必须相互信任,相互协作,才能做得更好。①

### 5. 巧用反问

在面试过程中,有些招聘者会针对你的薄弱环节进行发问,其目的有两点:一是确实

---

① 文桃.把话说具体,助你赢得面试官青睐[J].演讲与口才,2018(13).

发现你有不足之处，想得到你的解释；二是想看看你的应变能力和回答技巧。这时，应聘者一定要沉着冷静，迎难而上，用反问的形式巧妙地回答问题。反问句是语言中的"盐"，它能比较强烈地表达自己的心声和感情，面试中恰当运用，也能使语言出彩。

小丁到一家轿车维修中心求职，论学历，该中心要求大学本科毕业，而小丁只是个职业中专毕业生；论技术，该中心要求会维修桑塔纳轿车，而小丁只修过摩托车，并且是业余的。可他却凭着自己出彩的语言，打动了经理，获得了成功。在面试中，经理最后对小丁还有些不放心，又提出了一个问题："那你学会修轿车以后，是不是又要'跳槽'呢？"小丁一听，灵机一动，答道："咱们这个企业效益这么好，我为什么要'跳槽'呢？我去哪里不是为了生活？我没有过高的奢望，只要出师后，能维持一个普通人的生活就行了。当然，如果有一天，咱们的企业也像我原先所在的单位，连每月3000元的工资都发不下来，经理，您到时候会让我永远在这儿待下去吗？我希望咱们的企业能永远兴旺发达，对这一点，您不是也在苦苦追求吗？"一席话，彻底把经理打动了。

在这里，小丁用第一个反问句，变被动为主动，非常巧妙地讲明了自己"跳槽"实属无奈之举，并非"朝秦暮楚"。接着又用第二个反问句，既充分地表达了对经理领导能力的信任，又表明了自己"心系企业"的心情，入情入理，亲切感人。

### 6. 少用"我"字

由于面试的过程是一个对"我"进行考查的过程，因此，无论是在自我介绍还是在面试谈话过程中，求职者的语言和意识往往会以"我"为中心。诸如"我"的学历、"我"的理想、"我"的才华，以及"我"的要求……殊不知，这样做对方会认为你"以自我为中心""自我标榜""自以为是""自我推销"……尽管事实并非如此。

袁女士，35岁，应聘某公司的机械检验员。招聘者问她："这个工作经常要出差，到湖南、湖北、四川等地，条件会比较艰苦，你行吗？"袁女士答道："我是不是看上去比较娇气了一点？我从前在矿山做机械工的时候，可是常在管道里面爬上爬下的，而且我还在装配车间做过检查工作，我想工作再苦都没问题。别看我是女的，我在装配车间干过一年，在铆焊车间干过半年，我在试验场还做过现场施工。当时我在甘肃，现在想起来我真的不想回去，因为机械管道里的味儿很难闻，100米长的管道，我就在里面爬上爬下……"

要不是被招聘者及时打断，袁女士还不知要说出多少个"我"字来。在这个案例中，袁女士的回答本来就不够简洁，再加上"我"字不离口，有强迫性的自我推销之嫌，使得招聘者顿生反感，面试结果可想而知。

### 7. 灵活应变

"灵活应变"是最后一条原则，就是"没规则"，不要有那么多的条条框框。记住：在任何情况下，招聘单位都会垂青那些有较强角色意识和应变能力的人。而这种能力多半是书上没有的，要在实践中不断地锻炼，这就是为何有些招聘单位很看重工作经验的原因。

国外一家旅馆老板测试三名应聘侍者的男子。

问:"假如你无意中推开房门,看见女房客正在淋浴,而她也看见你了,这时你该怎么办?"

甲答:"说声'对不起',然后关门退出。"

乙答:"说声'对不起,小姐',然后关门退出。"

丙答:"说声'对不起,先生',然后关门退出。"

结果,丙被录用了。

为什么呢?因为他的这种故意误会的说法,维护了女房客的尊严,他用非常得体的语言表现出一名侍者应该具备的职业素质。

【小案例】

### 冯玉祥的"面试题"

有一位大学生到冯玉祥那里应聘秘书。他满怀信心地走进冯玉祥的办公室,准备把自己的论文及证件交给冯玉祥,并回答冯玉祥各种有关秘书方面的提问。可他万万没有想到冯玉祥提出了一个让他料所不及的问题。

"你刚才所上的楼梯共有多少台阶?"冯玉祥问。

大学生一时瞠目结舌。可他急中生智,果断地反问道:"您能一准说出'冯玉祥'三个字的笔画吗?"

冯玉祥高兴地哈哈大笑,决定聘用这位大学生为他的秘书。

冯玉祥看中的正是这位大学生富于挑战性的勇气和随机应变的超常反应能力。

**8. 另辟蹊径**

求职中遭到拒绝是常有的事,但如果找到新的突破口,也许柳暗花明又一村。当然这里最重要的条件是:你能在与对方的交谈中,得到潜在的人才需求信息。也就是把求职的过程同时作为收集信息的过程,看看对方还有哪些岗位有空缺,这样就可以此路不通,另辟蹊径。如果还有另外的岗位适合你,你就把自己再推销一次,如果理由充足,对方重新考虑,录用你是完全可能的。善于应变、有勇气、有胆量,就可能找到新的机会。

师大政治系毕业的小叶,去一所重点中学求职。教务主任翻开他的简历:大学里担任学生会主席,成绩很不错,多次获得奖学金。教务主任告诉他:"你的条件很优秀,但我们学校现在不缺政治老师,以后有机会一定重点考虑你。"虽然肯定了他的优秀,只因专业不对口被拒绝了。

小叶并不气馁,他灵机一动,便巧妙地向教务主任询问师资配置情况。交谈中得知现在学校正缺历史老师,于是提出自己在历史方面也有所专长,愿意改教历史。教务主任让他找主管人事的副校长谈谈。

小叶又找到副校长,副校长明确地告诉他专业不对口。小叶说:"政史不分家,我自幼偏爱历史,虽然不是历史系毕业的,但自学和选修了许多历史专业的课程,而且还有一定的研究,在校报上还发表过历史专业的论文。我相信我能胜任贵校的历史老师,如果需要我还可以兼任政治老师。您只聘一名老师,却能教两门课,不是很划算吗?"

于是副校长答应让他试讲,结果顺利通过。

### 9. 将错就错

面试时难免出现差错、疏漏,造成尴尬、遗憾,这时要想方设法打圆场,引出相关的对自己有利的话题,使失误得到有效的补偿,化劣势为优势。

一位刚毕业的大学生去某合资公司求职,负责接待的先生递给他名片。大学生神情紧张,匆匆一瞥,赞扬道:"滕野木石先生,您身为日本人,抛家别舍,来华创业,令人佩服。"那人微微一笑:"我姓滕,名野柘,地道的中国人。"大学生面红耳赤,无地自容。

片刻后,他诚恳地说道:"对不起,您的名字使我想起了鲁迅先生的日本老师——藤野先生。他教给鲁迅许多治学的道理,让鲁迅受益终生。今天我在这里也学到了难忘的一课,那就是'凡事认真',希望滕先生日后也能时常指教我。"滕先生面带惊奇,点头微笑,最终录用了他。

这位大学生将错就错,即兴发挥,不但扭转了一时大意给招聘者留下的不良印象,而且打造了虚心好学的形象。

【小案例】

### 善于反驳的求职者

有一个初出茅庐的女孩子去应聘,顺利地通过了初试和复试,在决定能否被聘用的面试中,招聘方总经理当面告知她未被聘用,理由是她的形象不适合她所应聘的公关业务。原来,该女孩那天穿了一身平常的衣服,素面朝天,相貌平平。听到这样的话,女孩只能转身离去,但又觉得很伤自尊、很憋气。本来那扇门已经在她身后关闭了,她却头脑一热,突然转身又推开了那扇门,对主持面试的总经理说:"主动权掌握在您手里,我没有讨价还价的资格。本来,您不需要任何理由就可以决定淘汰我,但您给了,而且给我的理由恰恰是一个不能让我接受的理由。我可以用一分钟换一套衣服,用两分钟换一种发型,但我的学识和内涵才是真正可贵的,我头脑冷静、随机应变的特质,才是公关职位真正需要的东西,而这是我多年来磨炼的结果,是无法用服装、发型等外在因素改变的。"

本来,这个女孩想,既然已被宣布落聘,何不放下一切顾虑去反驳一下,直抒胸臆,出出气呢?结果,第二天,公司与女孩联系,告诉她被录用了。

【点评】 在这个真实的故事中,女孩很不同意公司总经理关于公关职位只注重外表形象而不注重内在素质的观点,但在不便反驳的情况下,她已经落聘。由于不服气,她可谓另辟蹊径,杀了个"回马枪",直抒胸臆,进行反驳,用精彩的语言,打动了总经理。

这个女孩面试语言的出彩之处表现在两个方面:一是敢于反驳,勇气可嘉。在面试中,一般情况下,求职者总是说话谨慎,尽量藏起锋芒,顺着面试官说的话,不敢反驳,而面试官的理由和观点也非全部正确可行,那么在这种情况下,你敢不敢反驳呢?尽管这个女孩是在无所顾忌的情况下进行了反驳,但这也是一种勇敢的表现,也非一般人所能做到的。二是她反驳的理由正确。确实一个人的外表可以在短时间内修饰、弥补和改变,但更主要的起关键作用的还是长期修炼提升的内在素质。这也是利用反驳使面试语言出彩的关键一点,否则,她是不能通过反驳赢得面试成功的。此外,这个女孩的反驳所引起的效果,在心理学上叫做"凝离效果",即在司空见惯中出现的一种反常效应。女孩反驳产生的反常效应也有利于她脱颖而出。

【小贴士】

**求职面试中的语言禁忌**

(1) 忌问"你们要不要外地人?""你们要不要女性?""你们要招聘多少人?""你们对学历的要求有没有余地?"等。

(2) 忌说"我与××相熟""我与你们单位的××认识""我和××是同学,关系很不错"等。

(3) 忌急问"你们的待遇怎么样?"。

(4) 忌直说"我不同意""我不赞成"。

(5) 忌直说"我适合……,不适合……",如"我适合做管理人员,而不适合去一线工作"。

(6) 忌怕说"我不懂""我不知道",诚恳坦率地承认自己的不足之处,反倒会赢得面试官的信任和好感。

(7) 忌不敢说"您问的是不是这样一个问题",将问题复述一遍,确认其内容,才会有的放矢,不致南辕北辙,答非所问。

(8) 忌说"我从没失败过""我可以胜任一切",这种说法是自诩,令人生厌。

### 10. 改掉不良习惯

面试时,个别求职者由于某些不拘小节的不良习惯,破坏了自己的形象,使面试的效果大打折扣,导致求职失败。以下不良习惯不能要。

(1) 手。这个部位最易出毛病。如双手总是不安稳,忙个不停,做些玩弄领带、挖鼻孔、抚弄头发、掰关节、玩弄面试官递过来的名片等动作。

(2) 脚。脚神经质地不住晃动、前伸、跷起等,不仅人为地制造紧张气氛,而且显得心不在焉,相当不礼貌。

(3) 背。哈着腰,勾着背,似一个"罗锅",面试官如何对你有信心?

(4) 眼。目光或惊慌失措,或躲躲闪闪,该正视时却目光游移不定,给人缺乏自信或者隐藏不可告人秘密的印象,极易使面试官反感。另外,如果死盯着面试官,又难免给人以压迫感,招致不满。

(5) 脸。面部表情或呆滞死板,或冷漠无生气等,如此表情怎么能打动人?要快改掉。一张活泼动人的脸很重要。

(6) 行。行动时手足无措,慌里慌张,明显缺乏自信,有的反应迟钝不知所措,不仅会自贬身价,而且面试官也会将你看"扁"了。

总之,面试时一定要改掉这些坏习惯,并自始至终保持斯文有礼、不卑不亢、大方得体、生动活泼的言谈举止。这样,不但可大大提升求职者的形象,而且往往使成功机会大增。

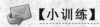【小训练】

从《当幸福来敲门》学面试技巧

《当幸福来敲门》是由加布里尔·穆奇诺执导、威尔·史密斯等主演的美国电影。影片取材于真实故事,主角是美国黑人投资专家克里斯·加德纳。克里斯创造直接面对面试官的机会,经过重重考验、种种艰辛,赢得了面试机会。

在面试对话中,处处体现了克里斯对一切事物透过表面的一种深刻思考,并完全驾驭了事物的本质,他最终获得了实习的机会,为他成为投资家迈出了坚实的一步。

请观看电影《当幸福来敲门》,然后谈谈你从中学习到了哪些求职面试技巧。

## 第二节 职场沟通

人在职场,必然要与领导、同事、下属等进行交往,交往的效果将直接影响个人的职业生涯乃至发展前途。因为,我们每天至少有1/3的时间是在职场度过的,能否从工作中获得快乐与满足,能否敬业、乐业并最终成就一番事业,领导、同事和下属均扮演着很重要的角色。讲究职场沟通艺术,不仅可以减少矛盾与冲突,还能使职场人际关系更加和谐融洽,大大提高了工作效率。所以,有专家认为,一个职场人士必须具备三项基本技能,即沟通技巧+管理才能+团队合作意识。世界上很多著名的大公司也都以此来要求员工。

职场沟通的对象主要包括上司、同事和下属等。对象不同,沟通的技巧也有所不同。但是,无论与谁沟通均应遵循以下基本原则。

一是真诚。在沟通过程中,只有坦诚相见,言必由衷,才能促进理解和信任,才能化解矛盾与隔阂。

二是自信。成功者就是那些拥有坚定信念的普通人。在沟通中,只要充满自信,就能从容不迫,应对自如,就能赢得对方的尊重与认可。

三是友善。即从他人的立场看事情,从对方的角度想问题,以友善的态度与人沟通。

四是理性。沟通一定要清醒、理智,明确沟通的目的,预知沟通的效果,采取可行的沟通方法。不信口雌黄、口无遮拦、不一时冲动、说"过头话",不无谓争执、伤了和气,不斤斤计较、耿耿于怀。

五是尊重。沟通的主体都是平等的,只有互相尊重,平等交流,沟通才能顺利进行。在职场沟通中切记要不责备、不抱怨、不攻击、不谩骂、不说教。

六是互动。沟通是双向性的,不是洗耳恭听、默不作声;也不是口若悬河、夸夸其谈。沟通始终是两个维度之间平等、融洽的互动交流。恪守互动原则,才能在沟通中有说有听,有问有答,对等交流,实现共赢。

## 一、与领导的沟通

与领导沟通是指团队成员通过一定的渠道和方式,与管理者或决策层所进行的信息交流。这种上下级之间的有效沟通,无论对于组织还是个人,都具有十分重要的意义。仅就下级而言,通过与上级主动有效地沟通,既能准确了解信息,提高工作效能,又能及时表达自己的意愿,形成积极的双向互动。

**1. 与领导沟通的基本原则**

与职场其他交际对象相比,"上级领导"这个群体往往具有位高权重、能力过人、稳重老练、自尊自恋、大局为重、好为人师和人脉较好等特征。针对其特征,在沟通过程中尤需注意遵循一些基本原则。

(1)不卑不亢。与领导沟通,要采取不卑不亢的态度,既不能唯唯诺诺,一味附和,也不能恃才傲物,盛气凌人。因为沟通只有在公平的原则下进行,才可能坦诚相待,求得共识。

在社交过程中,每个人都有一种心理期待,希望得到别人的尊重、帮助,希望自己应有的地位和荣誉得到肯定与巩固,没有人愿意在一个群体中被孤立和冷落。如果这种愿望得不到满足,就会对周围的人产生隔阂,进而拒绝合作。因此,尊重别人,是每个职场人士必备的一种修养。在工作中,尊重领导的意见,维护领导的威信,理解领导的难处和苦衷,即使提出不同的意见,也要讲究适当的时机,选择易于对方接受的方式,无论是对工作,还是对沟通双方的感情、建立融洽的心理关系,都是很有益处的。

尊重与讨好、奉承有着质的区别。前者是基于理解他人、满足他人正常心理和感情需要的前提下,而后者则往往是为了满足一己之私欲。现实生活中,却有一些人为了达到自己不可告人的目的,不惜降低人格,曲意逢迎、奉承、讨好领导,不仅屏蔽了领导的耳目,降低了领导的威信,也造成了同事之间心理上的不和谐。绝大多数有主见的上司,对于那种一味奉承、随声附和的人都是比较反感的。

(2)工作为重。上下级之间的关系主要是工作关系,因此,下属在与领导沟通时,应从工作出发,以做好工作为沟通协调之要义。既要摒弃个人的恩怨和私利,又要摆脱人身依附关系,在任何时候、任何问题上都是为了工作、为了整支团队的利益,要作风正派、光明磊落。切忌对领导一味地讨好谄媚、阿谀奉承、百依百顺,丧失理性和原则,甚至违法乱纪。

(3)服从至上。上级居于领导地位,掌握全盘情况,一般来说考虑问题比较周全,处理问题能从大局出发。在与上级沟通时坚持服从原则,是一切组织通行的原则,是组织获得巩固和发展的基本条件。事实证明,如果下属与上级沟通时拒不服从,那么这样的组织就无法形成统一的意志和严密的整体,组织就会像一盘散沙,不可能顺利发展。当然,服从不是盲从,下属一旦发现领导某些错误,就应抱着对工作高度负责的态度,及时向领导反映,并请求领导予以改正。

【小案例】

### 尊重领导的决定

阿成的工作很简单,就是每天收发文件。领导脾气很好,同事之间相处也很融洽,阿成很希望自己能长期在这里工作。

可是好景不长,一天领导突然找阿成谈话,他说:"因为你是外地人,'三金'不好交,以我们公司目前的情况不可能给你转户口,而如果不给你交'三金',我们就违反了国家的规定。所以……"

阿成听了也不知道该如何是好,他难过地说:"我尊重您的决定,虽然我很喜欢这里。"阿成没有再说什么,出门前给领导鞠了个躬,并轻轻地把门带上。

第二天,领导找阿成谈话,他说:"我专门跑到相关部门打听了,你还可以留在我们这里上班,但是你要到派出所办理居住证!"阿成会心地笑了。

**【点评】** 阿成面对领导的"为难",却非常理智,他的表态体现了对领导的尊重、理解与服从,表示不愿给领导添加麻烦,愿意接受领导的决定,这使领导的权威得到完全体现。果然,他让领导也大受感动,还专门为其排忧解难。这就是服从至上的好处。

(4)非理想化。在与领导沟通中,下属不能用自己头脑中形成的理想化模式去要求现实中的领导,从而造成对领导的过分苛求。坚持非理想化原则,就必须全面地看待领导,既要看到其优点和长处,又要看到其缺点和短处,同时还要能够容纳领导的一般性错误和缺点,克服求全责备的思想。

**2. 与领导沟通的方法**

与领导沟通要注意运用以下方法。

(1)主动沟通。有人说:"要当好管理者,要先当好被管理者。"作为下属要时刻保持主动与领导沟通的意识,因为领导工作比较繁忙,不可能经常深入员工去寻求沟通。但在实际工作中,很多下属都害怕直面自己的上司,不敢积极主动地与上司沟通交流,这是一种职场通病。我们应该消除对上司的恐惧感,上司也是人,也有情感,而人与人之间如果没有了交流和沟通,那么情感也会因此而疏离。

【小案例】

### 主动与领导沟通的小丽

小丽在一家化妆品公司做财务,一直以来,她踏实肯干,工作能力也很强。但一直没有得到提升,原因是她不善于主动与老总沟通,许多事都等着老总亲自来找她。后来由于工作上的竞争,她被同事踩到了脚底下。

小丽吸取失败的教训,辞职后以全新的面貌到另一家公司上班。一个月后她接到一份传真,说她花了两个星期争取到的一笔业务出了问题,她马上去找老总。老总正准备用电话同这位客户谈生意,她就将情况做了汇报,并提出具体的建议和意见。老总掌握这些材料后,与客户交谈时顺利地解决了这一问题。

此后,小丽经常主动向老总汇报工作,及时进行良好的沟通,并在销售和管理方面提出了一些不错的意见和建议,不断得到老总的认可。不久,她被提升为业务主管。

那么,怎样消除对上司的恐惧感呢?

首先,要抛弃"不宜与上司过多接触"的观念。合理的沟通观念应该是:和上司沟通是一个职场人士的基本职责之一,因为领导是决策者和管理者,而下属则是执行者和完成者。在决策执行和目标实现过程中,必须借助沟通了解上司意图,争取上司支持,获得上司认可。

其次,不要害怕在上司那里"碰钉子"。当上司反馈意见不理想时,要从沟通态度、方式等方面进行自我反省。同时,要仔细揣摩领导的态度和意见,并通过换位思考去寻求对领导处理方法的理解。

最后,要用改进沟通技能的方法增强自信。在沟通内容上,尽量做到观点清晰,有理有据,层次清楚。在沟通方式上,采用易被对方接受的沟通频率、语言风格和态度情绪;刚开始时最好采取面对面这种直接交流的方式,相互熟悉之后可借助电话、短信、电子邮件等方式。

【小案例】

### 少说话也有效果

方知渔老实、木讷,很少出声,所以,尽管他工作勤勤恳恳,可是在公司里总是不上不下,几年如一日地待在当初的位置上。

上司最近出差,要带几个下属一道去。在火车上,方知渔的铺位刚好在上司的旁边,两人寒暄了几句后,就陷入了沉默。

突然,方知渔瞥见上司脚上穿着一双新皮鞋,非常显眼。于是就说:"头儿,你这鞋子很有品位,在哪里买的?"

原本只是没话找话,但上司一听,顿时眼睛放光说:"这双鞋啊,我在香港买的,世界名牌呢!"上司的话匣子一下子打开了,滔滔不绝地讲述自己在服装搭配上的心得,还善意地指出方知渔平时在工作中着装的不足,方知渔只听不说,关键的时候才加一句。两人相谈甚欢。下车的时候,上司意味深长地说:"知渔啊,看来以前对你的了解太少了,今后你要好好干。"

【点评】 赞美对方衣饰细节的变化,能迅速拉近双方间的距离。方知渔歪打正着了。

(2) 适度沟通。所谓适度,是说下属与领导的关系要保持在一个有利于工作、事业及二者正常关系的适当范围内,形成和谐的工作环境,沟通既不能"不及",也不可"过分"。

目前,下对上的沟通存在两大弊端。一是沟通频率过高。有些下属为了博得领导的赏识和信任,有事没事经常往领导办公室跑,既给领导的正常工作造成了干扰,又会让领导认为你缺乏独立工作能力,遇事没有主见。二是沟通频率过低。有些下属以为干好本职工作就行了,至于是否向领导汇报思想和工作情况则无所谓,因而该请示不请示,该汇报不汇报,目无组织和领导。久而久之,既不利于开展工作,一定程度上也会影响个人和团队的发展前景。

【小案例】

### 乙主任为何里外不好做人

甲和乙是两位新上任的车间主任,业务水平都很高。不过,在与上级沟通时采取的却是截然不同的态度。甲主任认为,一定要和上级搞好关系,于是,有事没事就往厂领导那儿跑,弄得车间员工议论纷纷,都说甲主任只会拍马屁,不关心员工的实际工作。后来这话传到了厂领导耳朵里,领导感到很难堪。与此相反,乙主任则认为"打铁还要自身硬",一天到晚只知埋头苦干,为了业务生产甚至连车间主任会都不参加。可是车间员工也不买账,他们认为这样的主任不会为员工着想;而厂领导也因为他常常不来开会,心生不满,乙主任由此弄得里外不好做人。

(3) 适时沟通。上司一天到晚要考虑的事情很多,因此应根据问题的重要与否,选择恰当的沟通时机。

首先,要选择上司相对轻松的时候。与上司沟通之前,可以通过打电话、发短信等方式主动预约,或者请对方预订沟通的时间、地点,自己按时赴约。假如是个人私事,则不宜在上司埋头处理大事时去打扰,否则就会忙中添乱,适得其反。

其次,要选择上司心情良好的时候。沟通之前,与其秘书或助理取得联系,以了解对方的情绪状态。当上司情绪欠佳时,最好不要去打搅对方,特别是准备向对方提要求、摆困难或者发表不同意见的时候。

再次,要寻找适合单独交谈的机会。特别是试图改变上司的决定或意向的时候,要多利用非正式场合和没有第三者在场时的情形。这样既能给自己留下回旋余地,又有利于维护上司的尊严。

最后,不要选择上司准备去度假、度假刚回来或吃饭、休息的时间沟通。因为,这时对方容易分散精力,心不在焉,或者匆忙做出决定。

(4) 灵活沟通。由于个人的素质和经历不同,不同的领导就有不同的处世风格。揣摩上司的不同风格,在交往过程中区别对待,往往会获得更好的沟通效果,如表4-1所示。

表4-1 上司风格类型及沟通技巧

| 风格类型 | 性格特点 | 沟通技巧 |
| --- | --- | --- |
| 控制型<br>(权力欲强) | 实际,果决,求胜心切<br>态度强硬,要求服从<br>关注结果,而非过程 | 简明扼要,直截了当<br>尊重权威,执行命令<br>称赞成就而非个性或人品 |
| 互动型<br>(重人际关系) | 亲切友善,善于交际<br>愿意聆听困难和要求<br>喜欢参与,主动营造融洽氛围 | 公开、真诚地赞美<br>开诚布公地发表意见<br>忌背后发泄不满情绪 |
| 务实型<br>(干事创业) | 为人处世自有标准<br>理性思考,不喜感情用事<br>注重细节,探究来龙去脉 | 开门见山,就事论事<br>据实陈述<br>不忽略关键细节 |

(5) 定位沟通。正确认知自己的角色、地位,真正做到出力而不"越位",是处理好上下级关系的一项重要艺术。越位是下级在处理与上级关系过程中常发生的一种错误。

主要表现在以下几个方面。

① 决策越位。决策是领导活动的基本内容,不同层次的领导决策权限也不同。如果本该上级做出的决策却由下级做出了,就是超越权限的行为。

② 表态越位。一个人对某件事的基本态度,往往与其特定的身份相联系,超越身份胡乱表态,是不负责任的表现,是无效的。

③ 工作越位。本该由上级出面才合适的工作,下级却越俎代庖、抢先去做,从而造成工作越位。

④ 场合越位。有些场合,如应酬客人、参加宴会等,应适当突出上级,下级如果风头出尽,也会造成越位。

【小案例】

### 杨瑞该怎么办

杨瑞是一个典型的北方姑娘,在她身上可以明显地感受到北方人的热情和直率,她非常坦诚,有什么说什么,总是愿意把自己的想法说出来和大家一起讨论。正是因为这个特点,她在上学期间很受老师和同学的欢迎。今年,杨瑞从西安某大学的人力资源管理专业毕业,她认为,经过四年的学习,自己不但掌握了扎实的人力资源管理专业知识,而且具备了较强的人际沟通技能,因此她对自己的未来期望很高。为了实现自己的梦想,她毅然只身去广州求职。

经过一个月的反复投简历和面试,在权衡了多种因素的情况下,杨瑞最终决定去东莞市的一家研究生产食品添加剂的公司。她之所以选择了这家公司,是因为该公司规模适中、发展速度很快,最重要的是该公司人力资源管理工作还处于尝试阶段。如果杨瑞加入,她将是人力资源部的第一个人,因此她认为自己施展能力的空间很大。但是到公司实习一个星期后,杨瑞就陷入了困境中。

原来该公司是一个典型的小型家族企业,企业中的关键职位基本上都是由老板的亲属担任,其中充满了各种裙带关系。尤其是管理者给杨瑞安排了他的大儿子做杨瑞的临时上级,而这个人主要负责公司的研发工作,根本没有管理理念,更不用说人力资源管理理念。在他的眼里,只有技术最重要,公司只要能赚钱,其他的一切都无所谓。但是杨瑞认为越是这样就越有自己发挥能力的空间,因此在到该公司的第五天,杨瑞拿着自己的建议书走向了直接上级的办公室。

"王经理,我到公司已经快一个星期了,我有一些想法想和您谈谈,您有时间吗?"杨瑞走到经理办公桌前说。

"来来来,小杨,本来早就应该和你谈谈了,只是最近一直很忙就把这件事忘了。"

"王经理,对于一个企业尤其是处于上升阶段的企业来说,要持续企业的发展必须在管理上狠下功夫。我来公司已经快一个星期了,据我目前的了解,我认为公司主要的问题在于职责界定不清;雇员的自主权力太小,致使员工觉得公司对他们缺乏信任;员工薪酬结构和水平的制定随意性较强,缺乏科学合理的基础,因此薪酬的公平性和激励性都较低。"杨瑞按照自己事先所列的提纲开始逐条向王经理叙述。

王经理微微皱了一下眉头说:"你说的这些问题我们公司也确实存在,但是你必须承认一个事实——我们公司在盈利,这就说明我们公司目前实行的体制有它的合理性。"

"可是,眼前的发展并不等于将来也可以发展,许多家族企业都是败在管理上。"

"好了,那你有具体的方案吗?"

"目前还没有,这些还只是我的一点想法而已,但是如果得到您的支持,我想方案只是时间的问题。"

"那你先回去做方案,把你的材料放这儿,我先看看然后给你答复。"说完王经理的注意力又回到了研究报告上。

杨瑞此时真切地感受到了不被认可的失落,她似乎已经预测到了自己第一次提建议的结局。

果然,杨瑞的建议书石沉大海,王经理好像完全不记得建议书的事。杨瑞陷入了困惑之中,她不知道自己是应该继续和上级沟通,还是干脆放弃这份工作,另找一个发展空间。

【问题】 杨瑞沟通失败的原因是什么?杨瑞到底应该怎么办?请你帮她出出主意。

3. 请示与汇报工作的技巧

请示是下级向上级请求决断、指示或批示的行为;汇报是下级向上级报告情况,提出建议的行为。二者都是职场人士经常性的工作。

【小案例】

### 哪种请示汇报方式好

"领导,感觉最近员工的士气总是不高,您能不能给我些建议?"

"领导,我感觉最近员工的士气不高,业绩也受到了影响。这两天,我跟大家沟通了一下,感觉主要是临近春节,很多客户都忙着拜年和要账,没有精力跟我们谈广告业务,而我们的业务员也都想着回家过年,所以整支团队士气不高。我感觉春节前这段时间还是很宝贵的,我们必须提高团队的士气,我有两个方案,您看怎样?一是我们在团队内部做个竞赛,业绩排名前六的,公司帮助解决回家的火车票;二是搞个激励活动,对表现良好的,公司准备一个春节大礼包。这两个方案,花费都不会超过6000元,而增加的收入可能是60万元,您看选择哪个比较好?"

【点评】 上司只做"选择题",不做"问答题"。对于下属而言,把"问答题"抛给上级是不明智的做法,甚至会导致上级出现错误的判断或决定。所以在请示上级时,一定要掌握请示汇报的技巧。

(1)明确程序。请示与汇报工作主要有四个步骤。

① 明确指令。一项工作在明确了方向和目标后,上级通常会指定专人负责此项工作。如果上级明确指示自己去完成这项工作,就一定要迅速准确地把握领导的意图和工作的重点,包括谁传达的指令(Who)、做什么(What)、什么时间(When)、什么地点(Where)、为什么(Why),以及怎么做(How)、工作量(How much)。其中任何一点不明白,都要主动询问,并及时记录下来。最后,还要简明扼要地复述一遍,以确认是否有遗漏之处或领会有误的地方。当对领导的指令理解模糊时,绝不能"想当然";在执行任务

的过程中,遇到困难或疑惑之处,也要及时跟上司沟通,以避免多走弯路,贻误工作。

【小贴士】

在面对上司的指示时应询问下面几个问题

要知道上司希望做的是什么。

要知道这项任务的具体目标是什么。

要知道完成这项任务的最佳做法是什么。

要知道公司在这一项目上准备投入多少资源。

要知道怎样进行工作报告;报告中包括哪些内容;什么时候需要报告;应该向谁报告;信息要求以什么形式呈报。

② 拟订计划。在明确工作目标之后,应尽快拟订工作计划,交予领导审批。在拟订工作计划时,应详细阐述自己的行动方案和步骤,尤其是工作进度要有明确的时间表,以便领导进行监控。以制订月销售计划为例:首先,要明确下个月达成的业绩目标;其次,要说明这些目标有多少源于老客户、多少源于新客户;最后,要说明打算通过哪些渠道、采用什么促销方案来实现这一目标,等等。这样的月销售计划交上去,既具体可行,也方便领导及时纠正。

③ 适时请教。在工作进行过程中,要及时向领导汇报和请教,让领导了解工作进程和取得的阶段性成绩,并及时听取领导的意见和建议。切不可等工作全部结束后,才将工作情况和盘托出。

④ 总结汇报。工作任务完成以后,应及时向领导总结汇报,总结成功的经验和不足之处,以便在今后的工作中改进提高。与上司沟通自己的工作总结,既显示出对上司的尊重,也有利于展示自己的才干,为赢得上司的赏识和器重奠定了基础。

【小案例】

善于汇报的销售员

一个小伙子名叫小波,是一家酒店的销售员,颇得上司的赏识。他之所以能够得到上司的青睐,一方面是因为业绩突出;另一方面就是小波每做完一笔单子,都会以书面的形式总结出这项业务成功与失败的原因。上司对此非常满意,尽管有些单子完成得不是很出色,但上司从来没有责备过小波,相反,还经常给他提出一些合理化建议。

(2) 充分准备。"凡事预则立,不预则废。"无论请示还是汇报,要想达到预期目的,事先都必须认真做好准备。第一,要做好思想准备。向领导汇报,既要消除紧张心理,又要克服无所谓的态度,调整情绪,树立信心,认真对待。第二,要做好资料准备。"巧妇难为无米之炊",充分占有资料是汇报成功的基础。如果情况不熟悉,或某方面的情况还不明了,就不能凭主观臆断、道听途说去汇报,搞所谓"领导要,我就报,准不准,不知道"那一套。只有通过调查了解,准确掌握情况,才能进行请示汇报。第三,要搞好"战术想定"。如果是就某个特殊问题请求上司批示,自己心中至少要有两套以上的解决方案,并对其利弊了然于胸,必要时向领导阐述明白,并提出自己的主张,争取领导的理解和支持。如果是就某项工作加以汇报,要在明确领导意图的基础上,确定汇报主题,把握汇报重点,组织汇报材料,合理安排内容的顺序与层次;对汇报中可能出现的情况,领导可能提出的问题,要做到心中有数,绝不能仓促上阵。

(3) 选择时机。除了紧急事件需及时请示、汇报外,还应注意选择以下时机:当本人分管或领导交办的工作告一段落时;工作中遇到较大困难,想求得领导帮助支持时;领导决策需要某方面的信息时;领导主动询问有关情况时;领导有空余时间时,等等。汇报不仅要注意时机,还要区别场合,可以通过会议形式正式汇报的,尽量不要不分场合地临时汇报;当领导公务繁忙或工作中出现困难心情烦躁时,一般不宜贸然开口汇报。应选择领导乐意听取汇报的时机进行汇报,以取得预期的效果。

(4) 因人而异。在请示和汇报时下属应采取不同的方式,以适应不同领导者的风格特点。例如,对于严谨细致的领导者,要解释得详细一点,最好列举必要的事例和数据;对于干练果断的领导者,要注意言简意赅,提纲挈领;对于务实沉稳的领导者,注意语言朴实,少加修饰;对于活泼开朗的领导者,语言可以轻松幽默一些。总之,要针对领导的个性特点,有针对性地搞好请示和汇报。

【小案例】

冯涛的汇报技巧

市建材公司的冯涛从一个用户那里考察回来后,敲了经理办公室的门。"情况怎样?"经理劈头就朝冯涛问道。冯涛坐定后,并不急于回答经理的问话,而是显得有些心事重重的样子。因为他十分了解经理的脾气,如果直接将不利的情况汇报给他,经理肯定会不高兴,搞不好还会认为自己没尽力去办。经理见冯涛的样子,已经猜出了肯定是对公司不利的情况,于是改用了另一种方式问道:

"情况糟到什么程度?有没有挽救的可能?"

"有!"这回冯涛回答得倒是十分干脆。

"那谈谈你的看法吧!"

冯涛这才把他考察到的情况汇报给经理:"我这次下去了解到,这个客户之所以不用我们厂的产品,主要是因为他们已经答应从另一个乡镇建材厂进货。"

"竟有这样的事!那你怎么看呢?"

"我想是这样的,我们公司的产品应该比乡镇企业的产品有优势,我们的产品不但质量好而且价格还很公道,在该省已经具有一定的知名度……"

【点评】 向上级请示汇报一定要掌握技巧,对不同类型的领导采用不同的汇报方式,特别是汇报时涉及坏消息,如果处理不好,可能会引火上身。冯涛的汇报技巧就是根据经理的性格特点,先给经理打预防针,然后再顺势而行。

(5) 斟酌语言。向领导汇报工作,一定要抓住重点,简短明快,而不能东拉西扯,词不达意,这样的汇报既浪费领导宝贵的时间,又令人生厌。因此,下级向领导做汇报,一定要有提纲或打好腹稿,使用精辟的语言归纳整理所要汇报的内容,做到思路清晰,观点精练,语言流畅,逻辑性强,遣词用语朴实、准确。关键语句要认真推敲;评价工作要把握好分寸,切忌说过头话;列举数字一定要准确无误,尽量避免"大概""估计""可能"之类的模糊词语。如果语言啰唆,拖泥带水,再好的内容也汇报不出应有的效果。

(6) 遵守礼仪。一是准时赴约。要按照事先约定的时间到达。过早到达或迟迟不到,都是严重失礼的行为。二是举止得体。做到站有站相,坐有坐相,文雅大方,彬彬有礼。三是控制好时间。一般情况下,领导总是想先了解事情的结果,所以在汇报工作时要先说结果,再谈过程和程序。这样,汇报工作时就能简明扼要,有效节省时间。四是注意场合。切忌在路上、饭桌、家里汇报工作,更不能在公开场合与领导耳语汇报工作。

此外,请示与汇报还应注意:要按照下级服从上级的原则,坚持逐级请示、汇报;要避免多头请示、汇报,坚持谁交办向谁请示、汇报,以减少不必要的矛盾,提高办事质量和工作效率;要尊重而不依赖,主动而不擅权。请示、汇报要根据工作需要,不能仰仗、依附于领导,时时、事事都去请教或求助。要在深刻领会领导工作思路前提下,积极主动、大胆负责地开展工作。

**4. 妥善处理领导的误解**

在实际工作中,由于某些特殊的原因,下级可能会无意间得罪领导,遭到领导误解,尤其是在多个领导属下工作、单位人际关系复杂微妙的环境中。遇到这种情形,就必须设法消除误解,否则就会影响工作甚至个人的发展前途。

【小案例】

和好如初

李杰是三年前从基层调到宣传部的,因为宣传部的方部长是一个求贤若渴的人,见李杰在报纸上发表的文章文笔不错,就多方跑动,终于将这个人才网罗到自己麾下。几年后,由于李杰精明能干,厂里调他到办公室工作,厂办主任也很喜欢他。

过了不久,李杰忽然觉得方部长似乎对自己有点看法,关系好像渐渐疏远了。经了解才知道,原来方部长和厂办主任之间有隔阂。方部长认为,李杰已经是厂办主任的人了,有点忘恩负义。误解的形成很简单:一次下雨,恰逢中层干部开会,李杰拿着雨伞去接上司,只发现雨中的厂办主任,却没有看见站在门口躲雨的方部长,这样雨中送伞就送出麻烦了。

盛怒之下,方部长对信得过的人说,都怪他当初看错人了,没想到李杰是个见利忘义的人。时间不长,此话便传到李杰的耳朵里,他这才意识到自己已经被误解,问题严重了。怎么办呢?李杰真的有些为难了,他经过反复思考是这样处理的。

每当有人当面说起自己与方部长的关系时,他总是矢口否认两个人之间有矛盾。这样做一方面可以向方部长表明自己的人品;另一方面可以制止误解继续扩大,便于缓和与方部长之间的关系。

李杰和方部长在工作中经常打交道。他总是先向部长问好,不管对方理与不理,脸上总是笑呵呵的。遇到工作上一起宴请客人时,李杰总是斟满酒杯,当着客人的面向方部长敬酒,并公开说明正是由于方部长的培养和提拔,自己才有了今天的长进。李杰的感激和态度,不仅是对客人的介绍,更重要的还是一种心灵道白,表示自己并非忘恩负义的小人。最后,方部长终于和李杰和好如初。

宇宙万物,无时无刻不处于矛盾之中。在与领导共事的过程中,磕磕碰碰是在所难免的。其实,矛盾并不可怕,最重要的是我们能够勇敢地正视它,并运用自己的智慧和技巧化解它。上下级之间最常见的矛盾就是彼此之间存在着误解与隔阂。如果处理不当或掉以轻心,误解就会变成成见,隔阂更会扩展成鸿沟,这无疑对下属是极为不利的。

误解缘何而生?这是一个非常复杂的问题,它涉及人的心理活动的复杂性。嫉妒、多疑、防范、自负甚至偏爱,都可能诱发领导心中对别人的不信任感,导致各种误解。这里,我们想要探讨的是产生误解的一般性原因或者说客观性原因,这就是:上下级之间存在着信息不完全或沟通不充分。由于缺乏足够的沟通与交流,彼此对对方的情况没有清晰的认知,在判断事情上难免加入更多的主观色彩和心理因素,导致对对方的不客观认知和推测。

【小案例】

### 职场生存——除了沟通还是沟通

小芸已在公司做了三年秘书,敬业精神有口皆碑。最近她新换了上司,是负责研发的公司副总经理。这位上司让小芸心烦不已,不是因为他不苟言笑、难以"伺候",而是因为他特别喜欢加班,即使没有应酬,也不会在晚上七点半之前离开办公室。

小芸的家离公司比较远,每天下班回家要倒两次公交车和一次地铁,路上至少得花两个小时。另外,每周要上一次夜校,还要与男朋友约会。最初一个月,小芸还能坚持在上司离开办公室之后再下班,慢慢地就感到坚持不下去了。

作为职业秘书,小芸一开始就严格要求自己,三年来都是在上司下班后自己才下班,现在这位新上司的工作习惯却让她犯了难。经过一个多月的观察她发现,新上司也不是每天都有什么重要的事,有一次竟然是在网上玩游戏。

小芸希望上司能了解自己的苦衷,却不知道怎么开口。直接告诉上司自己家离公司很远,不能每天都加班到七点半?那就是说自己要比上司先下班,这有违她对自己的职业要求,她不能这么做。即使这么说了,上司也不一定会同意,那今后两人就更难相处了。要么"提醒"上司没事就早点下班?这更不行,这种"提醒"是变相的指责,更有违秘书的道德准则。

怎么办?思来想去,小芸最后决定辞职,尽管她舍不得这份轻车熟路的工作还有办公室里的同事。在小芸办完所有离职手续最后与上司道别时,上司问她为什么干得好好的要辞职,是不是他这个上司有什么地方做得不好,这时小芸才把心里的苦水倒了出来。

上司这才恍然大悟,但他告诉小芸,自己之所以每天七点半以后才离开办公室,是因为回家的路上有一段在建立交桥,每天上下班时都堵车,所以他总是挨到车流高峰过后才开车回家。

"原来是这么大的误会!这种事你怎么不早说?"上司问小芸。

小芸无言以对……

对待领导的误解,下属最明智的态度就是及时、主动地去消除它,不要让它变成成见与隔阂。怎样消除领导的误解? 要从以下几个方面着手。

(1) 掩盖矛盾。在其他同事或领导面前,极力掩盖彼此之间的矛盾,以防事态进一步扩大。

(2) 尊重对方。即使领导误解了自己,仍要尊重对方,见面主动打招呼,不管对方反应如何都面带微笑;当误解自己的领导遇到困难的时候,要挺身而出,及时"救驾",用实际行动去感动对方。

(3) 背后褒扬。一方面可以通过他人之口替自己表白心迹;另一方面能够很好地取悦对方,毕竟,第三者的话总是比较真实、可信的。

(4) 主动沟通。经过以上多种努力,彼此之间的矛盾会有所缓和,在此基础上,下级要寻找合适机会,以请教的口吻让领导说出产生误会的原因。此时可以做必要的解释,但一定要注意措辞,适可而止,否则就会显得缺乏诚意,引起对方逆反心理。

(5) 加强交流。误解消除后,要经常与领导进行思想交流和情感沟通,不断增进彼此之间的了解和友谊,以免误解再次发生。

### 5. 与不同类型的领导相处

领导有很多种,贤明通达之士,自然是好相处;如果不尽如人意,我们该怎样应付? 领导的类型是各种各样的。为了适应不同上司的做事风格,你就必须善于保护自己、掩护自己,能应付各方面人物,应付各种局面。所以说,聪明些、圆滑些,并不是毛病,恰恰是作为一个下属应具备的素质。与不同类型的领导的相处之道如表 4-2 所示。

表 4-2 与不同类型的领导的相处之道

| 领导类型 | 相处之道 |
| --- | --- |
| 冷静型 | 一切工作计划,你提供建议,但不要自作主张,等到计划决定后,你只要负责执行就好。至于执行的经过,必须有详细记载,即使是极细微的地方,也不能稍有疏忽。但执行中所遇到的困难,你最好能自行解决,不必请示。事后报告,也要力求避免夸张的口气,轻描淡写为好 |
| 豪爽型 | 他自己长于才气,所以最爱有才气的人。当机会未到时,你仍很愉快地工作,并做得又快又好,这表现了你游刃有余的能力。同时还要随时留心机会,一旦发现机会,就要好好把握。切记所计划的一切要十分周详,然后见机提出,只要一经采用便可脱颖而出 |
| 热忱型 | 逢他对你表示特别好感时,不要完全相信而认为相见恨晚,必须明白他的热情并不会持久,要保持受宠不惊的常态,采取不即不离的方式。"不即"可使他热情上升的走势和缓,不致在短时间内便达到顶点,同时延长了彼此之间亲热的时间;"不离"可使他不感到失望。如果你有所主张或建议,也要用"零卖"的方法,不要"整批发售",如此才能使他对你时时都感到新鲜 |
| 健忘型 | 当他在讲述某个事件或表明某种观点时,下属可装作不懂,故意多问他几遍,也可提出自己不同的看法,故意引起讨论来加深上司的印象。最后,还可以对上司的陈述进行概括,用简短的语言重复给上司听,让他也牢牢记住 |
| 傲慢型 | 谨守岗位,落落寡合。这样他虽然傲慢,但他为自己的事业着想,也不能专蓄那些食利的小人,完全摒斥求功的君子。一有机会,你就该表现出自己独特的本领,只要你是个人才,不愁他不对你另眼相看 |

续表

| 领导类型 | 相处之道 |
| --- | --- |
| "小人"型 | 保持个性上的相对独立;保持工作上的相对热情;保持人格上的相对自尊;保持交往上的相对距离;保持生活上的相对融洽 |
| 阴险型 | 只有如临深渊,如履薄冰,兢兢业业,一切唯上司马首是瞻,卖尽你的力,隐藏你的智。卖力易得其欢心,隐智易使其轻你,轻你自不会防你,轻你自不会忌你。如此一来,或许倒可以相安无事。像这种地方原本就不是好的久居之所,如果你希望有所表现,劝你还是速做远走高飞的打算 |

【小案例】

### 阿清该怎么办

为了支持下属企业的发展,阿清被调入一家下属小型公司工作。在所在的部门,阿清各方面都是鹤立鸡群。而阿清的上司,各方面条件都比她差很多,还是一个年轻的女孩子,就因为是早进此单位而成了领导。但为了本部门的工作尽快正常运转起来,阿清还是尽心竭力地帮助她。

但是,部门工作步入正轨后,阿清发现上司对她的戒心也越来越重,而且领导本着支持她的下属的原因,不听阿清的辩解,总是训斥阿清要全力支持她。"真想什么都不管让她自己折腾去,可是又放心不下,公司领导那边也不好交差,怎么办呀?"阿清说。

【问题】 请你给阿清一些职场建议。

## 二、与同事的沟通

处理好同事关系对每一位职场人士来说都很重要。所谓同事关系,是指同一组织内部处于同一层次的员工之间存在的一种横向人际关系。同事之间既是天然的合作者,又是潜在的竞争者(图4-1),这是一种微妙的人际关系,必然会产生既渴望"合作",又警觉"竞争"的复杂心理。因此,职场人士在与同事相处时,应特别注意沟通艺术。

图4-1 同事基本特征示意图

【小故事】

### 荀攸的智慧

三国时的荀攸智慧超群,谋略过人。他辅佐曹操征张绣、擒吕布、战袁绍、定乌桓,为曹操统一北方建功立业,做出了自己的贡献。在朝二十余年,他能够从容自如地处理政治旋涡中上下左右的复杂关系,在极其残酷的同僚斗争中,始终地位稳定,立于不败之地,原因就在于他能谨以安身,以忍为安,很好地处理同僚关系。他平时特别注意周围的环境,对同僚从不刻意去争高下,总是表现得十分谦卑、文弱、愚钝和怯懦。他对于自己的功勋讳莫如深。这样,他就和其他的同僚和平共处,并且深受曹操宠信,也从来没有人到曹操处进谗言加害于他,朝中朝外口碑极佳。

**1. 与同事沟通的基本要求**

与同事沟通的要求有以下 5 个方面。

(1) 互相尊重。尊重是人的需要,也是沟通的前提。职场人士的尊重需要包括团队成员给予的重视、威望、承认、名誉、地位和赏识,等等。每个成员都希望获得其他成员的承认,要求给予较高的评价,希望自己受到礼遇,获得较高的名誉和地位。因此,高明的领导者都十分重视尊重员工。尊重是相互的。古人语:"敬人者,人恒敬之。"因此,职场中要想得到同事的尊重,就必须首先尊重同事的人格,尊重同事的工作和劳动,尊重同事在整支团队中的地位和作用。

【小案例】

小陈为何不受欢迎

小陈是毕业于北京某重点大学的研究生,在单位工作几年后,由于业务能力突出被提拔为车间主任。这对他来说是一个施展才华的大舞台。但他在与别的车间主任交流时,总是流露出对这些工人出身的主任的不屑,开口闭口总是我们研究生如何、你们工人怎样,很快就把自己陷入与其他车间主任格格不入的境地,成为一个不受欢迎的人。最终不得不调换工作岗位。

(2) 真诚待人。常言道:"精诚所至,金石为开。"同事之间要互相沟通,就必须消除不必要的戒备心理,摒弃"逢人只说三分话,不可全抛一片心"的处世原则,襟怀坦荡,以诚相见。唯有真诚,才能打开同事心灵的窗口,才能激起思想和情感上的共鸣。反之,如果当面一套,背后一套,或者说的一套,做的一套,就会失信于人,引起人们的反感。

【小案例】

互 相 帮 助

伍兰兰大学毕业后进入一家企业从事销售工作。她是一个勤劳善良的女孩,每天都提前到达公司,把同事的桌椅收拾整齐,把办公室打扫干净。尤其是帮同事江龙收拾好桌椅,由于江龙常常加班,桌上堆满书本,显得十分凌乱。江龙对此非常感激,主动要求带伍兰兰出去洽谈业务。在"师傅"的指引下,伍兰兰的能力提高很快。半年后,伍兰兰自认为已经能够胜任业务工作,私自决定替江龙撰写一份策划方案,并交给了客户。

没想到由于疏忽大意,一组数据被弄错了,客户因此否决了伍兰兰的方案,并且拒绝与他们合作。江龙得知后非常生气。伍兰兰诚恳地承认了错误,并在以后的工作中更加努力,将洽谈好的业务都算在江龙的头上,以此弥补自己的过失。

后来有一天,江龙生病住进医院,伍兰兰主动去医院精心照顾,而且没有放松工作,甚至连江龙的工作也一起处理了。

伍兰兰的一言一行都被同事们看在眼里,渐渐地,她的人缘越来越好,有什么事情大家都愿意真诚地帮助她。

【点评】 伍兰兰之所以受到同事欢迎,其实是因为她在用一颗真诚的心去沟通而已。真诚是做人的基石,也是与人相处的根本。

(3) 互谅互让。职场人士都希望有一个平和的、令人心情舒畅的工作环境。但是,同事之间由于思想认知、性格修养、观点立场等方面的差异,看问题的角度会有所不同,处理问题的思路与方法也不尽一致。面对这种差异和分歧,首先,不要过度争论,以免激化矛盾,影响彼此之间的关系;其次,要通过换位思考充分理解对方,并本着从工作出发、为全局着想的原则,求同存异,互相谦让。

(4) 分享成绩。同在职场中,成绩的取得与分享、利益的分配,都是大家十分关注的焦点。对于成绩,如果你在工作上有特别的表现,受到嘉奖时,千万别独享成功的荣耀。因为成绩的取得,不是哪一个人能够独自完成的,需要同事明里暗里协助,所谓"一个篱笆三个桩,一个好汉三个帮",这是大家共同努力的结果。无论是有人与你争功,还是无人与你争功,你都要抱着分享、感恩的心态,才能赢得同事的好感与支持。

【小案例】

### 功劳是大家的

在某单位的一次公开竞聘中,左某战胜了其他几位竞争对手,当上了经理。许多同事对他表示祝贺,更有人当众夸他能力非凡。左某却坦诚地说:"其实几位候选人各有长处。论管理我不如老刘,论经营我不如老叶,论公关我不如小王。"后来左某不但以诚意挽留了这几位竞争者,而且还根据他们各自的特长做出了相应的安排。宽厚的气度使他赢得了大家的尊重,也使他在工作中取得了显著成绩。他上任没多久,单位就取得了很大的业绩。

【点评】 左某之所以能得到同事的支持,妙诀就是不把功劳揽在自己一个人头里,一句"功劳是大家的",温暖的是人心,赢得的是尊重。

(5) 大局为重。同事之间由于工作关系而走在一起,就形成了一个利益共同体。其中的每一分子,都要有集体意识和大局意识。因此,在与上司、同事交往时,要尽量保持同等距离,即使和某些同事情趣相投、关系密切,也不要在工作场合显现出来,以免让别的同事产生猜疑心理;与本单位以外的人员接触时,更要形成荣辱与共的"团队形象"观念,多补台少拆台,不要为自身小利而害集体大利;不可外扬"家丑",对自己的同事品头论足甚至恶意攻击,影响同事的外在形象。

**2. 与同事沟通的方法**

(1) 重视团队合作。荀子说过:"人力不若牛,走不若马,而牛马为之用,何也?曰:

人能群,彼不能群也。"这段话道出了团队合作的重要性。随着社会分工的越来越细,现代企业越来越强调员工之间的沟通协调。作为企业个体,无论自己处于什么职位,在保持自己个性特点的同时,都必须很好地融入集体。比尔·盖茨认为:"大成功靠团队,小成功靠个人。"因此,在工作中同事要同心协力、互相支持、共同合作;需要大家共同完成的,要预先商定,配合中要守时、守信、守约;自己分内的事要认真完成,出现问题或差错时要主动承担责任,不拖延,不推诿;确需他人协助完成的,要使用请求的态度和商量性的语气,不能居高临下、颐指气使。

### 【小故事】

#### 天堂和地狱的故事

有一个人请求上帝带他参观一下天堂和地狱,希望通过比较选择自己的归宿。上帝答应了,先带他参观了由魔鬼掌管的地狱。进去之后,只见一群人,围着一个盛满了肉汤的大锅,但这些人看起来都愁眉苦脸、无精打采,一副营养不良、绝望又饥饿的样子。仔细一看,原来,每个人都拿着一只可以够到锅子的汤匙,但汤匙的柄比他们的手臂长,所以无法把东西送进嘴里。他们看起来非常悲苦。

紧接着,上帝带他进入另一个地方。这个地方和先前的地方完全一样:一锅汤、一群人、一样的长柄汤匙。但每个人都很快乐,吃得也很愉快。上帝告诉他,这就是天堂。

这位参观者很迷惑:为什么情况相同的两个地方,结果却大不相同?最后,经过仔细观察,他终于看到了答案,原来,在地狱里的每个人都想着自己舀肉汤;而在天堂里的每个人都在用汤匙喂对面的另一个人。结果,在地狱里的人都挨饿而且可怜,而在天堂里的人却吃得很好,非常快乐。

【点评】 团队合作多么重要,在和谐的团队里人们在帮助别人的同时也得到别人的帮助,在相互帮助中,我们体会到了和谐人际关系的幸福快乐。

(2) 懂得相互欣赏。人是具有能动思维的主体。人所具有的这种特性,表现在工作中就是有一定的价值目标,即追求理想和信念的成功,也就是成就感。人的成就感包括职业感和事业感两方面。职业感体现为个人对本职工作的态度,事业感则体现为个人追求被群体和社会承认的较高层次的成就。因此,职场人士都有得到赞许的欲望,都希望自己的职业和工作受到别人的重视,得到恰如其分的评价和鼓励。懂得这些,我们就会在长期共事的过程中,善于发现同事的优点、长处及工作中取得的成绩和进步,并加以及时的肯定和赞美。欣赏是人际关系的润滑剂。一句由衷的赞美,既可以表达对同事的尊重,又会赢得对方的好感,进而融洽彼此之间的关系。

(3) 主动交流沟通。人际关系是在"互动"中发生联系和变化的。人际关系要密切,注重彼此的交往是前提,因此,在紧张的工作之余不妨主动找同事谈谈心、聊聊天或请教一些问题等,以便加深印象、增进了解。在主动沟通中应把握以下几点:一是选择合适的时间、场合及易引起对方兴趣的话题;二是保持诚恳、谦虚的态度;三是善于体察对方的心理变化,因势利导,随机应变;四是讲究语言艺术,选择"商量式""安慰式""互酬式"等语言并注意分寸。

（4）保持适当距离。"过密则狎，过疏则间。"同事之间保持适当距离，对人处世才可能客观、公正。每个人都有自己的私人空间，搞好职场人际关系并不等于无话不谈、亲密无间。有时同事之间摩擦不断、矛盾重重，恰恰是由于交往太过密切、随意，侵犯了别人的隐私。所以，当自己的个人生活出现危机时，不要在办公室随意倾诉；要尊重同事的权利和隐私，不打探同事的秘密，不私自翻阅同事的文件、信件，不查看对方的计算机；对同事不过多地品头论足，更不要做搬弄是非的嚼舌者。

【小案例】

### 焦先生的后悔

焦先生刚刚调入某局一个月，一个月来由于他处处小心做事，每每笑脸相迎，所以同事们对他的态度也颇为友善，竟不曾遇到他所担心的任何麻烦。一天，全科室的人决定一块儿去餐厅聚餐以度周末，也邀请了焦先生。席间大家有说有笑，无所不谈，其中有一名同事与焦先生最谈得来，几乎把局里的种种问题，以及科里每位同事的性格、缺点都尽诉无遗。焦先生一时受宠若惊，加之对局里的人事一无所知，很珍惜这样一位"知无不言，言无不尽"的同事，彼此显得相当投机，于是开始放松自己的防卫，便将一个月来看到的不顺眼、不服气的人和事通通向这位同事倾诉而后快，甚至还批评了科里一两个同事的不是之处，借以发泄心中的怨气。

不料这位同事竟是个翻云覆雨之人，不出几日便将这些"恶言"转达给了其他同事，这令焦先生狼狈至极，也孤立至极，几乎在科里没了立足之地。这时焦先生才如梦初醒，悔不该一时激动没管好自己的嘴巴，忘记了"来说是非者，必是是非人"这样一个浅显的道理。

**【点评】** 初到新环境中，必须学会与同事保持一定距离，凡事中道而行，适可而止。在大家面前不要轻易显露行动及言行，学习做个聆听者，"人不犯我，我不犯人"，公平对待每一位同事，避免建立任何小圈子，对谣言一笑而之，深藏不露，如此才能尽快适应新环境，打开新局面，成为办公室中的生存者，而非受害者。

**3. 与同事日常沟通的禁忌**

同在一单位，甚至同处一个办公室，每天都要见面谈话，谈话的内容可能无所不包，涉及工作内外的方方面面。因此，在日常沟通中如何把握分寸，就成了不可忽视的一个环节。

（1）不谈论私事。办公室不是互诉心事的场所，虽然这样的交谈富有人情味，能使彼此之间变得亲切、友善。据调查，只有不到1%的人能够严守别人的秘密。因此，当自己的生活出现危机，如失恋、婚变等，不宜在办公室里倾诉；当自己的工作出现危机，如工作不顺利，对老板、同事有意见，更不应该在办公室里向人袒露。我们不能把同事的"友善"和朋友的"友谊"混为一谈，以免影响正常的工作秩序和自身的形象。

（2）不好争喜辩。同事之间在某些问题上发生分歧很正常，尤其是在座谈、讨论等场合。当别人提出不同意见时，要尊重对方，认真倾听，不随意打断，不急于反驳，在清楚了解对方观点及其理由的前提下，语气平和地陈述自己的观点，并提供支持的理由。切不可抱着"胜过对方"或"证明自己是对的,对方是错的"的心态一味地争执下去,否则就会影响彼此之间关系,伤害别人自尊。

(3) 不传播"耳语"。所谓"耳语",即小道消息,是指非经正式途径传播的消息,往往传闻失实,并不可靠。在一个单位里,各方面的"耳语"都可能有,事关上司的"耳语"可能更多。这些"耳语"如同噪声一般,影响着人们的工作情绪。对此,应该做到"三不":不打听,不评论,不传播。

(4) 不过分表现。表现自己并不错。在现代社会,充分发挥自己潜能,表现出自己的才能和优势,是适应挑战的必然选择。但是,表现自己要分场合、分方式,美国戏剧评论家威廉·温特尔说过:"自我表现是人类天性中最主要的因素。"人类喜欢表现自己就像孔雀喜欢炫耀美丽羽毛一样正常,但刻意的自我表现就会使热忱变得虚伪,自然变得做作,最终的效果还不如不表现。

【小案例】

### 小马的表现

小马是一家大公司的高级职员,平时工作积极主动,表现很好,待人也热情大方。但一天,一个小小的动作却使他的形象在同事眼中一落千丈。那是在会议室里,当时好多人都等着开会,其中一位同事发现地板有些脏,便主动拖起地来。而小马似乎有些身体不舒服,一直站在窗台边往楼下看。突然,他走过来,一定要拿过那位同事手中的拖把。本来地差不多已拖完了,不再需要他的帮忙。可小马却执意要求,那位同事只好把拖把给了他。

刚过半分钟,总经理推门而入。小马正拿着拖把勤勤恳恳、一丝不苟地拖着。这一切似乎不言而喻了。从此,大家再看小马时,觉得他假了许多。以前的良好形象被这一个小动作一扫而光。

【点评】 在工作中,往往有许多人掌握不好热忱和刻意表现之间的界限。不少人总把一腔热忱的行为演绎得看上去是故意装出来的,也就是说,这些人学会的是表现自己,而不是真正的热忱。热忱绝不等于刻意表现。在需要关心的时候关心他人,在应当拼搏的时候努力付出,真诚自然,谁都会赞许。而不失时机甚至抓住一切机会刻意表现出自己"与群众打成一片""关心别人""是领导的好下属",则会让人觉得虚假而不愿与之接近。

(5) 不当众炫耀。在人际交往中,任何人都希望得到别人的肯定评价,都在不自觉地维护着自己的形象和尊严。如果当众炫耀自己的才能、长相、财富、地位等,处处显出高人一等的优越感,那么无形之中就是对他人自尊与自信的挑战与轻视,会引起别人的排斥心理乃至敌对情绪。因此,在与同事相处过程中,应该谨小慎微,认真做事,低调做人,即使自己的专业技术很过硬,深得老板赏识和器重,也不能过于张扬。

【小案例】

### 爱吹嘘的多娜小姐

多娜小姐刚到公司的时候,最喜欢吹嘘自己以前在工作方面的成绩,以及自己每一个成功的地方。同事们对她的自我吹嘘非常讨厌,尽管她说的都是千真万确的事实。她与同事们的关系因此弄得很僵,为此,多娜小姐很烦恼,甚至无法在公司里继续工作了。

她不得不向职业专家请教。专家在听了她的讲述之后,认真地说:"唯一的解决方法就是隐藏你自己的聪明以及所有优越的地方。他们之所以不喜欢你,仅仅是因为你比他们更聪明,或者说你常常将自己的聪明向他们展示。在他们的眼中,你的行为就是故意炫耀,他们的心里难以接受。"多娜小姐顿时恍然大悟。她回去后严格按照专家的话要求自己。从此,她总是先请对方滔滔不绝地把他们的成绩讲出来,与她分享,而只是在对方问她的时候,才谦虚地说一下自己的成绩。很快,公司同事们就改变了对她的态度,慢慢地,她成了公司最有人缘的人。

【点评】 可见,炫耀让人讨厌,谦虚赢得信赖。你尊重别人,别人才会尊重你,才能与同事建立良好的关系。

(6) 不直来直去。我们常常认为心直口快是一种难得的品质,有话就说,直来直去,给人以光明磊落、酣畅淋漓之感。其实,不分场合、不看对象的直率,往往也会成为沟通的障碍,特别是当我们有求于对方或者发表不同见解的时候,更不能颐指气使,直截了当。

(7) 不随便纠正或补充同事的话。日常交流过程中,可以对某个问题发表自己的见解,但不要随便纠正或补充同事的话,除非工作需要或对方主动请教。否则,会有自以为是、故作聪明之嫌,也会无意损伤对方的自尊心。

【小案例】

### 怎样与同事沟通

小张本是个心直口快的人,说话向来不会含蓄婉转,所以经常得罪同事。一次,饮水机没水了,他对同事小刘说:"帮个忙换桶水吧,就你闲着。"小刘一听不高兴了:"什么就我闲着?我在考虑我的策划方案呢。"小张碰了一鼻子灰。

小张跑到销售部:"吴经理,你给我把这个月的市场调查小结写一下吧。"吴经理头也没抬,冷冷地说:"刚当上管理员,说话就是不一样。"显然吴经理生气了。小张想,我也没说什么呀。他顺手拿起打印机旁的一份"客户拜访表"问:"这是谁制的表?"吴经理的助理夺过表格:"你什么意思?"

当天,几个同事在一起谈话,让小张说说对公司管理的看法,小张竹筒倒豆子一吐为快:"我认为目前我们公司的管理非常混乱,有令不行,有禁不止,简直一个乡下企业。"大家不爱听了,认为他话里有话。

一会儿同事小王问小张,某某事情可不可以拖一天,因为手头有更重要的事情在做。"有这么做事情的吗?你别找理由了,这可是你分内的事,反正又不是给我做,你自己看着办!"小张声色俱厉地说。小王也不甘示弱,说:"喂,请注意你的言辞。你以为你是谁呀?我就是没时间。"小张气得发抖:"我怎么了?本来就是这么回事嘛,我不过是实话实说。"

【问题】 小张的同事关系何以如此紧张？你若是小张,将怎样改善同事关系？

### 4. 与不同类型的同事相处

与同事相处大有学问,只有"因人而异""看人兑汤",讲究策略、区别对待,才能既不得罪人,又不吃亏于己。否则,弄不好,一不小心便会冒犯别人,成了冤家对头,有时甚至会影响到自己的事业和前途。与不同类型的同事的相处之道如表4-3所示。

表4-3　与不同类型的同事的相处之道

| 同事类型 | 相处之道 |
| --- | --- |
| 口蜜腹剑者 | 敬而远之,虚与委蛇。要尽量检点自己,不可让他抓住你的把柄 |
| 挑拨离间者 | 最好防微杜渐,不让其插足其间。除与他保持一定的距离外,还要与其他同事处好关系,使其陷入孤立无援的境地而无所作为 |
| 尖酸刻薄者 | 保持距离,听到一些闲言碎语当作没听见,千万不要动怒,以免招来麻烦 |
| 吹牛拍马者 | 不可与他为敌,没必要得罪他。平时笑脸相迎,和平共处,不可有意孤立招惹他,否则他可能成为你的绊脚石 |
| 翻脸无情者 | 如果他翻脸,你不要理睬,不必提以前的恩怨,只当没听见。不必和他一般见识,反正无利害冲突,各走各的路 |
| 雄才大略者 | 如果利害一致,可与之一起共创事业。如一山不容二虎,也可与之合纵以挂六国相印,相秦以连横合并天下,各取所需,各享盛名,各得其利。如以上行不通,可全心全意帮助他,自己至少也能留下识才的美名 |
| 愤世嫉俗者 | 对于他无所谓好不好,只要对公司无害,没什么好说的。即使对公司弊端的指责是对的,你也切不可当"应声虫" |

### 【小案例】

#### 小陈该怎么办

小陈在一家医药公司从事销售工作,最近在工作和人事方面遇到了一些不愉快。小陈是个性格比较急躁的人,平时在和同事讲话时语气总是很急,有时难免让同事不满。另外,小陈平时比较粗心,所以很多时候容易落下话柄。其实小陈并没有任何的坏心眼,他也很着急自己的脾气。

【问题】 作为同事,你将如何帮助小陈？

## 三、与下属的沟通

在工作中,作为一名管理者,当你被组织赋予一定的职权,领导一支团队的时候,你与下属的沟通就显得十分重要了。管理者不仅要把工作设计成为生产产出过程,更应该设计成为人和人交流、协作、沟通,实现员工深层交往需要以及个性、心理满足的过程。管理者必须了解员工的观点、态度和价值,努力帮助员工在工作中实现其价值。实现这一目标的根本途径即是面对面的语言沟通。没有沟通,就没有了解；没有了解,就没有全面、整体、有效及平衡的管理过程。

## 1. 与下属沟通的意义

【小案例】

### 与下属沟通不当

美容师小张和小李都是新来的员工,小张热情大方能说会道,吸引顾客来开卡消费的数量比小李多,因此受到店长赵姐的认可,在员工会议上赵姐多次对小张提出了表扬;而小李却寡言少语,只听说她很踏实。眼看2个月试用期快到了,小李开卡落单的数量还不足小张的一半,赵姐就特别找她沟通了好几次,每次都希望她向小张多多学习口才,但每次她都发现小李听后一脸郁闷,欲言又止。不久后,小李便辞职走人了。接下来,赵姐却发现小张的开卡数量在小李走后,居然没有增加一单,反而流失了好多客户。

此时,老员工周姐向她说了些情况后,赵姐才知道原来能言善道的小张技术不佳,大部分她说服做疗程的客户,都是在经过技术能力合格的小李护理后,才决定留下办卡。此时的赵姐才猛然醒悟,由于自己跟下属的沟通不当,严重伤害了对方的工作热情,最终丢失了一个忠诚的核心员工。

身为管理者,一定要注意做好与下属的沟通,才能知人善用,发挥人才的最大价值。在进行沟通时,也要注意运用良好方式和技巧,才能达到沟通的目的。

【点评】 作为管理者,与下属的沟通,绝对不是聊天和谈工作这么简单,因为与下属沟通最大的目的,就是要通过沟通,充分调动下属的积极性,使他们的潜力得以最大限度发挥。如果沟通的此目的不能达到,你和下属的对话要么属于寒暄,要么可能成为对方离开的导火索。

在现实生活中,上下级出现沟通问题屡见不鲜。管理者在处理人与人之间的各种矛盾时谴责、贬斥、误解,或是以一种"我是领导我怕谁"的态度对待别人,都会把事情搞糟。即使在世界上著名的大公司,类似的事件也屡见不鲜。

【小案例】

### 总裁史蒂芬·盖瑟的转变

美国银行前总裁史蒂芬·盖瑟,曾经亲身体会到作为领导者与下级沟通的重要性。20世纪80年代末期,大学刚毕业的他就在一家大规模的投资公司任业务主管。他在洛杉矶西区拥有住宅,开着一辆奔驰,时年不过25岁。此时他自认为是神童,可以呼风唤雨,无所不能,而且在他人面前也毫不掩饰这种自大的态度。

20世纪90年代以后,美国经济开始萎缩,裁员的风暴无情袭来。起初他不以为然。可没想到有一天,老板对他说:"史蒂芬,你的能力没话说,可是问题出在你的态度上,公司里没有人愿意与你配合,我恐怕必须请你离开公司。"

这真是晴天霹雳,像他这样的人才居然被开除了!此后,经过几个月求职的挫折,他以前那种自大的态度已荡然无存。他终于意识到应该与他人有效沟通,并帮助那些处境不如自己的人。他换了一种态度去待人,变得更有人情味、更可爱、更能共事了。之后周围的人也开始关心他,三年后,他又回到高级主管职位,只不过这一次周围的同事都是他的朋友了。

身为领导,不管工作多么繁忙,都要保留与下属沟通的时间。美国前总统里根被称为"伟大的沟通者",在漫长的政治生涯中,他深切体会到与自己的服务对象沟通的重要性。即使在总统任期内,他也保持着阅读来信的习惯。他请白宫秘书每天下午交给他一些信件,再利用晚上时间在家里亲自回复。美国前总统克林顿也常常利用传媒与人们面对面交流,借此了解他们的想法,表达对他们的关切。即使无法解决所有人提出的问题,但总统亲自到场聆听人们的意见,表达自己的想法,这本身就具有沟通的意义。

真正有效的沟通并不妨碍工作,比如开会、讨论、走廊里的短暂同行、共进午餐的时机,等等,都是进行沟通的机会。要成功地与下属沟通,关键有三点:一是怀有真诚的态度,不走形式;二是保持开放的心态,不搞"一言堂";三是主动创造沟通的良好氛围,不咄咄逼人。

【小贴士】

### 上司喜欢下属的品质

爱岗敬业,忠诚可靠。
独当一面,开拓创新。
自觉主动,服从第一。
乐观向上,勇担责任。
善于沟通,乐于合作。

#### 2. 与下属谈心的技巧

领导的才能不是表现在告诉员工如何完成工作,而是使得员工发挥能力去完成它。因此,身为领导,必须注意通过语言沟通,了解本单位、本部门每个员工有形的和无形的需求,并设法满足其正当需求,如此,员工才会更忠诚、更有凝聚力。而在实际管理工作中,领导者往往重视自身的带头示范作用,却忽视了跟员工的沟通,尤其是上下级之间的真诚谈心。

(1) 贴近下属,寻求沟通。下级对上级,往往存在各种各样的心态:试探、戒备、恐惧、对立、轻视、佩服、无所谓,等等。有的员工在上级面前唯唯诺诺,不敢妄言;在同事面前则落落大方,侃侃而谈。因此,身为领导应该避免使用命令、训斥的口吻讲话,要放下架子,以平易近人、亲切和蔼的姿态去寻求沟通,如经常深入基层和员工之中,通过召开座谈会、个别访谈、即时聊天等形式,了解员工关心的焦点问题,征求员工的意见和建议,关心员工的工作和生活。只有这样,下级才会敞开心扉,畅所欲言。

【小案例】

### 善沟通的奥田

奥田是丰田公司第一位非丰田家族成员的总裁,在长期的职业生涯中,奥田赢得了公司内部许多人士的深深爱戴。他有1/3的时间在丰田城里度过,常常和公司里的多名工程师聊天,聊最近的工作、聊生活上的困难。另有1/3的时间用来走访5000名经销商,和他们聊业务,听取他们的意见。

(2)仔细倾听,适时提问。沟通艺术的核心在于仔细倾听和适时提问。一个优秀的领导人应该具备"作为一个听者所拥有的非凡技能"和"一针见血地提出问题的能力"。通过倾听,充分体会下属的心境,了解信息的全部内容;通过提问,促进沟通的深化,探究信息的深层内涵。二者均可为准确分析反馈信息、调整管理方式提供客观依据。因此,在谈心过程中,领导者要尽量少说多听,不随意插话,不轻易反驳;提问要言语简洁,要等对方说完或者说话告一段落时再发言。

(3)设身处地,换位思考。站在他人立场上分析问题,能给人以善解人意、体察入微的印象。这种投其所好的技巧常常具有极强的说服力。要做到这一点,知己知彼十分重要,唯有知彼,方能从对方立场上考虑问题。这就需要领导者经常深入基层开展调研,及时了解和掌握下属的思想动态和关心的利益所在。在谈心时,要善于联系对方的身份、职位和目前的工作、生活境况去揣摩对方心理,做到想对方之所想、急对方之所急,以真正理解对方的思想观点。

【小案例】

关　心

财务部陈经理结算了一下上个月部门的招待费,发现有一千多元钱没有用完。按照惯例,他会用这笔钱请手下员工吃一顿,于是他走到休息室叫员工小马通知其他人晚上吃饭。

快到休息室时,陈经理听到休息室里有人在交谈,他从门缝看过去,原来是小马和销售部员工小李两人在里面。

"咋,"小李对小马说,"你们部陈经理对你们很关心嘛,我看见他经常用招待费请你们吃饭。"

"得了吧,"小马不屑地说道,"他就这么点本事来笼络人心,碰到我们真正需要他关心、帮助的事情,他也没一件办成的。就拿上次公司办培训班的事来说吧,谁都知道假如能上这个培训班,工作能力会得到很大提高,升职的机会也会大大增加。我们部几个人都很想去,但陈经理却一点都没察觉到,也没积极为我们争取,结果让别的部门抢了先。我真的怀疑他有没有真正关心过我们。"

"别不高兴了,"小李说,"走,吃饭去吧。"

陈经理只好满腹委屈地躲进自己的办公室。

【问题】　本案例中,陈经理与部下在沟通上存在什么问题?假如你是陈经理,你会怎么做?

(4)拉近距离,平等交流。谈心伊始,要特别重视开场白的作用。可以先拉几句家常,开一些善意的玩笑,以消除对方的拘束感,拉近双方心理上的距离,然后再慢慢引出正题。在阐述自己观点时,要有平等的姿态,晓之以理,动之以情,不以势压人,不训斥命令;音量适中,语气平和,语调自然,态度和蔼;手势或动作幅度等不宜过大;多采用商量性的口吻,例如:"你觉得我的话有道理吗?""你同意我的意见吗?"

【小故事】

### 艾森豪威尔与士兵

艾森豪威尔是第二次世界大战时的盟军统帅。有一次,他看见一个士兵从早到晚一直在挖壕沟,就走过去跟他说:"大兵,现在日子过得还好吧?"士兵一看是将军,敬了个礼后说:"这哪是人过的日子哦!我在这边没日没夜地挖。"艾森豪威尔说:"我想也是,你上来,我们走一走。"艾森豪威尔就带他在那个营区里面绕了一圈,告诉他当一个将军的痛苦和肩膀上挂了几颗星以后,还被参谋长骂的那种难受,打仗前一天晚上睡不着觉的那种压力,以及对未来前途的那种迷惘。

最后,艾森豪威尔对士兵说:"我们两个一样,不要看你在坑里面,我在帐篷里面,其实谁的痛苦大还不知道呢,也许你还没死的时候,我就活活地被压力给压死了。"这样绕了一圈以后,又绕到那个坑的附近,那个士兵说:"将军,我看我还是挖我的壕沟吧!"

#### 3. 调解下属矛盾的技巧

只要有人的地方,就必然会有矛盾与冲突发生,而矛盾与冲突的结果,不但会破坏人与人之间的和谐关系,而且会削弱一个集体的凝聚力和战斗力,降低整支团队的声誉和绩效。因此,领导者的日常管理活动之一,就是处理下属之间的矛盾冲突。

【小案例】

### 握 手 言 欢

张某、刘某两人同是某单位一科室的副科长。起初,两人关系融洽,工作上配合十分默契。但在一次中层领导干部竞聘中,张某经过竞聘被提拔为科长,此后张、刘两人的关系就急剧恶化,身为副职的刘某非但不配合张某的工作,反而经常拆台搞内讧。不仅如此,他还不时背后诋毁张科长,说"张某任科长一职是花钱买来的"之类的话。张科长知道后也暗恨刘某,后来发展到见面不打招呼、两人无话可说的地步。

局领导对此十分重视,局长亲自召集全局领导班子开会研究调停冲突方案。会上,决定先由分管该科的林副局长出面做调停工作。林副局长接到任务后,便分别找张、刘两人单独谈话。谈话内容各有侧重,对刘某主要是让他说说对组织提拔张某有什么看法,如果组织上真有违反干部任用条例之处也希望他提出来,如属实,组织坚决公正决断,但不能无根据地瞎编乱谈。此外,还向他指出班子闹不团结的危害性,不但影响工作,而且影响个人前途,通过谈话使之认识到自己的错误。对于张科长则要求他作为一科之长要以大局为重,要有宽大的胸怀,善于求同存异,虚心听取各种不同的意见和建议,以宽容对待冲突,以礼貌谦让对待冷嘲热讽,不要总是对一些细枝末节斤斤计较,更不能对一些陈年旧账念念不忘。在大是大非面前要冷静头脑,要善于团结下属,共同把工作搞好。

经过第一次谈话后,局领导又按计划安排对张、刘的第二次谈话。这次谈话由局主要领导出面,以邀请张、刘两位科长共进晚餐的方式进行,谈话地点选在原先两位科长关系好时常去的某饭店进行。大家都按时到位后,先由局长谈话。局长说:"两位科长能不计前嫌,迈过门槛,走在一起共进晚餐不容易,局领导感到很高兴,这是科长们以大局为重的一种表现。"局长对他们的诚意表示感谢。然后由两位科长先后发言,谈话间,各表衷心、互赔不是,以求得对方谅解,场面甚是感人。最后便是大家端起团结的酒杯,握手言欢,共祝工作如意!

那么,怎样正确处理下级之间的矛盾,营造和谐、积极的工作氛围呢?

(1) 事前有预案。识别冲突,调解争执,是管理者最重要的能力之一。当发现下属之间发生冲突时,如果盲目调和,往往收效甚微,搞不好还会火上浇油,弄巧成拙。因此,要对冲突的原因、过程及程度等做详尽的了解后,研究制订出可行的调和方案,并按方案进行调和。

(2) 大局为重。现代社会的一个重要特点就是分工严密,这样可以提高工作效率,但同时也带来了一个不可避免的缺陷,这就是彼此之间缺乏相互了解。在诸多的矛盾冲突中,虽然双方在各自的利益上产生纷争,但共同的目标还是一致的,因此管理者应让冲突双方清醒地意识到,单纯地指责对方是无济于事的,只有相互配合、密切协助才能解决纷争,才能实现团队的共同目标。事实上,当双方均以单位的整体利益为重时,心中的怒气就会化为乌有。

(3) 换位思考。在局部利益冲突中,双方所犯的错误多半是只考虑自己,以自己为中心,而不能体谅对方。让他们互相了解、体谅对方的最好办法,莫过于让他们各自站在对方的立场上去考虑问题。当双方确实做到这一点后,可能就会握手言和、心平气和地协商一种积极性的解决冲突的方法。孔子说:"己所不欲,勿施于人。"这正是其设身处地、从对方角度看问题而得出的结论。

(4) 折中调和。领导是下属之间矛盾的最终仲裁者。仲裁者要保持权威,就必须坚持公平、公正的原则。如果偏袒一方,就会使另一方产生不满和对立情绪,进而加剧矛盾,甚至将矛盾转化为上下级之间的矛盾,使矛盾性质发生变化。所以,冷静公允,不偏不倚,是处理下属矛盾时最起码的原则,尤其是在调节利益冲突时。此外,很多情况下冲突双方均各有道理,但又各执一词,很难判断谁是谁非。这时候,折中协调、息事宁人是最好的解决办法。

(5) 创造轻松气氛。发生冲突双方均抱有成见和敌意,所以在进行调解时缓和气氛很重要。调解不一定在会议上、办公室里进行,有时在餐桌上、咖啡厅、领导家里效果反而会更好。

总之,下属之间的矛盾冲突是多样的,调和的办法不能千篇一律,要在实际工作中根据不同的冲突对象、起因及程度采用灵活的技巧来加以调解。

【小贴士】

### 从《杜拉拉升职记》电影学职场沟通

《杜拉拉升职记》电影改编自李可的同名小说,中国电影集团出品。该片是由徐静蕾执导,黄立行、吴佩慈、莫文蔚等出演的都市爱情片。

影片讲述了职场女性杜拉拉在外企经历八年,从一个职场菜鸟,到见识各种职场变迄及职场磨炼,最终成长为一个专业干练的人力资源(HR)经理,同时收获爱情的故事。定位准确是电影《杜拉拉升职记》成功的一大关键,在中国白领人群可按千万来计,庞大的受众群体,职场加爱情的剧情,再加上全面宣传,使得《杜拉拉升职记》大火,上映十三天即宣告票房破亿元。

影片中有很多经典对白,被很多职场人奉为经典,例如以下几个例子。

(1) EQ(智商)在斗争中成长得最快。

(2) You deserve it!——实至名归和罪有应得。

(3) 升职前,拉拉打心眼儿里觉得自己坐经理位子绝对胜任,到她真正坐到这个位子才发现,原来这个位子上的很多活是自己以前不了解的。

(4) 经理以下级别叫"小资",就是"穷人"的意思,一般情况下利用公共交通上下班,不然就会影响还房贷。

(5) 经理级别算"中产阶级",阶级特征是他们买的第一套房子不需要贷款,典型的一线经理私家车是"宝来"。

(6) 总监级别是"高产阶级","高产"们有不止一处住房,房子得是在好地段的优质房产或者别墅,可以自愿享受公司提供的商务车,或同等价格的补贴自己买车,和车相关的所有费用完全由公司负担。

(7) VP(Vice President)是"富人",家里有管家和门房,公司给配着专门的司机,出差坐头等舱。

(8) 爱情不是用来考验的,而是用来珍惜的,对女孩而言,青春苦短,守着一份变数太大的爱情是最大的危险。

(9) 当痛苦有了一个时限,当事人就有了一个熬出头的指望,每过一天,你都知道你正在离痛苦更远。

(10) 多参加集体活动,能增加良性进程。

(11) 商业行为准则,就是公司用正式的书面形式,告诉员工什么可以做、什么不可以做,如果坚持做不允许做的事情会受到什么样的处罚等。公司通过这套准则让员工明白,这里的企业文化认为什么是道德的、什么是不道德的。

(12) 忠诚源于满足。入职培训的忠诚教育,这不仅源于洗脑者的需要,也源于被洗脑者的需要。这和婚姻没有什么两样,人们越满意自己的配偶,越为自己的配偶骄傲和自豪,就越愿意忠诚于自己的配偶。

(13) 真正的外企,富高科技含量的500强跨国企业,不需要背《陋室铭》,更不会有性骚扰,而且老板肯定很忙,没有兴趣让我伺候他吹牛两小时。就算老板吹牛吧,一定也吹得非常有魅力。

## 第三节 会议沟通

会议的组织是每一个职场人士都会面临的问题,组织会议不但需要一定的技巧,而且必须在实践中去体验、去提高。

## 一、组织会议

筹办、主持或者参加一次有效的商务会议,遵守会议的礼仪规范,对于每个职场人士来说是十分重要的。在筹办会议时,各方面都要考虑周全。主持会议要体现出会议主持人员对整个会议的良好的控制能力;出席会议时,仪态、精神都要与会议的内容、主题吻合。一个重要会议的举行往往是商务人员才华显现的机会,又是其礼仪修养和礼仪业务水平的表演舞台,所以应特别留心。

**1. 会议的安排**

公司成功组织一次会议,要做好以下安排。

(1) 会场选择。大型会议的会场选择与会议主题的深化有密切关系,对与会者参会的情绪也有很大影响。举行会议首先要选准会场会址。要考虑交通便利、设施齐全、环境安静、停车方便、大小适中、费用合理等因素,使与会者能够方便地到会,安心地开会。

【小案例】

小江的马虎

小江应聘到一家公司担任办公室秘书。有一次,公司为了联络各经销商的感情,准备召开一次重要的商务会议,于是让小江负责选择会议的地点。小江做事马马虎虎,没有认真地考察会议室的许多细节,没有认真地准备与会议相关的事宜。结果开会那天,因为会议室太小,椅子不够,有些人只能站着开会,这样就挡住了别人的视线,致使他们不能看到主持人正在翻动的图表,空调也启动不了,窗户也打不开,所以室内闷热。有的人生气走了,业务经理非常不满意,小江也觉得很没面子。

【点评】 会议就是要传达一定的信息给与会者,不但会议内容要有新意,值得大家关注,而且会场的环境应该舒适宜人,会议组织应该严谨有序,它是企业精神和企业形象的重要宣传途径。

(2) 会场布置。对于一般的小型会议,会议室只要清洁、明亮,有足够的桌椅让与会者方便地看文件、做记录、讨论发言就行了。而大型会议的会场准备则比较复杂,需要体现会议的主题,应注意会场内座位的布局、主席台的布置以及其他可以渲染和烘托气氛所做的装饰等,一定要讲究科学性、合理性和艺术性。

① 会标。会标即会议全称的标题化。应将会议全称用大字书写后挂在主席台的正上方,一般用红底白字,也可以用红底金字。这是会议礼仪十分重要的一点、点睛的一点。它能增强会议的庄重性,揭示会议的主题与性质,使与会者一进会场就被会标引导,容易进入会议状态。

② 会徽。会徽是体现或象征会议精神的图案性标志。要选择具有强烈感染和激励作用的图案,重大会议的会徽可向社会征集,也可在单位组织内部征集。会徽图案要简练、易懂、寓意丰富。

③ 标语。标语当然是会议主题的体现,会场上的气氛往往就是被恰到好处的标语、旗帜等渲染起来的。标语在准备会议文件时就应拟就、并报请领导批准。会议标语要集

中体现会议精神，使其简洁、上口、易记，具有宣传性和号召力。

④ 旗帜。会议的旗帜包括主席台上悬挂的旗帜和会场内外悬挂的旗帜。主席台上的旗帜应围挂在会徽两边，显得庄严隆重；主席台的两侧插上对应的红旗或彩旗，又可增添喜庆气氛。而会场门口和与会者入场的路旁插上红旗或彩旗，使会议的热烈气氛洋溢在会场内外，以衬托会议的隆重。

⑤ 花卉。花卉是礼仪不可缺少的重要道具，在会场上，花卉还能起到解除与会者疲劳的作用。选用花卉应突出中华民族的文化特色，以梅花、牡丹、菊花、兰花、月季、杜鹃、山茶、荷花、桂花、水仙十大名花为代表的中国原产花卉，早已被赋予浓重的文化色彩，以这些花为主构成的花卉艺术品，如插花、盆景等，都能以无声的语言向人们传播中华民族的文化，表现民族精神。因此，越是重大的会议，越应选取有代表性的中国原产花卉作为摆放的主体花卉，并将中国传统艺术花卉的插放造型作为会议花卉的礼仪形式。

⑥ 灯光。会议场所的灯光应该明亮、柔和，既给人适宜的照明，也可减缓因会议时间过长而带来身体或精神上的疲劳。大型会议的会场灯光应设计几套，以便于会议颁奖、照相、演出等多种需要。

⑦ 座位。① 会场内座位的布局要根据会议的不同规模、主题，选择合适的摆放形式。"而"字形的布局格式比较正规，有一个绝对的中心，因此容易形成严肃的会议气氛，如图 4-2 所示。一些小型的、日常的办公会议以及座谈会等通常在会议室、会议厅进行，可以根据需要将座位摆放成椭圆形、圆形、T 字形、"回"字形、马蹄形和长方形等，这些形式可以使参加会议的人坐得比较紧凑，彼此面对面，容易消除拘束感，如图 4-3 所示。座谈会、小型茶话会、联谊会等多选择六角形、八角形或者半圆形等布局形式。

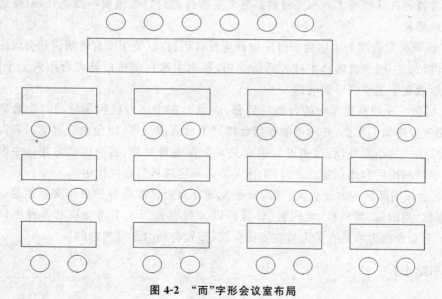

**图 4-2 "而"字形会议室布局**

---

① 杨海清.现代商务礼仪[M].北京：科学出版社，2006.

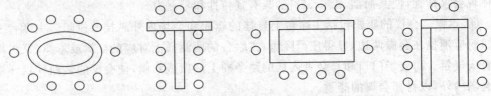

图 4-3 椭圆形、T 字形、"回"字形、马蹄形会议室布局

(3) 主席台布置。主席台是会议的中心,也是会场礼仪的主要表现位置。主席台布置应与整个会场布置相协调,并作强调突出。

① 座位。主席台的座位要满座安排,不可空缺。倘原定出席的人因故不能来,要撤掉座位,而不能在台上留空。主席台座位若有多排,则以第一排为尊贵。第一排的座位以中间为贵,依我国传统一般由中间按左高右低顺序往两边排开,即第二领导坐在最高领导左侧,第三领导坐在最高领导右侧,以此类推。如果人数正好成双,则最高领导在中间左侧,第二领导在中间右侧,以此类推。但目前国际上流行右高左低,因此安排涉外会议时,也要灵活依据有关规矩。时下一般处理方式为:开会以左为尊,宴请以右为尊。每个座位的桌前左侧要安放好姓名牌,既方便入座,也便于台下与会者和新闻采访人员辨认熟悉有关人士。主席台座位不要排得太挤,桌上也不要摆放鲜花之类,以免阻碍视线,但要便于主席团成员打开文件、做记录、翻阅讲话稿,并放置笔、茶水、眼镜等物。

② 讲台。主席台的讲台应设于主席台前排右侧台口,讲台不能放在台中央,使主席团成员视线受妨碍。讲台上主要放话筒,也可适当放上一盆平铺的花卉。讲台桌面要便于发言者打开讲话稿或摆放相关材料。整个主席台的台口可围放一圈花卉,但要选低矮些的绿色品种。

③ 话筒。发言席和主席台前排座位都应设有话筒,以便于发言者演讲和会议主持人或领导讲话。一般发言席和主持人话筒专用,其他主席台前排就座者合用两三个话筒,并且一般放置于主要领导面前。

④ 后台。一般在主席台的台侧与后台,应设为在主席台就座领导和与会者的休息室,以便于安排他们候会,并尽可能在后台排好上台入座次序,以免造成混乱。有时会议也许会发生一些小意外,后台还可以供有关人员作商量对策、排除困难之用。主席团成员开会也可利用后台休息室。所以,工作人员切不可忽视后台的作用。

(4) 会议用品。为方便会议进行,会务人员应为会议准备各种工作文具用品,如纸、笔、投影仪、指示棒、黑白板、复印机、计算机以及投票箱等。不同会议有各种不同的需求,满足与会者的需求是有关人员在安排会议、布置会场时必须考虑的。

【小贴士】

### 会议用品准备

① 茶杯。须经过消毒,消毒时间不少于 20 分钟;茶杯、杯盖无黄斑、无缺口;茶杯无水迹且光亮。

② 玻璃杯。不得有破损和缺口,杯子清洁、光亮、透明,无指印,并列放在杯垫上。

③ 矿泉水。矿泉水瓶无灰尘,密封完好,瓶内无沉淀物,并在保质期内。

④ 小毛巾。无斑点和异味,须经过消毒,消毒时间在20分钟左右。重要会议一律用新的小毛巾。冬季毛巾必须保暖。

⑤ 毛巾竹篓。不得有破损,每次使用结束后,须用热水浸泡,晒干后保存,以备再次使用。

⑥ 签到台。台布无污迹,无破损。

⑦ 鲜花。新鲜,无枯枝、败叶。

⑧ 热水瓶。表面清洁光亮,无水迹,水温控制在90℃以上。

⑨ 挂衣架。清洁完好,无损坏,无缺少。

⑩ 文具。笔,油墨饱满,书写通畅;纸本,干净整洁。

**2. 会议各阶段的工作**

(1) 会议准备阶段的工作。会议准备阶段的工作主要有以下几方面。

① 时间选择。开会时间选择要合适。大型会议尽可能避开公众节假日。同时注意会期不能安排太长,否则会影响与会者的日常工作,当某些紧急事件发生时,可以取消或延期举行会议。

【小贴士】

### 会议时间安排

据心理学家测定,成年人能集中精力的平均时间为45～60分钟。超过45分钟,人就容易精神分散,超过90分钟,普遍感到疲倦。因此,每次会议时间最好不超过1小时,如果需要更长的时间,应该安排中间休息。

会议时间的安排要考虑到人们的生理规律。一般9:00—11:00、14:00—16:00,人们办事的效率较高。

② 邀请对象。对出席会议的对象的选择要考虑各种因素,与会者既要有与会资格,又要有参与能力和水平修养。如果被邀与会者不能完成会议的有关任务,会感到痛苦或尴尬,使与会成了一次不愉快的经历,对会议组织者来说,这也是礼仪考虑不周的表现。

③ 详尽通知。会议通知的发送要做到:发得早——既便于与会者安排手头工作,又便于与会者为会议内容做准备;内容细——会议名称、届次、主要议题行程、出席范围、与会者应递交什么材料或做哪些准备、会期、会址等都应明明白白告知,便于与会者有备而来,从而提高会议效率;交代明——食宿如何安排、费用多少、交通线路怎样,都要交代清楚,以免造成麻烦。对特邀贵宾的通知,应派专人登门呈送,以示郑重。

【小案例】

### 秘书工作失误

某公司定于某月某日在单位礼堂召开总结表彰大会,发了请柬邀请有关部门的领导光临,在请柬上把开会的时间、地点写得一清二楚。

接到请柬的几位部门领导很积极提前来到礼堂开会。一看会场布置不像是开表彰会的样子，经询问礼堂负责人才知道，今天上午礼堂开报告会，某公司的总结表彰会改换地点了。几位领导同志感到莫名其妙，个个都很生气，改地点了为什么不重新通知？一气之下，都回家去了。

事后，会议主办公司的领导才解释说，因秘书人员工作粗心，在发请柬之前还没有与礼堂负责人取得联系，一厢情愿地认为不会有问题，便把会议地点写在请柬上，等开会的前一天下午去联系，才得知礼堂早已租给别的单位用了，只好临时改换会议地点。

但由于邀请单位和人员较多，来不及一一通知，结果造成了上述失误。尽管领导登门道歉，但造成的不良影响也难以消除。

**【问题】** 在会议准备时应注意什么问题呢？

(2) 会议召开阶段的工作。会议召开阶段的工作主要有以下几方面。

① 接站。一般会议都规定了报到日期。在报到日期应安排好接站。在车站、码头、机场等主要交通站点，用醒目的牌子标明"××会议接站"，使与会者一下交通工具就能看见接站牌而安心。对所接到的与会者要表示欢迎，并慰问其旅途劳顿。

② 登记。对到达报到地点的与会者，首先要做好签到、登记、收费、预订返程票、发放会议资料、发放会议身份证件等工作。这一过程应尽量在登记处一揽子解决，并应迅速办理，让与会者早点到客房休息。登记时，对与会者合理要求应尽量予以满足。大型会议的东道主应在会议召开前一天晚上，到会议各住宿地看望与会者，尤其是特邀贵宾和与会领导。

**【小贴士】**

### 常用会议的签到方式

a. 簿式签到。会议工作人员预先要准备好签到簿，与会人员到会时让其在簿上签署自己的姓名，有的还需注明自己的职务、所代表的单位和团体名称，表示到会。这种簿子利于保存，便于查找关系，有纪念性意义，但只适用于小型会议或与会人员到会时间较为分散的会议。如较长时间的会议，要求与会人员提前一天或几天到会；一些大型会议，或与会人员到会时间集中，不宜采用这种办法。否则将会在签到处形成拥挤现象，造成秩序混乱，影响会议按时进行。

b. 签到证卡签到。就是将印制好的卡片预先发给与会人员，与会人员入场时交出一张卡片就行了。卡片签到也有两种办法：一种是签名的卡片，与会人员要在卡片上签上自己的姓名才能入场；一种是由卡片上的固定号码代表出席人的姓名。重要会议使用的多是签名卡片，上面也印有证件号码或座次号码，这种方法可避免簿式签到易造成人员拥挤的弊端。

c. 会议工作人员代签。这种办法适用于小型会议。会议工作人员持有本次会议的与会人员名单，来一人签一名，随时可以知道到会情况，这种办法较为简单，完全不用麻烦与会人员，而且统计迅速。采用这种方法，会议工作人员必须认识本次会议的全部或绝大部分与会人员，根本不认识或大部分不认识与会人员，就无法采用这种办法。如果是富有纪念性意义的会议,为了保存与会人员亲笔签到的笔迹,小型会议也可以不使用这种办法,可让与会人员直接签名。

d. 座次表签到。事先印制好座次表,上面印有与会人员姓名和排座号,进行签到。即一边接受签到,一边在座次表上标号,这样做,随时可以知道到会人数与缺席人数及其姓名。

e. 电子签到。只要与会人员进入会场时把签到卡片进行扫描,计算机就会将姓名、号码传到信息处理中心。入场完毕,签到情况就会在计算机显示屏上显示出来。电子签到具有快速、准确、简便的特点,目前一些大型会议都是采用电子签到的方式。

③ 联络。会议进行期间要注意与各小组联络,不要使一位与会者有被冷落的感觉。会议简报要对各小组相对均衡报道,不要只将视点聚焦于有大人物、有热点的小组,使其他小组产生不愉快心情。

④ 安全。要确保每一个与会者的安全,包括其人身安全、财物安全以及食品卫生。涉密会议还必须强调文件安全。工作人员要尊重每一个与会者,但涉及机密时,必须按章办事。

⑤ 娱乐。若会期较长,在会议期间可安排一些影视放映和文艺演出,以调剂精神。也应鼓励与会者主动参与文体活动。可组织一些自娱自乐的卡拉OK演唱或球类、棋牌活动等,活跃会议气氛,调节与会者情绪。还可适当组织与会者参观游览,使会议节奏张弛得当。

(3) 会议结束阶段的工作。会议结束阶段的工作主要有以下几方面。

① 照相。如果会议有照相一项应早作安排,免得个别与会者提前离开而不能参与。早安排也可使与会者在离会前拿到照片。

② 材料。发给与会者的材料要有口袋,以便于集中携带。如需收回的材料要早打招呼,发现有人未交,应尽早查问。不一致的意见不要写到会议的决议或纪要中去。要乐于为与会者提供复印材料、邮寄材料或其他物品等有关服务。

③ 送客。将与会者所订票交给其本人时,要仔细核对车次、航班或船期,并仔细向与会者交代。若有不对或不周处,应主动承担责任。如果有人需要照顾而影响到了其他人,应向其他人解释,以争取大家谅解。在每一个与会者离开时,都要热情相送,对集中离开的与会者,要尽可能准备车辆送他们去车站、机场或码头,对贵宾则必须送至机场登机处。

## 二、主持会议

会议开得效果如何,会议主持人如何主持会议是关键。主持会议要注意做好以下工作。

**1. 做个精彩的开场白**

精彩的开场白往往能像磁铁一样紧紧地吸引住听众,增强与会者对会议的兴趣。就像人们看一部电影一样,如果开始就兴味盎然,引人入胜,那么人们自然急于了解接下来的情节了。所以,有经验的主持人,都非常注意会议的开场白,他们多是经过反复推敲、认真琢磨,力求给与会者一个好的印象。开场白要陈述的内容,包括会议的背景、主题、目的、意义、议程等,会议主持人要根据这些内容和要求设计开场白。

首先,要欢迎并介绍与会者。应该用洪亮的声音对每个到来的人表示热烈的欢迎,并且介绍与会者。其次,说明会议的目的和议程。说明会议的目的要注意使用团队口吻,而非领导或者上级的口吻,要拉近与大家之间的距离,让人们尽快进入会议的状态中去。还要说明一下会议的规则,如"请所有的人把手机关掉,不准吸烟,不要随便走动,每人发言时间不能超过5分钟"等。

总之,会议开场白要遵循"能安定公众情绪、恰当介绍会议内容、形式新颖"等原则,因地制宜,精心构思,尽量避免陈旧死板、千篇一律。

**2. 让与会人员广泛参与**

作为会议主持人,除了要注意会前沟通,使大家明白开会的用意外,还要注意在主持中尽量少说话,把说话的机会让给大家。主持人少说话,与会人员才能多说话。对多说废话的人要有办法加以控制和制止;对有宝贵意见而未发言的人要请他发言,以提升会议的品质;听到相同或不同的意见不能喜形于色,更不可以立即加以批判,以免影响大家的发言。主持人不要亲自提出议案,也不要以裁决者自居。任何人的意见都不必急于由自己来解答,应该隐藏自己的意见,让其他的人有机会表达相同或不同的看法,以便集思广益。

遇到无人发言或某一部分人毫无反应的现象,会议主持人分别对待。针对不习惯或害怕在人数众多的会议上发言的与会者,要鼓励他们发言,可以进行主动提问,并告诉他们说错也没关系;针对阅历较深,处世比较严谨的与会者,主持人要善于点拨,多给他们一些尊重。在对某个问题进行讨论时,与会者往往各持己见,据理力争。但在观点已趋向集中、明确时,主持人就应及时终止论辩。如果争议双方都已偏离议题,主持人就应伺机加以阻止,或说时间有限,暂不深入讨论或先谈到这里而加以间接地制止。

**3. 善于控制发言时间**

当有人发言超出规定时间、越谈越离谱,可能影响别人的有效发言时,主持人可以直接告诉他"我们的时间有限"或者"我们还有其他的事有待解决"。有时为了避免尴尬也可以采取委婉的方式,如当长谈者略作停顿时,可以向另一个人提起话题,"老王,我觉得这个问题与你有关,你怎样看?"这样,不但保全了对方的面子,而且把发言权交给了另一个人,推动了会议进程。

**4. 机智处理会场的意外情况**

任何会议在进行的过程中,都有可能出现一些意想不到的情况。对于这些情况,主持人一定要沉着冷静,靠自己的应变能力恰当地加以处理。

(1)如何应对会议开始时冷场。冷场是会议活动中一种常见而又使会议主持人颇感难办的问题。冷场的原因很多,我们应针对不同的原因,采取不同的措施。

① 与会者无思想准备,一时难以发言。特别是事先没有打招呼,临时召开的会议就很容易出现冷场,这时会议主持人可以鼓励大家先谈不成熟的意见,在讨论中再补充完善。也可以让大家先做短暂的准备,然后发言。

② 与会者对所讨论的议题不理解、不明白而感到无从开口时,会议主持人应详细、明确地交代议题,对与会者进行耐心启发。

③ 会议议题直接涉及与会者多数人的利益,因为存在太多顾虑而造成冷场。会议主持人应先启发与其利益关系不太大的,或者是大家公认比较正直、公道的人发言,然后再逐步深入。只要有人开了头,冷场的情况就会好转。

④ 会议议题有一定的难度和复杂性,一时不易提出明确意见而出现冷场。这时会议主持人可以由浅入深,启发大家开动脑筋,逐步接触问题的实质;也可以选择分析能力强、比较敏锐的与会者率先发言,打开突破口后,再引导大家讨论发言。

(2) 巧妙打破部分人的沉默。当一部分人在会议上沉默时,主持人应当考虑沉默的原因,有针对性地采取一些措施。会议中的沉默通常有以下几种情况。

① 顾虑、害羞的沉默。对此,会议主持人要寻找机会鼓励这些人发言,表示出对他们的发言很感兴趣,促进他们大胆发言。

② 持少数意见者的沉默。当会上多数人同意某种意见,出现了"一边倒"的情况,持少数意见的人知道自己的意见已经被孤立,也就不讲了。在这种情况下,主持人不应急于表态同意多数人的意见,应当耐心地、热情地请有异议的人讲出自己的见解,以便比较。

③ 无所谓的沉默。当会议议题与部分人关系不大时,有人会认为议题与己无关,抱着无所谓的态度而不愿意开动脑筋。会议主持人应采取恰当的方法把他们引导到会议议题上来,促使其思考问题。

④ 对立沉默。有的人会对会议主持人或会议议题有对立情绪,会出现不予理睬的态度。如果他们的意见确实有必要公开出来,会议主持人应主动、热情地引导他们发言,即便是对立的意见也应给予鼓励支持。

当然,会议中还有一些出自其他原因的沉默现象。如有的人不吭声可能是表示同意,有的人暂时不表态可能是想听别人的意见后再说,有的人不表态是没有新的意见等,这些情况均属正常,不必在意。

## 【小故事】

### 邓小平鼓励大家畅所欲言

在热播电视剧《历史转折中的邓小平》里,1977 年 8 月,邓小平主持召开了"科学和教育工作座谈会"。作为会议主持人,邓小平讲道:"这次开会的目的,就是想听听大家的意见。"由于与会者以前大多因言获罪,所以现在都埋着头,不敢再发言了。

邓小平提高音量,鼓励大家说:"今天,大家想说什么就说什么,不一定长篇大论。中国要搞现代化,必须从科技、教育着手;不从科技、教育着手,那赶超就是一句空话!我们今天要讨论的就是,科技怎么搞得更快些、更好些?教育如何合乎四个现代化的要求、赶超的要求?包括学制、教材和教员的来源、办学的方针及具体措施等,想征求一下同志们的意见。"邓小平讲完后,竟然没有人做出回应。

见大家不为所动,邓小平站起来,用一种恳求的语气说道:"我知道大家有顾虑,但是同志们,你们也知道,国家现在的局面太危急了。我们落后别的国家太多,如果再不奋起直追,亡党亡国也不是不可能。'四人帮'污蔑知识分子是'臭老九',是为资产阶级服务的。但我清楚,中国的知识分子是最识大体、最顾大局的。在艰难时刻,在国家危难时刻,我们的知识分子有挺身而出、不计较个人得失的优良传统。中央分工,我主动请缨,管一管科学、教育,外行管内行。我是外行,管你们内行。方毅同志同我一块儿搞,具体事情他做,我的任务就是'放点空炮,助点威风'。"

见大家活跃一些后,邓小平继续说:"大家在这里发言,不要有任何顾虑,放开说,自由一点,什么话都可以讲。这里没有棍子,要消灭棍子,消灭三个公司:'钢铁公司''帽子公司',还有'鞋子公司',都要丢掉。"与会者对"鞋子公司"感到很困惑,邓小平笑着说:"今天是朋友相会,在自己家里,可以宽松些,不拘礼仪,不拘小节。有的人年纪大了,穿着皮鞋出来开会,时间长了不舒服,怎么办?我说,'鞋子公司'可以丢掉,解放出来,放松一些,畅所欲言地谈,大家不反对吧?"会场一阵欢笑,邓小平随即"点名"道:"苏老,我记得,您是1902年出生的,比我大两岁,是老哥了。外国人说您是中国的'数学之王',您带个头怎么样?"其他同志纷纷发言,会议解决了很多实质问题。

(3) 善于控制离题发言。在会议发言中还常会出现跑题的现象。这种现象与冷场恰恰相反,可以算是会议"热烈"得过了火。离题时不可强扭,也不能不扭。强扭会挫伤积极性,不扭就可能开成无效的会议。

出现离题发言主要有两种情况:一种是闲话式的离题。会议讨论中谈论传闻、逸事及与议题无关的闲话,而且喜欢海阔天空、津津有味地谈论,越扯离议题越远。这种现象通常是因为与会者认为议题与自己无关,不感兴趣而出现的;也有的人认为议题不好发言,而沉湎于题外话。这时主持人应该采取措施:一是接过讨论的某句话,顺势巧妙自然地引回到正题上来;二是联系议论的某一层意思,提出新的话题引入正题中;三是用一句善良的话或风趣的话截住闲谈,而引入正题。

另一种是发挥式的离题。发言者为表现自己的才能,或显示自己的见解,自觉或不自觉地讲与议题无关的内容。对这种离题现象的处理也不能简单粗暴,而应尽可能采用不影响情绪和气氛的方式,用礼貌的形式提醒发言者。

(4) 理智应对影响会议的人。会议上都有可能存在口若悬河的与会者,或一言不发的与会者。对于事事都要争论不休的与会者,或一开口就跑题的与会者,作为会议主持人,应理智地应对。

① 应对口若悬河的人。有的人话太多,他总喜欢听自己说话,似乎要利用每次会议来垄断讨论。如果会议主持人事先知道这类人,应安排他坐在自己的左右。如果他发言了,可以给他适当的时间然后说:"你提出的这几点很好,现在让我们听听其他人的。"以此打断他。如果这一招不灵,就限定时间,比如每人只准发言两分钟。

② 应对胆小的人。有的人胆小,当他想在众人面前讲话时,舌头就发紧。会议主持人可以问一些他能够回答的问题,比如,他的工作、家庭或他如何处理某一特殊情况等。有机会就表扬他,拍拍他的肩膀,帮助他克服发言时的不安心理。

③ 应对窃窃私语的人。当一个人开始与周围的人交谈,干扰了会议时,最好的办法是尽可能用眼神制止他。但总有些人毫不体谅他人的感受,会议主持人不得不提醒他们。可以通过直接提问来试着打断交谈者,或者停止发言,等着他们安静下来。

④应对争论不休的人。事事都要争论的与会者会把一个挺好的会议弄糟,会议主持人要尽量搞清楚他们为什么每件事都过不去,一旦找到了原因,事情就好办了。

(5) 做好会议总结。会议达成决议之后,主持人还要在散会前做出总结,这才算是圆满地主持了一个会议。主持人要提纲挈领地将会议中提及的重点加以强调,提醒与会者不要忘记这些重点,并且要明确下一步的行动内容、时间、负责人、时限和检查方法等。最后要感谢与会者对会议的贡献。

### 会议主持人的形象

各种会议的主持人,一般都由具有一定职位的人来担任,其礼仪水平对会议能否圆满成功起着重要的作用。会议主持人应注意以下几个方面。

(1) 主持人应衣着整洁、大方、庄重,精神饱满,切忌不修边幅,邋邋遢遢。

(2) 走上主席台时,步伐应稳健有力,行走的速度可因会议的性质而定,一般来说,愉快而热烈的会议上的步频应较慢。

(3) 入席后,如果是站立主持,应双腿并拢,腰背挺直。单手持稿时,右手持稿的底部或中部,左手五指并拢并自然下垂。双手持稿时,稿应与胸齐高。坐着主持时,应将身体挺直,双臂前伸,两手轻按于桌沿。主持过程中,切忌出现搔头、揉眼等不雅动作。

(4) 主持人应口齿清楚,讲话思维敏捷并简明扼要。

(5) 主持人应根据会议性质调节会议气氛,或庄重,或幽默,或沉稳,或活泼。

(6) 主持人不能跟会场上的熟人打招呼,更不能与其寒暄或闲谈。会议开始前或会议休息时间,可对其点头并微笑致意。

## 三、参加会议

作为会议代表出现在同行面前的时候,你不仅代表的是你自己,更是背后支撑你的整个集团或者企业,所以,以下几个方面是经常参会的人员应当了解的。

### 1. 仪表

每一位与会人员都应该注意自己的仪表举止,做到穿着得体、举止优雅。一般要求是:穿着打扮要端庄大方、美观得体,最好穿职业套装,以显成熟、精干;仪容要整洁,举止文雅大方、风度潇洒、气质高雅,不要缩手缩脚、扭扭捏捏、矫揉造作。

出席正式会议和宴请,要穿正装,男士是深色西服,女士穿中长裙和长裤均可。男士要贴身穿衬衣,打领带,穿深色袜子,并把衬裤脚包在袜子里。女士的衣服最好每天更换一套。除会议主持人和发言人须遵循这些基本要求外,其他与会人员相对可以自由一些,比如,可以穿休闲装、运动鞋,可以不带资料,简单进场。

但需要注意的是,不能太随便,禁忌穿拖鞋,衣衫不整;禁忌大声喧哗,遇到熟人热聊,旁若无人;无论在主席台上还是在台下,坐姿都要端正,切忌抖腿或跷二郎腿。

### 2. 遵守会议纪律

正式的会议一般都会提前宣布会议纪律,即使有些会议没有明文规定,事实上会议纪律已经在人们的意识中客观存在。一般情况下,参会人员应该准时到会、保持安静、不得逃会。一般而言,与会人员在出席会议时应当严格遵守的会议纪律主要有以下四项。

(1) 按时到会。严守会议时间,是保证会议顺利进行的基本条件之一。这一要求要落到实处,不仅要靠主持人、组织者的积极努力和得力措施,也要靠全体与会人员的自觉和认真配合。接到会议通知后,应当按照通知上规定的具体时间准时出席会议。参加在本地举行的会议,应至少提前5分钟进入会场,以便有充足的时间做好会前准备,比如,签到、寻位、领取材料等。参加在外地举行的集会,则最好提前一天报到,以便事先熟悉情况。如果迟到无法避免,应尽量提前通知会务组织者,且迟到后悄然进入会场,不要扰乱会议秩序。

(2) 保持安静。全体与会者都应自觉维护会场秩序,保持会场安静,不影响发言人的讲话与听众的听讲。

在发言人或主持人讲话时,不允许起哄或是直接制造噪声。比如,不应在会场使用手机,不应当玩弄游戏机,不准吃东西等。与讲话者意见相左时,可以通过适当的渠道表达,不应当粗暴地打断对方的发言,或是大声予以斥责、议论,狂吹口哨,拍打桌椅,跺脚乱踢等。在会场上鼓掌,主要是对讲话者表示欢迎和支持,不允许"鼓倒掌"。

在开会之时,不应当随意走动,或者与周围的人交头接耳,更不应大声喧哗,或在会场里大声接听电话。一般情况下,最好不要带外人(与会议无关的)、家人(特别是小孩)参加会议。

(3) 不得逃会。参加会议,必须善始善终。万一有特殊原因需要中途离会,应当事先请假。必要时,还须向主持人说明原因,并表示歉意,不允许在会议中途不辞而别。在他人讲话期间当众退场,不仅自己失礼,也是失敬于对方的。

### 3. 认真倾听发言

对每一位听众而言,在会议进行期间认真倾听他人的发言,是尊重对方的具体表现,也是自己掌握会议精神的主要途径。要真正做好这一点,需要注意以下三点。

(1) 会前准备。参加会议前,应做好必要的准备工作。其一,要充分休息,养精蓄锐,否则在开会时疲劳困乏,大打瞌睡,必定影响听讲。其二,要处理好其他工作,免得在开会时神不守舍、三心二意。其三,要预备好必要的辅助工具,如纸、笔、录音机等。其四,要认真阅读会议材料,以便全面了解会议情况,掌握会议主旨。

(2) 聚精会神。在会议进行时,每位听众都要聚精会神地聆听他人的讲话、发言——唯有聚精会神、全神贯注,方能汲取他人发言的精华,抓住要点,发现问题。在聆听他人发言时,切勿心神不定,"魂游"于会场之外。自己在讲话、发言后,更要注意专心聆听别人的讲话、发言。

(3) 笔录要点。"好记性不如烂笔头。"参加会议时,要尽可能地对他人的讲话、发言择其要点,予以笔录,这对于深入领会和准确传达会议精神帮助很大。

### 4. 正确就座

会议座位安排主要有两种方法,一是按指定区域统一就座;二是自由就座。进入会场后,在没有会务工作人员引导的情况下,选择座位时应注意以下几点。

(1) 弄清楚哪个是上座,哪个是下座,按自己的身份、地位合理就座。一般情况下,面对正门的位置为上座,靠门边的、远离领导的座位为下座。不管是圆会议桌还是方会议桌,与上座领导面对面的位置属于次上座。

(2) 有一定级别的领导,应坐到与自己级别相适应的座位上。

(3) 抢坐前排或退居后排,在会场中间留出空白,这是与会人员就座的大忌。

(4) 应勇于坐前排。座位的远近在心理学上反映了自信心的大小和地位权力的微妙差距。爱坐后排者,往往是缺乏自信心的表现。我们应善于表现自己,养成坐在会场前排的习惯。

(5) 注意主宾的区别。如果以客人的身份参加会议的,要注意主客的区别,做到客随主便。不需要起身为领导添茶,不要主动分发会议材料;不要评价会议准备工作的好坏,不要随意改变座位;不需要接洽会议安排事宜,应尽可能服从安排(为本单位领导安排行程除外)。

【小贴士】

### 会上应如何发言

(1) 正式发言。正式发言时,应衣冠整齐,步态自然且刚劲有力地走上主席台,体现出一种成竹在胸、自信自强的风度。发言时,应口齿清楚,讲究逻辑并简明扼要。如果是书面发言,则要时常抬头并扫视一下会场,不能只低头读稿,旁若无人。发言完毕后,应对听众的倾听表示谢意。

(2) 自由发言。自由发言则较随意,但要注意,发言应讲究顺序和秩序,不能争抢发言;发言应简短,观点应明确;与他人有分歧时,应以理服人,态度平和,听从主持人的指挥,不能只顾自己。

如果有会议参加者对发言人提问,应礼貌作答,对不能回答的问题,应机智而礼貌地说明理由,对提问人的批评和意见应认真听取,即使提问者的批评是错误的,也不应失态。

## 案例讨论

**1. 对话**

面试官:"你带简历了吗?"

求职者(男生):"之前我在网上投过了,不用再带了吧?"

面试官:"你能做什么呢?"

求职者:"我喜欢的我都能做好,我不喜欢的我就不会去做。"

面试官:"你以前做过什么工作吗?"

求职者:"什么都没做过,我是个应届毕业生,我是来找工作的。"

面试官:"那你凭什么觉得你能把工作做好呢?"

求职者:"我觉得只要有信心就能把工作做好。"

面试官:"你的信心来自哪里?"
求职者:"来自我的能力,来自我的信念。"
面试官:"你的人生目标是什么?"
求职者:"做第二个马云。"
面试官:"你为什么觉得你能像马云那样成功呢?"
求职者:"因为他长得那么别致都可以成功,我觉得我更有能力超过他。"
面试官:"这跟他的长相无关吧?"
求职者:"开个玩笑啦!我觉得每个人做事都是靠信心完成的!马云能有这样的志向,我也有志向完成我的人生目标。"
面试官:"你对工资待遇有什么要求?"
求职者:"试用期你们可以随便给,如果正式录用我要求每月4000元以上。"
面试官:"我们公司的薪酬达不到这个要求,你为什么要求这么高呢?"
求职者:"因为到时候你们会看到我的能力,你们会觉得物超所值。"
面试官:"你对工作还有什么要求?"
求职者:"我要求自由的上班时间,每天只要我完成了公司布置的任务就可以下班了;我还要求用QQ与外界联系,方便我调用各方资源;我还希望不要让我与外面的客户面对面打交道,因为我不喜欢。"
面试官:"你之前去其他公司应聘也是这样吗?"
求职者:"是的,我这个人就是这样的。"

【思考题】
(1)看完这个案例,你对该求职者作何评价?
(2)案例中这位求职者应答的语言有什么特点?体现出了什么样的性格?
(3)如果你是面试官,你对这位求职者有何评价?你会给他工作的机会吗?为什么?

### 2. 两次面试

一个青年人在一家小信息公司颇有成就,因此想进入一家位列世界500强的大公司工作。第一次面试时,面试官问他:"你认为自己最显著的成就是什么?为什么?"

他自信地说:"我从小到大的求学是非常艰难的,在工作中也遇到很多困难,但我一一努力克服了。"出乎意料的是,他落选了。

经过一番反思,他发现了其中的问题:努力学习在今天是很普通的,而且回答里强调一个过程而不是某一具体活动,没有突出独特性。

当他第二次面试时,他说:"我在信息科技公司工作的那段时间是我最骄傲的经历,当时我被聘用为营销部经理助理,帮助开发新型计算机并投放市场。在我上任两星期后,经理突然心脏病发作,管理层决定把这个项目拖延六个月。我认真思考了公司上层的这个决定,认为在飞速发展的市场中,拖延就代表着失败。于是,我找到了主管我们这个部门的副总裁谈了自己的看法,并拿出了一个基本完善的计划。我承认,的确有一些新东西需要学习,但这些困难我可以克服。他勉强同意我为代理经理,这之后的六个月,我学到了很多东西并夜以继日地工作,最后我们的产品取得了成功。"

可想而知,最后他如愿以偿地进入了那家大企业。

【思考题】

（1）案例中的这位青年人两次面试的表现有何不同？

（2）他第二次为什么能如愿以偿地被那家大企业录用？

（3）在求职面试中如何更好地与面试官进行沟通？

**3. 成功的面试**

江丽萍待人彬彬有礼，很讲究面试礼仪，她如愿以偿成功地当上了某销售部经理秘书，请看江丽萍参加面试的全过程。

10时20分，江丽萍迈着轻盈的步子准时走进了销售部经理张吉的办公室。此时的江小姐身着银灰色西装套裙，内衬红白碎花衬衣，显得格外端庄、典雅、职业化。这一天，江小姐是前来接受面试的。在此之前她已经递交了个人简历和推荐信，并填写了求职申请书，她拟求的职位是销售部经理秘书。

张先生（点头微笑并示意江小姐坐下）（以下简称张）："江丽萍小姐，你好！"

江小姐（微笑回应）（以下简称江）："你好！张先生。"（然后缓缓地坐下，并把手提包轻轻地放在椅子边）

张："江小姐，我们这儿不难找吧！"

江："没问题。您知道我对这儿很熟。"

张："不错，（翻着江小姐的'求职申请书'）我们这儿有你的'求职申请书'。看来，你的各方面条件都不错，尤其是外语。你在审计局能用上你的英语和……（看江小姐的'求职申请书'）日语吗？"

江："用得很少，这也就是我为什么要来这儿应聘的原因之一。我希望能更多地用上我的外语。"

张："噢，好！你有速记和打字的结业证书，而且你的速度很不错。"

江："张先生，您知道那都是我一年前的成绩。事实上我现在的速度快多了。"

张："嗯。江小姐你为什么想来这儿工作呢？"

江："主要想用上我的外语专长。当然我从秘书做起的另一个原因，是想逐步地积累一些做贸易的经验，以便将来能独当一面地从事贸易工作。"

张："噢！（这时电话铃声响起，张先生对江小姐）对不起。（接着对话筒）对不起，这会儿很忙，我一会给你打过去。（放下话筒，对江小姐）实在抱歉，嗯，你对计算机很感兴趣。上面说……（张先生查看江小姐的'求职申请书'）。"

江："是的。事实上，我哥哥在一家大的外贸公司里从事无纸贸易。我对此很有兴趣，在家哥哥也经常帮助我。"

张："那很有趣！好！江小姐你有什么问题要问我吗？"

江："主要是工资问题。广告上说'待遇优厚'……张先生，您能给我具体讲一下吗？"

张："噢，是这样。我们职员的待遇在外企中属中等偏上。例如，一个新入公司的秘书每月工资1600元人民币。因此我也想从1600元给你起薪，你看怎么样？"

江："张先生，我希望你们对像我这样具有专业背景、实际经验及外语水平的人能给予恰当的评估及合适的月薪。顺便说一下，我在审计局的月工资包括奖金近1800元。"

张："一周之后你会得到我们的消息。到时候我们再具体谈谈。"

江:"好的,谢谢您,张先生。"
张:"再见,江小姐。"
江:"再见,张先生。"

一周后,换了一身装束的江小姐又神态自若地走进了张经理的办公室。这一次,他们具体地谈了工作、待遇及其他。

大约10天后,江丽萍兴致勃勃地开始了她的秘书生涯,月薪1800元人民币。

【思考题】

(1) 江丽萍面试成功的秘诀何在?

(2) 本案例对你有何启发?

### 4. 巧答难题

临近毕业,一家地市级日报招聘采编人员。在入围面试的10个人中,无论是从学历还是从所学专业来看,我都处于下风,唯一的一点优势就是我有从业经验——在学校主办过校报。

接到面试通知后,我把收集到的该日报社的厚厚一摞报纸重新翻了一遍,琢磨它办报的风格、特色、定位及其主要的专栏等,做到心中有数。我记下了一串常在报纸上出现的编辑、记者的名字。

参加面试时,评委竟然有8个。第一个问题是常规性的自我介绍;第二个问题是"你经常看我们的报纸吗?你对我们的报纸有多少了解"。我于是把自己对这个报社的认识,包括其办报的风格、特色、定位等全部都说了出来。最后我说:"我还了解咱们报社许多编辑、记者的行文风格。例如,某某老师写得简洁明了,某某老师文风清新自然。虽然我与他们并不相识,但文如其人,我经常读他们的文章,也算是与他们相识了。"我当时注意到,许多评委露出了会心的微笑。后来我才了解到,我提到的许多老师就是当时现场的评委。

第三个问题是"谈谈你应聘的优势与不足"。我说:"我的优势是有两年办校报经验,并且深爱着报业这一行。我的缺点是拿起一张报纸,总是情不自禁地给人家挑错,甚至有时上厕所,也忍不住捡起地上的烂报纸看。"听到这里,评委们不约而同地笑了。

面试结束的时候,我把自己主办的校报挑出了几份分给各位评委,请他们翻一翻,提出宝贵意见,并说:"权当给我们学校做个广告。"评委们又笑了。

最终,我幸运地被录用了。

【思考题】

(1) 案例中的"我"回答面试问题的语言艺术如何?请予以分析。

(2) 本案例对你有何启发?

### 5. 消除上司的误解

凯丽是某销售公司的文员。春节前经理交给她一大堆名片和一些精心挑选的明信片,要她按照名片逐一打印寄出。凯丽曾提醒经理将已经发生改变或业务上已没有往来的客户挑出来,但经理不耐烦地说:"你别管,把所有名片都寄出去就是了!"

两天后,当凯丽把打印好的明信片交给经理过目时,经理却大声指责她将一些已经不在中国的客户错误地打印在"最精美"的明信片上。凯丽觉得很委屈,想说出来又担心被经理安个"顶撞上司"的罪名被开除,便认了下来。回去后她大哭一场,可心里还是觉得别扭,以致影响了工作。后来凯丽利用休息时间去拜访经理,坦诚地说出了内心的想法。结果出乎意料,高高在上的经理竟然向她承认了错误。从此,他们两人在工作上配合相当默契,为公司创造了显著的业绩。

【思考题】 请问凯丽是如何对待和消除上司的误解的?

### 6. 汇报

佩佩年轻干练、活泼开朗,入行不几年,职位"蹭蹭蹭"地往上升,很快成为单位里的主力干将。几天前,新老板走马上任,下车伊始,就把佩佩叫了过去:"佩佩,你经验丰富,能力又强,这里有个新项目,你就多费心盯一盯吧!"

受到新老板的重用,佩佩欢欣鼓舞。恰好这天要去上海某周边城市谈判,佩佩一合计,一行好几个人,坐公交车不方便,人也受累,会影响谈判效果;打车吧,一辆坐不下,两辆费用又太高。还是包一辆车好,经济又实惠。

主意定了,佩佩却没有直接去办理。几年的职场生涯让她懂得,遇事向老板汇报一声是绝对必要的。于是,佩佩来到老板跟前。

"老板,您看,我们今天要出去,……"佩佩把几种方案的利弊分析了一番,接着说:"所以呢,我决定包一辆车去!"汇报完毕,佩佩发现老板的脸不知道什么时候黑了下来。他生硬地说:"是吗?可是我认为这个方案不太好,你们还是买票坐长途车去吧!"佩佩愣住了,她万万没想到,一个如此合情合理的建议竟然被打了"回票"。

"没道理呀,傻瓜都能看出来我的方案是最佳的?"佩佩大惑不解。

【思考题】 请问佩佩哪里做得不对?她应该怎样向老板"汇报"呢?

## 实 训 项 目

### 1. 阅读材料讨论

阅读以下材料,然后谈谈你的看法。

(1) 某大学生毕业后到一家公司求职,公司经理照例同他进行面试谈话。开始,一切谈得都很顺利,由于对他的第一印象很好,经理随后就拉家常式地谈起了自己在休假期间的一些经历,这位大学生走神了,没有认真听取经理后来的谈话内容。临走时,经理问他有何感想,这位大学生说:"您的假期过得不错,好极了!"经理盯了他好一会儿,最后冷冷地说:"好极了?我生病住进了医院,整个假期都待在医院里!"

(2) 周先生曾去报社应征业务主管。主持面试的负责人问他平常都有什么爱好,周先生回答说"爱看书"。招聘者问:"主要是哪方面的书?"周先生说自己爱读西方哲学著作。当招聘者要求周先生推荐一部西方哲学著作的时候,周先生搜肠刮肚偏偏一部都想不起来。实际上,他的确接触过几部哲学名著,但都没怎么精读,加之年日已久,已经忘得差不多了。周先生本以为,这样的回答可以把自己塑造成一个爱读书、学识渊博、有能力胜任报社主管一职的人。没想到,聪明反被聪明误,在招聘者眼中,周先生不够诚实,不够谦虚,言过其实,甚至有爱吹牛、弄虚作假之嫌。面试结果可想而知,他没有收到录用通知书。

**2. 举行模拟招聘会**

实训目标:锻炼学生自我推销能力,积累应聘经验,掌握应聘礼仪,增强自信心,全面认知自我。

实训学时:2学时。

实训地点:实训室。

实训准备:模拟招聘企业情况、需求岗位、面试问题、面试桌椅等。

实训方法:

(1)选3~4名学生担任某企业面试官,其他同学担任求职者。

(2)面试官先介绍单位及岗位需求情况,然后求职者依次进行1分钟自我介绍,面试官提问,求职者回答问题。

(3)最后教师总结、点评。

**3. 职场沟通模拟训练**

实训目标:培养学生了解沟通的过程和基本技能;培养语言表达能力和沟通能力;通过活动,锻炼提高学生的团队协作意识等其他综合能力。

实训学时:2学时。

实训地点:教室或实训室。

实训准备:

(1)分组,每组4~6人,设1人为组长。

(2)以小组为单位,自主选择一种职场沟通形式。

(3)根据要求各组分配人员角色,讨论设计故事情节,并进行认真准备。

实训方法:

(1)按小组顺序进行模拟演练,演练之前,每组派1人说明本组模拟的职场沟通形式及所要表达的主题。

(2)在模拟过程中,各组成员要认真严肃,尽力扮演好自己的角色,言谈举止符合角色要求。

(3)每组演练后,实训指导教师与学生共同点评。

**4. 一次未开完的会议**

【问题情境】

最近,A公司的客户对产品质量提出了许多批评意见,有的甚至要求退货,形势很严峻。这样的事以前从未发生过,这不但影响到企业的声誉,而且涉及全厂的生产计划。目前,A公司正面临着上半年的工作总结,如果这一环节处理不好,不但企业经济效益要受影响,而且会使全厂上半年的成绩前功尽弃。

问题是从销售部开始的。客户的意见反映到销售部,销售部找到质量控制部,质量控制部的人认为是生产车间的责任,而生产车间认为事情并不那么简单,各部门之间很有扯皮的倾向。为了尽快解决这个问题,厂领导经过商量,决定由销售副厂长主持、生产副厂长辅助,召开由销售部部长、生产车间主任、质量控制部副主任、技术开发部部长、该产品的设计小组负责人等参加的联席会议,会议主题为如何解决这次产品销售中出现的问题。会议通知在两天前经过厂办电话或口头传达到各部门和车间。

参加会议人员的基本情况如下。

销售副厂长,男,49岁,15年厂龄,从销售员工到销售科科长,两年前被提拔为分管销售的副厂长。此人工作经验丰富,善于和人打交道,属于八面玲珑式的人物。

生产车间主任,男,39岁,机械制造专业大学本科毕业,7年厂龄。此人技术过硬,责任心强,工作认真踏实,群众威信很高,性格直爽,快言快语。

技术开发部部长,42岁,20年厂龄,多年从事设计和工艺工作,对全厂的技术状况十分熟悉,工作经验丰富,为人诚实,遇事三思而后行。

质量控制部副部长,女,43岁,夜大毕业,20年厂龄,工作经验丰富,不多管闲事,平时说话不多,对领导唯命是从。

请分组模拟扮演相应角色,组织完成此次会议。

## 课后练习

1. 请分析下面几句面试应答语中的错误。
(1)"我原来那个单位的人际环境太差了,小人太多,没法与他们相处。"
(2)"现在已有多家公司表示要我,所以请你们务必于这个月底之前答复我。"
(3)"我毕业于名牌大学,学的又是热门专业,我是一个杰出的人才,我想实现我远大的理想和宏伟的抱负。"
(4)"我很想知道我如果到你们公司,每个月能挣多少钱?"

2. 日本的一些大公司在招聘人才进行面试时,专门就说话能力规定了若干不予录用的条文。其中有:
(1) 应聘者声若蚊子,不予录用。
(2) 说话没有抑扬顿挫者,不予录用。
(3) 交谈时,不得要领者,不予录用。
(4) 交谈时,不能干脆利落回答问题者,不予录用。
(5) 说话无生气者,不予录用。
(6) 说话颠三倒四、不知所云者,不予录用。
对于日本大公司招聘人才的以上规定你有何看法?

3. 面试官问:"关于工资,你的期望值是多少?"应聘者反问:"你们打算出多少?"如果是你,会这样反问面试官吗?为什么?

4. 根据面试官的提问,分析哪一种应答更能获得赞许。
(1) 没有工作经验,你认为自己符合我们的要求吗?
应聘者1:"可是你们就是来招聘应届大学生的啊。"
应聘者2:"听说有一只幼虎因为没有狩猎经验,而被拒绝在狩猎圈之外,你认为它还有成长的可能吗?"

(2) 为什么你读哲学,却来申请做审计?

应聘者1："你们已经说明'不限专业',所以我想来试试。"

应聘者2："据说外行的灵感往往超过内行,因为他们没有思维定式,没有条条框框。"

应聘者3："我之所以跨专业谋职,是为了给自己提供这样一种动力,终身学习才不会被社会淘汰。"

(3) 你穿的西装好像质地不怎么样啊!

应聘者1："穿着并不影响我的表现,何况我还没工作,买不起更好的。"

应聘者2："昨天我怀揣买西装的钱路过书店,发现两套对我来说至关重要的书,可能会为今天的面试提供帮助,我于是花掉了凑来买西装的钱。"

(4) 假如明天你就要死了,你希望自己的墓碑上刻上一句什么话?

(面试官实际是想问,这一生你希望自己能达到怎样的成就。)

应聘者1："找份好工作,找了好老公。"

应聘者2："我这一生在很多不同行业工作过,这让我很满足。"

(5) 你不认为你做这项工作太年轻了吗?

应聘者1："我虽然年轻,但我有干劲,敢于接受挑战,相信我一定能做得很好。"

应聘者2："事实上下个月我就满23周岁了,尽管我没有相关的工作经历,但我有整整两年领导学校学生会工作的经验。您可以想象,负责管理全校3000多名学生并非易事,没有一定的管理才能和领导艺术,是无法胜任的。所以,我认为年龄固然能说明一定的问题,但个人素质和能力更为重要,因为这是一个部门经理所不可缺少的。"

5. 针对以下情境回答问题。

(1) 王丽下午5点多在报摊上买了份招聘类报纸,查阅到了一个心仪职位。为在第一时间与招聘方取得联系,就立刻拨通了对方电话："喂,请问是××公司吗?我看了报纸,想来应聘……"还没等她说完,对方就表示人力资源部负责人正在开会,且下班时间快到了,没空细聊,但还是记下了她的手机号码,表示第二天会联系她。

从上述案例可以看出,王丽没有在合适的时间找到合适的人,主动致电变为了被动等候,是一次很失败的电话应聘。请你帮助她分析一下正确的电话应聘应注意哪些礼仪要点。

(2) 廖远正在逛街,突然接到某公司的电话面试。此时周围有商场背景音乐和人群的嘈杂声,对面试不利。于是廖远非常礼貌地告诉对方："不好意思,我正在外面,环境比较吵闹,是否能过10分钟给您打回去?"对方应允,并留下电话。

很多企业在收到简历后,为节约时间,首先通过电话面试做初步筛选。电话面试会准备几个目的性问题,用以核实求职者的背景,考查求职者的语言表达能力等。请你分析对于上述的电话面试环节,为获取成功率,我们应预先做好哪些准备工作。

(3) 李明自认第一轮面试回答顺利,应该能收到复试通知。然而3天后仍未接到电话。焦急的他按捺不住致电对方："喂,您好,我是李明,我想请问一下你们第二轮复试是否已经开始?""对不起,我们的复试已经开始,若你没有接到通知,说明没有进入第二轮复试。"公司方简单地回绝了李明。

若没有接到再次参加面试的通知,表示此次应聘失败,即使打电话询问也无可挽回。但是,李明自认为第一次面试给对方留下了非常深刻的印象,且双方交流愉快,想了解应聘失败的真正理由,你能帮助李明想一想应该怎么办吗?

6. 作为大学生,应为走向社会做好准备。从你的暑期打工经历或周围朋友那里收获一些工作中与上级、下属与同事之间沟通的经验,在课堂上讲给同学们听听。

7. 从教师与学生、同事、领导的沟通中体会:①领导如何与下属沟通;②同事之间如何沟通;③下属如何与上级沟通。

8. 设想自己实习或大学毕业来到一个新的工作环境,面对初次见面的领导和同事,应该说的话和说话的技巧。

9. 阅读下面这段文字,然后回答问题。

李颖是一名大学毕业后参加工作不久的"新人"。她做事认真细致,和同事、下属关系都很融洽,可是她不愿意和上司主动交流。她说其实挺欣赏自己上司的,认为他敬业、有才华、对下属负责,但她不知为什么一见上司就底气不足,对于和上司沟通的事能躲就躲。有一次,因为没有听清楚上司的意思,导致上司交给她的工作被耽搁了,上司事后问她:"为什么你不过来再问我一声?"她说:"怕您太忙。"上司很生气地说:"我忙我的,你怕什么?"时间长了,李颖一和上司沟通就紧张,出现脸红、心跳、说话不利索的状态。大家都认为她怕上司,她自己也这么认为。上司看见她这样,也就很少和她单独沟通。一次,晋升的机会来临了,李颖很想把握住这个机会,但她又犹豫了,因为升职后的工作会面临比较复杂的关系,需要经常和上司保持沟通。她觉得自己天生怕领导,因此就错失了良机。

假定你是李颖,会采取怎样的措施挽回这种被动的局面?

10. 假如你是一次会议的主持人,在会议遇到以下问题时,你会怎样处理?

(1) 小王拖拖拉拉,开会总是迟到。

(2) 小张在会上默不作声。

(3) 小刘和老赵在会上就一个观点发生了争执。

(4) 几个与会者在开小会。

(5) 在讨论中,与会者缺乏参与意识。

(6) 大家讨论得很激烈,但在会议结束时,五个议题只完成了两个。

11. 请你借参加一个座谈会的机会,选定一位与会者,观察其在会议沟通时的语言和姿态,运用所学的知识进行分析,并指出其优缺点。

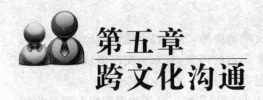
# 第五章
# 跨文化沟通

入境而问禁,入国而问俗,入门而问讳。

——《礼记·曲礼上》

企业管理过去是沟通,现在是沟通,未来还是沟通。

——[日]松下幸之助

## 学习目标

**知识与能力目标**:了解文化的含义及其构成;掌握跨文化与跨文化沟通的含义;掌握跨文化沟通的特点;理解跨文化沟通的主要障碍;掌握克服跨文化沟通障碍的策略;了解主要国家的行为习惯、思维方式和做事方式等;提高跨文化沟通能力,与不同国家的人能够自如地沟通。

**思政目标**:承认文化平等,尊重文化差异,对多元文化及其差异具有敏感性和包容精神,并在行动中予以体现,避免"文化强权",树立社会主义核心价值体系的主导地位。

## 案例导入

### 电影《刮痧》所演绎的文化冲突

故事发生在美国中部密西西比河畔的城市圣路易斯。许大同来美国八年,事业有成,家庭幸福。在年度行业颁奖大会上,他激动地告诉大家:我爱美国,我的美国梦终于实现!但是,随后降临的一件意外,却使许大同如梦初醒。

五岁的丹尼斯闹肚子发烧,在家的爷爷因为看不懂药品上的英文说明,便使用中国民间流传的刮痧疗法给丹尼斯治病,而这就成了丹尼斯一次意外事故后许大同虐待孩子的证据。

法庭上,一个又一个意想不到的证人和证词,使许大同百口莫辩。而以解剖学为基础的西医理论又无法解释通过口耳相传的经验中医学。面对控方律师对中国传统文化与道德规范的"全新解释",许大同最后终于失去冷静和理智……法官当庭宣布剥夺许大同的监护权,不准他与儿子见面。

恼怒的许大同与朋友昆兰之间产生误解和冲突,为让儿子能留在家里得到母亲的照顾,许大同搬出了家;父亲也决定回国,为了让老人临行前再见一面孙子,许大同从儿童监护所偷出儿子丹尼斯到机场送别。受到通缉的许大同带着儿子逃逸,和大动干戈围追堵截的警察兜圈子,玩了一场追车游戏,"从容地"在逃亡中享受父子团聚的片刻快乐。

父子分离,夫妻分居,朋友决裂,工作丢失……接连不断的灾难噩梦般降临,一个原来美好幸福的家庭转眼间变得支离破碎,努力多年,他以为已经实现了的美国梦,却被这场从天而降的官司彻底击碎。贫民区的破旧公寓里,偷偷相聚的许大同夫妇借酒浇愁,抱头痛哭。

圣诞之夜,许大同思家团圆、盼子心切,只有铤而走险,装扮成"圣诞老人",从公寓大厦楼外的水管向高高的十楼——自己家的窗户悄悄爬去,结果引得警车呼啸而至……

【问题】
(1) 导致许大同沟通失败的主要原因是什么?
(2) 什么是跨文化沟通?

随着世界经济的日益全球化,我们必然会面临跨文化沟通的问题。无论是在进入国内市场的外资企业,还是在为寻求市场多元化、开拓国际市场的跨国企业,相关人员都必须掌握跨文化沟通的技能。虽然我们所处的地球已经变成一个"村落",而且由于现代通信技术和交通的发展,"村民"之间的彼此交往也变得很容易,但是沟通障碍和冲突却时有发生。这其中的原因很简单:全球范围内,信息和技术可以共享,但是文化却彼此不同。各民族的文化迥异,家庭、习俗、思维、价值观等也互有差异,沟通时便会产生困难和误解。因此,学习跨文化沟通技巧对不断走向国际化的每个中国人都显得异常重要和迫切。

# 第一节 文化与跨文化沟通

## 一、文化的含义及其构成

### 1. 文化的含义

"文化"一词,在德文中为Kultul,在英文中为Culture,它们都源于拉丁文Cultura,意为耕作、培养、教育、发展、尊重。18世纪以后,其含义逐步演化为个人素养,整个社会的知识、思想方面的素养,艺术、学术作品的汇集,以及引申为一定时代、一定地区的全部社会生活内容。最先给文化下定义的是英国的人类学家泰勒,他认为,文化和文明就其广泛的人种学而言,是一件复杂的整体,包括知识、信念、道德、风俗及作为社会成员的人所获得的才能与习惯。

到了现代,关于文化这一概念的定义更加多样。据学者们统计,到21世纪初,仅用英语下定义的文化就达160多种。许多管理学家对文化比较一致的看法是:文化就是人们的生活方式和认知世界的方式。人们总是遵循他们已经习惯了的行为方式,这些方式决定了他们生活中特定规则的内涵和模型,社会的不同就在于它们文化模式的不同。从一般意义上说,文化可以定义和表示为人们的态度与行为,它是由一代代传下来的对于存在、价值和行为的共识。

**2. 文化的构成**

美国著名组织行为学家薛恩在其名著《组织文化与领导》中,将文化分解为三个由表象至基础的层面。在创建组织文化时,人们是由基础往顶层砌筑的;但在认识它时,却是由可见的表层,逐层深挖到它隐含的基础去的。这三个文化层面就是:①表层。包括一些可见的事实,如成员的行为模式,许多有形的但具有象征性标识意义的事物。如企业使命说明、口号标语、礼仪典章规范等可以感知的软件和硬件等。②中层。包括群体或组织共同信奉与提倡的精神、原则等,是对表层所含内容的解释与说明。③基础(核心)层。这是那些人们外显行为的基本假设和理念。

许多跨文化管理专家从文化的三个层次角度出发,把文化比喻成冰山的尖顶,但它们处在某些"不可见"的支撑物之上,而支撑物又隐藏在表面之下,就是价值和假设。

价值是一种文化中的人们所具有的社会上得体与不得体的准则。换句话说,价值指明哪些行为是合适的,哪些是不合适的。文化的价值从一代向另一代传递。人们从出生之时就开始学习文化的价值。随着时间的推移,这些价值不断通过父母、教师、同伴、媒体等得以强化。

价值起源于社会成员对生活的假设。人类学家认为,一个社会具有的假设来自社会适应它周围的世界的尝试。随着时间的推移,通过实验性地分化为哲学、方法和观念,这些有关生活的基本假设出现了。我们与文化背景不同的人相处时,引发问题的诱因也多为文化中被深藏的一面,如价值观、信仰、思考及沟通模式等。这些看不见的文化差异,往往在跨文化关系中体现出来。

**【小案例】**

**咖啡里的苍蝇**

几个人到咖啡馆喝咖啡,发现咖啡里有苍蝇。第一个发现的是英国人。这个英国人一声不响地站起身来,掏出钱放在咖啡杯下,扬长而去。第二个是日本人。日本人拍案而起,把领班臭骂了一顿,并扬言要教会他们如何管理企业。第三个是美国人。美国人舒舒服服地靠在椅子上,叫来女招待,笑眯眯地说:"小姐,在美国,苍蝇是单独放在碟子里,和咖啡、伴侣、奶、糖一起送上来的,顾客自己放,想要多少就放多少。"第四个是中国人。中国人大吼一声:"搞什么名堂!去,叫你们领导来。"

**【问题】**

(1) 不同国家的人面对咖啡里的苍蝇,其反应为什么不尽相同?

(2) 请挖掘不同民族"文化性格"的差异性,从中深刻领悟跨文化沟通的重要意义。

## 二、跨文化与跨文化沟通

**1. 跨文化**

文化若按层次分类,可分为国家文化、组织文化和个人文化。国家文化也可细化为民族文化、地域文化等。跨文化又叫交叉文化,是指具有两种及两种以上不同文化背景的群体之间的相互作用。一般而言,跨文化管理问题的成因是国家文化、地域文化、组织文化、个人文化等文化元综合作用的结果,但必有一个文化元居主导影响地位。当双方企业都有自身的组织文化时,企业文化很可能是造成跨文化管理障碍的主导文化元,因为它是其他文化元的缩影。当双方企业没有自身的组织文化时,民族文化、地域文化、个人文化可能会是跨文化管理障碍的主要形成因素,至于是哪种文化,须具体情况具体分析。

当同一国家的不同企业实施合作性经营时,构成文化的文化元主要是地域文化、组织文化。

当不同国家的企业开展合作性经营时,构成跨文化的文化元主要是国家文化、民族文化。

**2. 跨文化沟通**

跨文化沟通是指发生在不同文化背景的人们之间的信息和情感的互相传递、交流和融合的过程。文化在很大程度上影响和决定了人们如何将信息编码,如何赋予信息以意义以及是否可以发出、接收、驾驭各种信息。在跨文化沟通中,由于信息的发送者和信息的接收者为不同文化的成员,在一种文化中的编码,要在另一种文化中解码,因此,整个沟通过程都受到文化的影响。

【小案例】

**双 语 商 标**

作为北美最大的棉制服装进口商,多伦多北方服装公司急需从中国进口男式衬衣。公司的副总彼得·马丁了解到常青服装厂是广州一家很大的服装生产商,专门向美国市场供货。

经过大量联系工作之后,彼得·马丁飞到广州,想和常青服装厂确定一份购买 96000 件衬衫的协议。同常青服装厂的商讨进行得十分顺利。彼得和常青服装厂的人员花了一个星期的时间来商量布质构造、型号、颜色、包装、发货、价格、支付条件和其他细节问题。冗长的谈判使彼得很疲惫,他盼望尽快签约。但就在这时,彼得突然想起常青服装厂还没有向加拿大出口过产品,可能对加拿大的商标要求不太熟悉。于是他向对方解释说,向加拿大出售的所有服装的商标都必须有英文和法文的双语说明。这个消息让中方有些担心,因为他们当中没有懂法语的人,所以非常希望采用中英的双语商标。常青服装厂王经理笑答道:"马丁先生,恐怕提供英法双语商标有点困难,这个问题得再研究一下。"彼得说:"请您理解,我们确实没有其他选择——这是法律的规定。"和谈判小组里的人简单商量了一下之后,王经理又笑着说:"马丁先生,我们会仔细考虑您的要求。恐怕确实很困难,但当然了,我们常青服装厂会尽力的。"终于解决了最后的细节问题,彼得松了一口气,签订了购买合同,同王经理正式告别。7 个月之后,彼得接到了公司库房质量控制经理的电话:"马丁先生,出了点问题。你知道我们从中国进口的那 96000 件衬衫吧,这些衬衫上有双语商标,但是中英文的!"彼得愣住了。他一直认为常青服装厂已经同意提供英法双语商标。

【点评】 产生上述问题的原因并不是中国人不讲诚信,而是源自双方对对方文化的误解,中国人没能真正理解双语商标对加拿大人的重要性;而加拿大人不能理解,中国文化里的"尽力"并不是一种真正的承诺,而是一种委婉拒绝的表达。

### 三、跨文化沟通的特点

跨文化沟通具有以下特点。

**1. 文化的共享性差**

在一种文化中编码的信息,包括语言、手势和表情等,在某一特定文化单元中有特定含义;传递到另一文化单元中,要经过解释和破译,才能被对方接收、感知和理解。跨文化沟通中,沟通双方来自不同的文化背景,其各自文化中的认知、规范、语言和非语言符号系统的相似与不同混淆在一起,文化共享性差。当双方对文化信息加以编码、进行交流时,就会发生障碍。

【小案例】

#### 杨澜陈述的修改

在 2001 年的北京申奥陈述中,杨澜当时准备一开始就谈电影《卧虎藏龙》。一来在中国文化中,"龙"含有褒义,"生龙活虎""龙腾虎跃"等成语就是其体现。龙在中国还曾是帝王的象征,皇帝被称为"真龙天子"。二来想一语双关地说中国也是卧虎藏龙的。但是北京申奥团所聘请的澳大利亚专家指出,龙在西方并不是正面的形象。在《圣经》中,龙即是恶魔,是邪恶和恐怖的象征。于是,在最终陈述时,杨澜就改成这样一段话:"早在 11 世纪,也就是中国的宋朝时,便有一种运动开始流行起来,甚至有许多妇女也参加了进来,那便是蹴鞠。"同时,在幻灯片中展示了一幅几名女子正在踢球的宋代古画。这时,杨澜也开了个玩笑:"现在你们应该知道我们的女足为什么会那么出色了吧!"说到这儿,听众席上一下子就笑了起来,沟通也收到了良好的效果。

【点评】 杨澜的陈述,原先打算着重谈"龙",但龙在《圣经》中是恶魔的象征,与西方的公众缺少文化共享性;后改为介绍"蹴鞠",取得了良好的沟通效果。

**2. 各种文化的差异程度不同**

两种文化的相似程度对理解跨文化沟通有重要意义。在跨文化沟通中,各种文化的差异程度不同,产生误解的可能性大小也不同。人们具有的共性越多,沟通中遇到的挫折也就越少;反之,则越大。

【小案例】

#### 你怎么会笑得出来

一个中国的小伙子陈俊,在一家美国驻中国的公司当部门经理。前不久他在工作中出了差错,准备去向总经理皮特道歉。在得到允许后,陈俊进入老总的办公室,还没开口就赔上笑脸,在他诚心诚意道完歉后,刚进门时的微笑一直挂在脸上。皮特望着陈俊的笑脸,说道:"真的吗?""绝对!我保证!"陈俊说着脸上的笑容更加明朗。皮特说:"对不起,我无法接受你的道歉,我看不出你有什么不安!"陈俊的脸通红,他急切地想要皮特明白自己的意思,强作笑脸说:"相信我,我一定改过。"皮特更火了,说:"如果你是真的难过,你又怎么会笑得出来呢?"

【点评】 中国小伙子陈俊在工作中出了差错,诚心诚意道歉,得不到美国总经理皮特的谅解;而皮特认为你既然是诚心诚意道歉,但他看不出你有什么不安,还认为你怎么笑得出来。这显然是双方的文化差异所致。

### 3. 无意识的先入为主

在跨文化沟通中,人们往往在缺乏对对方文化背景了解的情况下,就无意识地用自己文化的标准去衡量和评判对方的行为。对差异文化的成见与偏见,往往是由无意识的先入为主带来的。

【小案例】

#### 随意竖大拇指的教训

有一次,布什总统访问澳大利亚,一切圆满,可是他在向澳大利亚的欢送者告别时却竖起了大拇指,这引起了一个不大不小的问题。对美国人来说,这是友好、赞誉的表示,而澳大利亚人却认为是猥琐的动作。

小布什习惯地竖起大拇指,想不到引起了澳大利亚人的反感。

### 4. 误解、矛盾与冲突增多

由于上述 3 个特点,跨文化沟通的误解、矛盾和冲突增多了。在不同类型、不同层面的沟通中,误解、矛盾和冲突时有发生。

【小故事】

#### 关键词语的误解

1980 年年初,联合国秘书长德奎利亚尔飞抵伊朗协助解决人质危机问题,伊朗的媒体播放了他抵达德黑兰机场时发表的讲话。其中有一句是这样讲的:"我来这里是以中间人的身份寻求某种妥协的。"讲话一经播放,他立即遭到强烈的抵制,甚至连他的座驾也受到了石头的袭击。产生冲突的原因是秘书长忽视了"中间人"和"妥协"两个词在波斯语中的含义:"中间人"是指"爱管闲事的人","妥协"是指一个人的美德被折损了。这样讲,当然会引起误会。

【点评】 德奎利亚尔所用的"中间人""妥协"是中性词,而在波斯语中带有明显的贬义,这是这位联合国秘书长始料未及的,无形中伤害了伊朗民众的感情。

## 第二节　跨文化沟通的障碍及克服的方法

### 一、跨文化沟通的障碍

跨文化沟通的障碍主要体现在以下方面。

**1. 认知层面**

来自不同文化背景的管理者和员工在沟通时,常常建立在自己的认知层面上,正是这些看似合理的认知常常导致跨文化的沟通障碍。

(1) 类我效应。从沟通的角度来说,即人们不管文化、情境如何,总是假定他人与自己有相似的思维与行为。这种常常以自己的文化规范和标准作为参照系,去评估另一种文化中的人的思维方式与行为习惯的做法非常普遍。其实人与人之间是存在差异的。

(2) 首因效应。"第一印象"固然重要,但在跨文化背景下,会成为知觉障碍的主要原因。人们之所以重视第一印象,是因为在自己熟悉的环境中,经验的重复出现及人们具有某些规则性的行为表现,为人们的判断提供了可借鉴的先例。但是,在跨文化环境中,如果仍然相信自己的第一印象,就会导致先入为主的错觉。

**2. 语言层面**

不同的语言源于不同的文化,每种语言都有其独特的文化内涵。在跨文化沟通中,语言的多样性与复杂性常常是造成沟通障碍的主要原因。沟通中语言的障碍,常常表现在语义和语用两个方面。

(1) 语义方面。我国一家生产"白象"牌电池的企业在进军国际市场时,把其品牌直接翻译为 white elephant,致使该产品在国际市场上无人问津。因为 white elephant 在英语中是"无用"的意思。这一例子告诉我们,即使是相同的语言,在不同的文化中可能就有不同的语义。

(2) 语用方面。不同的语言有不同的语用规则,忽视规则的差异性,在跨文化沟通中同样会引起沟通的障碍,产生不必要的误会和矛盾。

【小幽默】

哪里,哪里

有一次,中国某企业家携夫人访问美国,美方人员在机场迎候时说:"Your wife is very beautiful."(您的夫人非常漂亮。)国内企业家说:"哪里,哪里。"不料美方译员的中文水平不高,直译为:"Where? Where?"逼得美方接待人员抓紧说:"Everywhere."(到处都漂亮。)结果使得双方都很不痛快。

【点评】　从这则笑话我们看到,一开始美方人员就按自己的文化习惯说话,可这对中国人来讲不妥(因为中国人不喜欢别人评论自己的妻子)。而我国企业家的回答则正好反映了中国人这种表示谦虚的文化心理,结果双方都按自己的文化习惯说话,造成误解。如果美方一开始按照中国人的方式来问候,如"一路辛苦了",或者我国企业家听到问候后回答:"Thank you."(谢谢。)就不会产生误解了。

### 3. 非语言层面

在跨文化沟通中,人们更多地根据非语言沟通形式。不同文化背景的国家对非语言的使用偏好不同。在高情境文化的国家,沟通双方非常重视非语言沟通,而在低情境文化的国家,人们较多地使用直接性的沟通方式,运用大量明确清晰的语言传递信息。不同文化背景的个人,对相同的非语言表达形式的理解也存在差异。例如,掌心向下的招手动作,在中国主要是招呼别人过来,在美国是叫狗过来;OK 手势在美国表示"同意""顺利""很好"的意思,而在法国表示"零"或"毫无价值",在日本表示"钱",在泰国表示"没问题",在巴西表示粗俗下流;绝大多数的国家都是以点头方式来表示赞成,但在印度、尼泊尔等国则以摇头表示肯定,即一面摇头,一面微笑表示赞成、肯定之意。因此,如果双方缺乏对对方文化背景的了解,就会造成沟通障碍。

【小案例】

尴　尬

一个美国商人到某东南亚国家去和一位当地同行谈生意,商谈进展得很顺利,双方都感到满意。

在会谈休息时,两个人站着闲聊。那位东南亚经理认为,既然双方已经彼此认识,两个人应该站得更近一些,以表现出双方关系的亲密度。因此,他向那位美国经理靠近了一些。那位美国经理对此感到惊讶,但他转念一想:这或许是东南亚经理无意间的举动。因此,他不动声色,只是稍微后退了一点以保持距离。那位东南亚经理对那位美国同行悄然后退同样感到吃惊,他认为那位美国同行并没有理解他的好意。于是他决定再向前移动一步,以表示他的诚意。然而他的移动使那位美国经理感到不安(甚至有点不高兴)。由于这是他首次到这个东南亚国家做生意,他不希望因为区区小事而破坏了这次谈话的氛围,使双方尴尬。于是,他再次悄悄地向后退去。就这样,东南亚国家的经理的向前移步和美国经理的后退行为重复了多次,直到那位美国经理的背碰到了墙——他再也无法后退了。两位经理对这一情形都感到非常沮丧,但他们谁也弄不明白为什么对方会对两人间的距离采取相反的行为。

【点评】 这位美国商人与这位东南亚商人都觉得尴尬,其主要原因是不同文化对身体接触的关注程度不同:东南亚国家的人喜欢近距离接触对方,称为接触文化;美国人多数不喜欢近距离接触对方,称为非接触文化。这是非语言的距离因素所造成的沟通障碍。

### 4. 沟通风格层面

虽然全世界人们的沟通过程基本是相同的,但不同文化背景下人们的沟通风格却具有很大的差异。所谓沟通风格,就是人们在沟通过程中将自己展现给对方的方式:包括自己喜欢谈论的话题,最喜欢的交往方式,如礼仪、应答方式、辩论、自我表白及沟通过程中双方希望达到的深度等,还包括双方对同一沟通渠道的依赖程度(即靠语言或非语言),以及对相同意思的理解主要是靠信息的实际内容还是靠情感的内容等。

跨文化沟通是一个双向的、互动的过程,如果相互之间的沟通风格不同,就可能给沟通带来问题。如在对强烈情绪的表露方面,美国人喜欢通过交谈、辩论来发泄心中的积愤和澄清事实,而地中海地区的许多国家则倾向于使用身体语言,如用哭来表达强烈的情绪。在另外一些国家,如日本人就不喜欢向别人表露自己的情绪。

【小案例】

海尔在美国的成功

海尔在美国南卡罗来纳州开厂的成功,事实上在很大程度上得益于跨文化团队建设的成功。该公司在南卡罗来纳州的工厂的大多数员工为美国人,只有工厂的总经理、1名助理和6名工程师来自中国。美国《财富》杂志这样报道海尔在南卡罗来纳州的工厂:中国管理团队的特点是依靠领导,而美国人习惯的团队是双向沟通,即领导和成员不断交换意见、信息和建议。如何融合这两种看似很不相同的管理风格虽然困难,但可以达成。海尔带来了自己的风格,愿意根据美国员工的特点和需求对原有风格加以调整,从而使跨文化团队有效地建立起来。

**5. 价值观层面**

价值观代表着基本的信仰:个人或社会接受一种特定的行为或终极存在方式,而摒弃与其相反的行为或终极存在方式。价值观是文化的重要内容,既是反映民族性格的基础,也是一个民族的文化核心。价值观对人的沟通产生深刻影响,不同文化背景的人具有不同的价值观,即使在同一文化内,人的价值观也不尽相同。不了解对方的价值观,势必造成跨文化沟通障碍。

【小贴士】

东西方文化在价值观上的突出差异

(1) 在年龄观念上,东方尊重长者,而西方重视青年。

(2) 在个人观念上,东方主张"无我",从众心理严重;而西方强调"自我",竞争欲望强烈。

(3) 在成就观念上,东方侧重守业,表现出集体精神;而西方追求创业,个人利益为先。

(4) 在管理观念上,有以下3种管理的差异。①人事管理。西方以个人为本位,强调能力第一;东方以人伦为本位,强调德行第一。由于标准不一,双方所起用的人往往因得不到对方的充分认可而产生较多冲突。②目标管理。西方的时间观与效率观和东方的时间观与效率观也有很大差异。③交际管理。东方的谦虚,可能被西方视为"无能";西方的干脆,可能被东方视为"冷漠"。东方的热情,可能被西方视为"烦琐";西方的许诺,可能被东方视为"有诈"。

### 6. 民族优越感层面

当人们相信本国的各项条件最优时,这时就出现了民族优越感的倾向。在每一种文化中的大多数人,都会无意识地形成自己的民族优越感。民族优越感之所以对跨文化人际沟通造成障碍,主要是因为:第一,对自己文化的民族优越感信念,会形成一种狭隘性和防御性的社会认同感;第二,民族优越感会以一种定型观念来感知其他文化;第三,民族优越感会使沟通者将自己的文化与别的文化对比时,总认为自己的文化是正常的、自然的,而别的文化是不正常的,其结果总是吹捧自己的文化而贬低别的文化。

【小案例】

#### 迪士尼兵败巴黎

1955年,迪士尼主题公园在美国加州开放;1972年,迪士尼主题公园在佛罗里达州建成;1983年,迪士尼主题公园在日本东京取得经营上的成功……接二连三的成功,使迪士尼公司的管理者头脑发热了,企图将这些套路搬到法国。

占地5000英亩、投资44亿美元的迪士尼主题公园于1992年在法国巴黎正式开放,结果第一年就亏损了9亿美元。迪士尼公司这只"机灵的米老鼠"最终在欧洲人面前栽了跟头,主要原因是文化上的冲突。

在选址上,迪士尼公司没有慎重考虑巴黎人的民族情结。法国是一个具有悠久历史的国度,为了保持民族文化的纯洁度,对外来文化持抵触态度,美国人说"将欢乐送到欧洲人的家门口",人家却说是"对欧洲文化的污染"。

在决策上,错把巴黎当加州,没有考虑欧洲人的休闲爱好。迪士尼主题公园中不准饮酒的规定,引起了午餐和晚餐都要饮酒的欧洲人的不满;欧洲人喜好在宁静的乡村消磨假期,与热闹非凡的迪士尼主题公园格格不入。

### 7. 文化成见层面

文化成见是一种描述,表现的是一个群体的思维特征,它作为一种区分文化差异的手段,为人们了解不同的文化提供了一种便捷的方法。但文化成见最大的害处就是过分的简化和类化,往往造成刻板的、以点带面、以偏概全的错误。文化成见之所以会阻碍跨文化沟通是因为:第一,它假设一个群体中的所有成员都具有相同的特征,忽视了个体的特点和差异性;第二,由于过度地简化、类化和人为地夸大或缩小,使沟通者之间不能进行成功的交流;第三,由于不断地重复和强调,会使某种定型观念变为"真理",从而阻碍跨文化沟通。

【小案例】

#### 日本公司的成见

20世纪30年代,一家日本公司从美国进口一台工业机床。一个月后,美国厂商收到日本公司发来的电报:"机床无法使用,请速派一位调试员协助调试。"

美国厂商马上派一位专家去日本帮助调试,但日本公司很快又发来一封电报:"贵方派来的调试人员太年轻,请重新派遣一位有丰富经验的调试人员。"

美国厂商的回复出人意料:"请贵公司放心接受该调试人员的服务,该调试人员是贵公司所购机床的发明人。"

这是日本公司的成见,在事实面前日本公司哑口无言。

## 二、克服跨文化沟通障碍

克服跨文化沟通障碍应采用以下做法。

### 1. 加强学习,合理预期

通过加强跨文化沟通对象的语言学习和非语言学习,对其他文化的背景形成合理的预期,从而正确地认识其他文化的特点。

首先,语言学习上要求能流畅地运用其他文化的语言沟通,主要是英语,消除语言给沟通带来的障碍;其次,要学习该语言的语义和正确用法,了解在其他文化背景下所代表的特殊含义,只有这样才不会用错语境,避免错误的语义带来不必要的误解和损失。

非语言学习包括肢体语言以及国际商务的基本礼仪,要了解常用的问候方式,如握手、鞠躬、双手合十等的正确含义。

除此之外,还要学习该民族的文化、历史、人文等社会知识,全方位了解其他文化的丰富内涵,只有这样,才能在其他的文化背景下沟通应对自如。

### 2. 加深理解,排除成见

要理解对方文化,首先,要承认不同的个体及不同的文化之间存在着许多差异。认识到这种差异的存在及其特性,并积极接受这种差异,才能加深对其他文化的理解;其次,要正确认识自己,消除优越感和种族中心主义的偏见,消除自我与环境相分离的状态,文化没有高低贵贱之分,要学会尊重对方的文化,不要以自身的文化标准来判断他人的行为;最后,要站在他人的立场上看问题,要有一种"换位"意识,排除对异质文化各种成见的干扰,设身处地地站在他人的角度去理解文化现象。只有客观、公正、全面地认识和理解异质文化,尽量使不同文化相融合,才能消除跨文化沟通过程中的种种文化因素障碍,促进沟通双方的交流与协作,减少由于文化冲突而带来的组织关系的不和谐。

### 3. 求同存异,弱化冲突

在跨文化沟通中,各种文化之间的差异是客观存在的,这是我们进行跨文化沟通的前提。为了有效地进行跨文化沟通,避免无谓的价值冲突、无效沟通或沟通误会,正确对待文化差异是一种基本要求。要做到正视差异,求同存异,应该做到首先要准确地诊断文化冲突产生的原因;其次,要洞悉文化的差异以及文化多样性所带来冲突的表现状态;最后,在明晰冲突源、个人偏好和环境的前提下,必须能够选择合适的跨文化沟通方法和途径。

具体地讲,在沟通实施前,沟通双方至少应当了解沟通双方文化差异,并做好相关的心理准备,而且了解得越多、越详细越好。在沟通过程中,应尽可能地采取灵活的沟通措施,要能够准确地找出沟通障碍,并且尽可能地把原则性和灵活性统一起来。在沟通结束后,应尽力总结沟通的经验和教训,从中探讨相关的沟通规律。

## 【小案例】

### 周总理与罗杰斯

1971年,美国总统尼克松访华时,就在《中美联合公报》发表的前两天,美方内部突然出现了问题,罗杰斯国务卿反对发表这个公报。周总理知道,根据美国的宪法,国务卿不同意就麻烦了。周总理也清楚,罗杰斯的生气,是因为觉得尼克松一直没有把他当成一个很重要的人物看待,一切都是尼克松自己来主持。于是,周总理当即决定亲自去拜访国务卿罗杰斯。这种情况也许是历史上根本没有过的,一个国家的总理到另一个国家国务卿的房间去跟他交谈。罗杰斯的助手开门,见是周总理只带一名翻译来访,十分惊异。这时美国国务院的一帮人已经聚集在罗杰斯这里。他们都只穿一件衬衫,有的还挽着袖子,正在激烈地讨论什么事。见到周总理,他们都不知所措,急急忙忙找他们的领带和西服上装。周总理神态自若,说大家随便,很抱歉未事先打招呼就来了,只是想看望一下罗杰斯国务卿,表示慰问。接着周总理说,罗杰斯为打开中美之间的民间交往做了很多工作,我们很感谢。希望尼克松总统访问后进一步加强两国关系。周总理巧妙地对罗杰斯晓以大义,表示《中美联合公报》对中美双方的重要性。罗杰斯自然懂得周总理的意思,而且周总理亲自来访也给了他很大面子,因此也就顺水推舟说了些友好的话,没有与周总理争辩。美国方面内部在《中美联合公报》上的一场尖锐矛盾和斗争由周总理出面缓解了,使得当天下午公报得以顺利发表。

【点评】 中国人最爱面子,美国人也爱面子。在《中美联合公报》即将签署的前夕,周总理洞察一切,主动沟通,拜访罗杰斯国务卿,给足了面子,罗杰斯受到了极大的尊重,公报及时签署了。

#### 4. 取长补短,开放包容

坚持"属地原则",即"入乡随俗",以开放包容的心态,迎合沟通所在地的文化习惯。在进行跨文化沟通时,从有利于沟通的角度出发,可以有选择地在饮食、着装、礼仪等方面考虑迎合属地文化。属地文化的选择要使对方产生亲切感、建立友谊与合作关系。但同时要坚持"适度原则",即跨文化沟通的过程中要做到既不完全固守,又不完全放弃本土文化,力求在本土文化和对方文化之间找到平衡点,要把握好"度","过"或"不及"都会给跨文化沟通造成障碍。

#### 5. 认真倾听,讲究方法

认真地倾听是获得有效沟通效果的前提。在不同文化之间的人们进行沟通时,认真倾听对方,不但能够表现出对对方的尊重,而且也有助于准确把握和了解对方的意思与态度。可以使用以下方法改善跨文化沟通的倾听技能,强化跨文化沟通的成效。

(1) 沟通双方的彼此尊重,特别是尊重对方的文化及特殊的思想与情感表达方式。
(2) 沟通过程中要有耐心。
(3) 以一种友好和坦率的方式向对方提出问题,并充分考虑对方的文化特点。
(4) 合理地使用各种非语言的表达方式。
(5) 沟通过程应当注重信息的描述,而不是解释与评价。

## 【小贴士】

### 自我文化意识评估

通过对自我的文化意识进行评估来帮助了解跨文化沟通的相关知识,具体内容如表 10-1 所示(请给出下列 10 个因素中每一个因素的定性评价,在后面的答案中填上最能代表自己情况的选项)。

表 10-1  自我文化意识评估

5—很符合;4—较符合;3—基本符合;2—偶尔符合;1—基本不符合

| 序号 | 问题 | 你的答案 |
|---|---|---|
| 1 | 当来自其他文化的人告诉我,我所在的文化怎样影响他们时,我倾听他们的诉说 | |
| 2 | 我意识到来自其他文化的人有能够带入我的生活和工作场所的新观点和看法 | |
| 3 | 我向来自其他文化的人提供关于如何在我所在的文化中获得成功的建议 | |
| 4 | 即使在我所在的文化中其他人反对时我也对人们提供支持 | |
| 5 | 我意识到我所在的文化之外的人可能会被我的行为所冒犯,我问过人们我所做的或所说的事是否冒犯了他们并在任何必要的时候进行了道歉 | |
| 6 | 我意识到当我受到压力时我可能使自己和自己的文化变得正确而使企业文化变得错误 | |
| 7 | 我尊重上级,不管其来自哪里,我不会为了尝试和运用自己的办法而越过来自自己所在文化的某人的领导而与其交谈 | |
| 8 | 当我处于一个混合的公司之中时,我与每个人融合,我不仅仅与来自自己所在文化的人在一起,或只与来自主流文化的人在一起 | |
| 9 | 我不局限于用自己的固有方式来与主流文化之外的人共同工作,并招聘、选择和培训或提升他们 | |
| 10 | 当我所在的文化中的人开其他文化群体的玩笑,或以否定的口气谈论他们时,我让他们知道我并不喜欢那样 | |

自评答案及评分标准:对选择的答案分数进行统计,分数在 10～30 分表示自我文化意识较弱;分数在 30～40 分表示自我文化意识一般;分数在 40 分以上表示自我文化意识很强。[1]

# 第三节  与不同国家人的沟通

## 【小案例】

### 善于沟通的船长

一群商人在一条船上谈生意,船在途中出了故障,必须让一部分人先跳下去,才能不下沉。船长命令大副赶快通知各位先生穿好救生衣从甲板上跳下去,可是谁也不愿

---

[1] 王瑞永.管理沟通——理论、工具、测评、案例[M].北京:化学工业出版社,2014.

意跳。

怎样才能说服这些人跳船呢？老于世故的船长深知这些人的文化背景，于是，转过身来对一名英国商人说："跳水是一项体育运动。"英国商人听罢，纵身跳入水中，因为英国人一向喜爱体育运动。

他对法国商人说："跳水是一种时髦，你没看见英国人已经跳下去了吗？"法国人爱赶时髦，也随之跳进水中。

船长面对德国人，表情非常严肃："我是船长，现在，你必须跳水，这是命令！"德国人一向遵守纪律，服从了船长的命令，也跳进了水中。

接着，船长走到了一向具有逆反心理的意大利人面前，大声地说："乘坐别的船遇险可以跳水，但今天你乘坐的是我的船，我不允许你跳水！"对于意大利人来说，你越不让我跳，我非跳不可，于是也纵身跳进水中。

还剩下一个美国人和一个中国人，只见船长对美国人说："我这只船已办理了人寿保险，跳吧，没你亏吃！"美国人一向非常现实，听罢跳进水中。

最后，船长转向中国人说："先生，听说你家里有一位80岁的老母亲，你不逃命，对得起她老人家吗？"中国商人听罢也跳进了水中……

**【点评】** 这位船长是多么善于与不同国家的人进行沟通啊！正因为他了解他们的不同文化背景，懂得他们的不同需要，才获得了与他们沟通的成功。

时刻牢记"入国问禁，入乡随俗"；花点时间，学点沟通对象的母语；按照该国习惯，学会正确称呼对方；跟外商沟通前，每次都要考虑其文化背景、价值观及其对将要涉及的问题所特有的心理期待。

## 一、与法国人的沟通

法国人大都重视个人的力量，很少有集体决策的情况，这是由于法国人的组织机构明确、简单，实行个人负责制，个人权力很大。在商务谈判中，也多是由个人决策负责，所以谈判的效率也较高。即使是专业性很强的洽商，他们也能一人决策。

法国人喜欢建立个人之间的友谊。谈判专家认为，如果你与法国公司的负责人或洽商人员建立了十分友好、相互信任的关系，那么你也就和他们建立了牢固的生意关系。同时，你也会发现他们是十分容易共事的伙伴。在实际业务中，许多人发现，与法国人不要只谈生意上的事，适当的情况下，与法国人聊聊社会新闻、文化、娱乐等方面的话题，更能融洽双方的关系，创造良好的会谈氛围。

法国人坚持使用法语。法国人具有一个人所共知的特点，就是坚持在谈判中使用法语，即使他们英语讲得很好也是如此，而且在这一点上很少让步。

法国人喜欢严格区分工作时间与休息时间。每年8月是法国人度假的季节，在此期间，全国上下各行各业的职员都会休假，这时候如果你想和他们做生意是徒劳的。法国人很注意生活情调，他们把在优美环境中的会面小酌、喝咖啡看作是交友的好时光，也是一种令人舒心的享受，此时谈生意可真不合时宜。

法国人可不像中国人习惯于在餐桌上谈生意，这种习惯在法国会碰壁。

法国人的自我感觉很好，但一味奉承法国人反而会被看不起；无论是对人，还是对事,若能有根有据地指出其缺点、不足,反而能获得法国人的尊敬。

法国人要求别人赴约一定要准时,而自己却常常迟到。如果有求于法国人,自己应及时赴约;对方若迟到,不必感到意外,因为这种坏习惯为普通法国人广泛接受。另外应注意,在法国,越有身份的人参加活动时越晚出现,以此表明其身份。

与法国人交往,应注意穿衣。应根据不同的场合、活动选择合适的衣服。如果始终穿同样一套衣服经历很多活动、很多天数,则会被小觑。

法国人喜欢追求完美,所以爱抱怨、发牢骚。对于这种好上加好的要求,我们可表示理解,如果真的不能做得更好,那就随他去——抱怨之后,他就会忘了一切。

美国人表示OK的手势在法国表示一文不值,千万别误解。

【小案例】

### 法 国 老 板

康尼曾在一家法国制药公司担任人力资源部经理。法国老板对前台小姐罗斯总是迟到颇有微词,他找到康尼,要求她想办法"惩罚"一下罗斯。接到命令的康尼详细制定了一份严格的上下班时间规章制度。可是交到老板手中时,这个法国人连连摆手:"不行!不行!这是管理幼儿园小孩的方法,对员工怎么能用这种方法?"

康尼奇怪地说道:"既然要管理迟到,就需要统一的标准。没有标准,如何判断、管理和处罚?再者你的助手凯文迟到比罗斯厉害得多,没有制度,总不能随意地对一些人抡起大棒,对另一些人就视而不见吧?"

法国老板回答得非常干脆:"凯文你不能碰,他是我的得力助手。"

遇上一个来自崇尚自由、随意国度的不喜欢条条框框的老板,康尼的上班时间制度最终只能静静地躺在抽屉里了。

## 二、与英国人的沟通

英国人不轻易与对方建立个人关系。英国人个人之间的交往比较谨慎,很难一见如故。他们不轻易相信别人,依靠别人。这种保守、传统的个性,在某种程度上反映了英国人的优越感。但是一旦与英国人建立了友谊,他们会十分珍惜,会长期信任你,在生意关系上也会十分融洽。

英国人注重身份。尽管英国是老牌的资本主义国家,但那种平等和自由更多地体现在形式上。在人们的观念中,等级制度依然存在。在社交场合中,"平民"与"贵族"仍然是不同的。例如,在英国上流社会,人们喜欢阅读的是《金融时报》,中产阶层的人阅读《每日电讯报》,而下层人则读《太阳报》或《每日镜报》。相应地,在对外交往中,英国人比较注重对方的身份、经历、业绩,而不是像美国人那样更看重对手在谈判中的表现。所以,在必要的情况下,与英国人谈判,派有较高身份、地位的人做代表有一定的积极作用。

不事先约定而直接登门拜访英国人是非常失礼之举。

英国人酷爱动物,虐待动物犯法,所以在英国碰到对方豢养猫、狗之类的宠物,"平等友好"地对待是良策,切勿表现出讨厌之情,更不可动手去打。但英国人唯独忌讳大象,所以商品包装出现"象"字及其图案，绝对是下下策。

英国人认为 7 是个能带来好运的吉利数字，而 13 则是个不吉利的数字，所以商务活动避免 13 人参加，也不要安排在 13 日。

和英国人握手不能越过两人正在握的手去和第三人握手，因为这样交叉握手被认为会带来不幸。点火时也不可连续点三支烟，应该在点完两支后重新点火再为第三人点烟，否则也会被认为会给其中某人带来不幸。

英国人最怕自己被别人称老，这一点与我国截然不同。我们可以说"老张""老何"，倒过来"张老""何老"更表尊敬之意，后者还特别适用于称呼德高望重的老前辈。这一思维定式已经无数次使国人在对外交往中遇上麻烦与尴尬。譬如，20 世纪 80 年代一批中国留学生在英国格拉斯哥举办隆重的聚会，特别邀请了大学校长的母亲。当主持人特别表示感激老夫人光临晚会而提到"老太太"时，校长大人的母亲吓得脸色刷白，夺路而逃。

英国人得到馈赠的礼品必定当面打开，无论礼轻礼重，都会热情赞美，同时表达谢意。国人出访英国，务必入乡随俗，在客人走后再细看是何物被证明是不妥当的。

慎用"聪明"(clever)一词。英国人常把它用作贬义词。如果英国人用它评论你时，你就需要自省有何不妥之处；同样，也不要随便用它来夸奖英国人，因为这可能引起误解。

英国民族个性中有保守的一面，所以不易接受新事物。譬如，英商一旦习惯了我方某种品牌的商品，如果我方对其包装稍作改进，他就可能坚决不接受。

跟英国人交往，很多人会觉得他们矜持傲慢、寡言少语，其实这只是一枚硬币的一面，国人完全可以消除这层顾虑而主动与其交往。内向而含蓄的英国人寡言少语是出于对别人的尊重，怕的是影响了别人。

作为企业经营管理人员，同英国人在商务往来中还应注意：不佩戴条纹领带；免谈政治，包括英皇室、北爱和平、日不落帝国的消亡等——天气才是最安全的话题；向英国出口商品，忌用大象、人像作商标、图案。

## 【小案例】

### 称　　呼

有一位先生为一位英国朋友定做生日蛋糕。他来到一家酒店的餐厅，对服务员说："小姐，您好，我要为一位英国朋友订一份生日蛋糕，同时打一份贺卡，你看可以吗？"

服务员接过订单一看，忙说："对不起，请问先生，您的朋友是小姐还是太太？"这位先生也不清楚这位英国朋友结婚没有，从来没有打听过，他为难地抓抓后脑勺想想说："小姐？太太？一大把岁数了，太太。"

生日蛋糕做好后，服务员按地址到酒店客房送生日蛋糕，敲门，一女子开门，服务员礼貌地说："您好，请问是怀特太太吗？"女子愣了愣，不高兴地说："错了！"服务员小姐莫名其妙，抬头看看门牌号，再回去打个电话问那位先生，没错，房间号码没错。再敲一遍，开门，说："没错，怀特太太，这是您的蛋糕。"那女子大声说："告诉您错了，这里只有怀特小姐，没有怀特太太！""啪"的一声，门被用力关上，蛋糕掉在了地上。

【点评】　在西方尤其是英国，特别是女子，很重视正确的称呼。如果搞错了，引起对方的不快,往往好事就变成了坏事。

### 三、与德国人的沟通

与德国人沟通要注重效率。德国人在世界上享有名副其实的讲究效率的声誉,他们信奉的座右铭是"马上解决",他们不喜欢对方支支吾吾,不喜欢"研究研究""考虑考虑"等拖拖拉拉的谈判语言。他们具有极为认真负责的工作态度和高效率的工作程式。德国人认为,一个谈判者是否有能力,只要看一看他经手的事情是否能得到快速有效的处理就清楚了。

与德国人沟通要准备充分。德国人的沟通方式比较特别,他们的准备工作往往做得十分充分,希望一切都尽量达到完美无缺。这与他们的民族性格是相符的。对于如何交易、谈判的实质问题、中心议题以及要达到一个什么样的目标,德国人都会详细考虑,并拟订出一份完备的计划表,在谈判过程中按照这份计划表一步步地去实现。

与德国人沟通要重合同、守信用。德国人很善于商业谈判,他们的讨价还价与其说是为了争取更多利益,不如说是工作认真,一丝不苟。他们严守合同信用,认真研究和推敲合同中的每一句话和各项具体条款。一旦达成协定,很少出现毁约行为,所以合同履约率很高,在国际贸易中有着良好的信誉。

【小贴士】

谈　　判

马丁内斯建筑公司是西班牙东部一家不错的建筑公司。最近,公司合同订单量下滑,表明公司需要从本地市场向国际市场扩张。经过研究和商讨,公司主席迭戈·马丁内斯(也就是该公司创建人的儿子)认为最好的办法是收购名为THA的德国公司的一家分公司。迭戈选定了公司在巴塞罗那分公司的经理——胡安·桑切斯代表公司去同THA谈判。和胡安·桑切斯同行的还有迭戈的侄子,这次收购项目的经理米鲁尔·马丁内斯。

从踏入德国开始,胡安·桑切斯就感到和德国人打交道有些困难。THA公司的代表总让他感觉到压力。德国人只讲生意,他们根本不花时间来私下了解一下胡安·桑切斯,他们做生意的主要方式就是速战速决。

第一次会谈安排在9:00,胡安·桑切斯和米鲁尔·马丁内斯9:15到达会谈地点。胡安·桑切斯注意到THA公司的代表海尔格·施密特似乎在他们到来的时候有些恼火,她甚至连杯咖啡都没有准备。胡安·桑切斯不知道是什么让她不满。

当胡安·桑切斯提议上午先参观一下城市,而不是立刻开始谈判时,德国人提醒他马上着手商讨收购事宜的必要性。虽然胡安·桑切斯有些不悦,但他还是同意开始谈判。

德国人把建议书交给胡安·桑切斯。令胡安·桑切斯大吃一惊的是,合同中已经包括了所有的细节,但THA公司甚至连马丁内斯建筑公司的财务情况和在莱比锡(德国城市)的地位都还没有进行调查确认。胡安·桑切斯希望先签署一些灵活的协议,因为现在还不能确定以后合作中的一些问题。难道德国人不明白这些吗?如果THA

公司完全值得信任,还要这种合同做什么?他把自己关于这个问题的想法明确地告诉了德国人。

胡安·桑切斯的情绪波动显然让海尔格·施密特不大舒服。但是,她明白他的想法,也决定让步,先签一个阶段性的合同。胡安·桑切斯对此感到比较满意。但最初的合同没有详细的技术细节让德国人颇感不适。

之后的谈判比较顺利。最后的合同约定:两年后双方会再次审查初始价格,并根据关于此公司真正价值的更新、更可靠的数据来对价格进行重新计算。虽然谈判出现了一些问题,但德国人有一点令胡安·桑切斯印象深刻,那就是谈判的组织。每当出现问题时,海尔格·施密特总知道该找谁解决。她知道哪些表格、报告应该送到THA公司的哪个部门。而另一方面,海尔格·施密特对胡安·桑切斯的散漫很不习惯,但同时很赞赏他的诚恳和务实。

【问题】 与德国人应该怎样沟通?

## 四、与美国人的沟通

同美国人交往,赴约准时至关重要,早到要在门外等,晚到要说明原因并致歉。有些国家的人故意迟到以显示自己身份的做法,在美国绝对行不通。

美国人讲究实际,注重利益。美国人做生意时更多考虑的是生意所能带来的实际利益,而不是生意人之间的私人交情。美国人谈生意就是直接谈生意,不注意在洽商中培养双方的友谊和感情,而且还力图把生意和友谊清楚地分开,所以显得比较生硬。美国人一旦签订了合同,就非常重视合同的法律性,合同履约率较高。在他们看来,如果签订合同不能履约,那么就要严格按照合同的违约条款支付赔偿金和违约金,没有再协商的余地。所以,他们也十分注重违约条款的洽商与执行。

美国是世界强国,美国人自信心很强,所以在谈判桌上往往会比较强势,常会使得谈判气氛紧张。在美国人面前过分谦虚往往只能招致对方怀疑自己水平、能力、实力不够,所以不能让谦虚这一传统美德成为我们被美国人小觑的原因。

在我国男尊女卑的封建意识还有相当的市场,而美国人生而平等的观念深入人心,在交往中稍不注意,就会引起冲突。

与国内不同,在美国小费盛行。多数服务行业的工作人员靠小费谋生,因为工资很低。向侍者支付一定数量的小费,既是对其劳动的尊重,也是有教养的体现。

美国人性格外向,他们的喜怒哀乐大多通过言行举止表现出来。在谈判中,他们精力充沛、热情洋溢,不论是陈述己方观点,还是表明对对方的立场、态度,都比较直接坦率。如果对方提出的建议他们不能接受,也能毫不隐讳地直言相告。美国人常对中国人在谈判中的迂回曲折、兜圈子感到莫名其妙。对于中国人在谈判中用微妙的暗示来提出实质性的要求,美国人感到十分不习惯。

美国人比较温和、直率,结交很容易。首次见面可称"先生""夫人""女士""小姐"之类,认识之后一般就可直呼其名,也不管其地位、职称、年龄的高低,有的美国人还会主动要求用昵称。如果我们套用国内的"王总""李主任""老张"之类的称法,美国人可能会认为你不愿意同他建立友谊。

跟美国人一起用餐，千万别浪费食物。在国内我们浪费食物的现象很严重——学校的食堂是最明显的证据，而美国人对此非常反感。

在国内问别人年龄、收入、婚姻等往往是表示关心；在美国这些都是个人隐私，故回避为上策。

跟东方人交往，一般要注意建立长期的相互信任的个人间关系，若同美国人交往也如此，美国人会认为你的产品技术等有问题，是在试图通过拉拢关系做成生意，所以不必追求建立很密切的私人关系，还是公事公办为妙。

【小案例】

### 美国上司

美国上司汤姆打电话给中国下属李延："今天10:30我有时间，请你到我的办公室来！我给你半个小时谈加薪的问题。"

10:25，李延来到了汤姆的办公室，敲门进去，汤姆正在打电话。汤姆在10:30挂掉电话。

汤姆说："我让你10:30来的，你来早了。"

李延心想："我早来5分钟是表示我的礼貌。"

李延在谈加薪问题前汇报了10分钟的工作。在他还准备多讲5分钟的时候，汤姆打断了他："今天是来谈加薪的，你汇报的工作与加薪有关吗？无关请别说了。"

李延心想："这不是顺便吗？这样也避免了一来就谈钱啊！"

11:00的时候，汤姆结束了谈话："今天加薪的问题没有谈完，只能后面再找时间，你打乱了我的工作时间安排，我很不高兴。"

李延心想："我才不高兴呢，这么没有人情味。"

## 五、与日本人的沟通

世界上多数国家流行握手礼仪，但在日本，如果一见到日本人就紧握其手行见面礼，却会使日本人在生理上产生厌恶感。日本人更希望外国人如同自己行鞠躬之礼，但弯腰深浅有讲究，男女亦有别。鞠躬时男士双手下垂紧贴两腿，女士则一只手压着另一只手下垂置身前。

一般认为，以下三个要素有助于获得日本人的尊敬：地位、年龄和英语。中国人出差去日本，如果在本国公司已有较高的地位，则办事会较顺利；如果出访人员级别过低，则往往受不到重视。日本是个尊老的社会，年长者受到尊敬，出访人员的年龄也能帮上大忙，年龄过轻会给日本人"办事不牢"的感觉。另外，一口流利的英语会使日本人对你刮目相看，因为日本人的英语普遍相当差，他们对英语水平高的人肃然起敬。

日本社会等级森严，如果一群人在一起交换名片，应让职务高的人先交换。交换时应说出对方名字，加上"先生"，千万不可接到名片后直接塞入口袋——这意味着你认为对方很不重要。接名片时应鞠躬，接到后看内容时再需鞠躬。西方人一般在会谈结束时交换名片，日本人则在会谈之始。如果交换名片之后，后来再次同该日本人见面，却忘了其姓名，日本人会认为这是一种侮辱。送礼也要根据职务高低将礼品分成不同等级，如果常务董事与董事收到同样的礼物，那么前者觉得是对他的侮辱，而后者则会觉得尴尬不已。

日本人颇以自己的烹饪术为自豪。同日本人吃饭，如果能从色香味的角度表示欣赏之意，日本人会对你产生大大的好感；如果喜欢上生鱼片、四喜饭之类的典型日本饭菜，则非常有利于搞好宾主关系。

日本人聚会喜欢唱歌，中国人参加聚会可大胆助兴表演，绝不会有因走调而被耻笑之虞；相反，置身事外，反而很不合适。另外，日本人的笑未必是表示快乐。譬如，一位日本女侍在你面前不小心打碎了一个杯子，她会一直对你笑——这表示她不好意思。

日本人最爱面子。中国人如果做了有损其面子的事，或者说了不该说的话，甚至因不满而斥责日本人，那就无异于彻底断交。

性别角色在日本社会很重要。如果中国人出差去日本当着其夫人的面谈生意，则会使日本人尴尬；日本人来中国，如果中国女经理出面迎接会谈，则会使日本人不知如何是好。明智的做法是派级别相当的男性代表出席一切活动。

跟日商交往，重在建立一种长期的信赖关系，就事论事、操之过急则会得不偿失——真诚友好的关系远胜过单笔交易。

中国人对外谈判时，为了确保生意成功，往往喜欢先略做让步，以表诚意跟日本人交往，这一定会事与愿违，因为在日本人眼中，首先做让步既是弱者，也无诚意。所以如果有必要让步，那也一定要使日本人做相应的让步。这种针锋相对近乎固执的谈判策略，反而能赢得日本人的尊重。

日本人远不像欧美人那样对待合同严肃认真，他可能会经常对已实现的协议要求重新商谈。所以合同签好并不意味着大功告成，中国商人要努力适应这种风格才不至于造成僵局。起草合同也应竭力用通俗易懂的语言，因为法律术语只能招致日本人的讨厌及猜疑。谈判时带上律师更是绝对应避免的事。

## 【小案例】

### "我们不明白"

日本航空公司决定从美国波音公司引进十架新型波音客机，指定常务董事任领队，财务经理为主谈，技术部经理为助谈，组成谈判小组，负责购买事宜。日航代表团飞抵美国后，第二天波音公司便安排会谈。

第二天，三位日本绅士面带倦容地走进会议室。波音方主谈把客人的疲倦视为可乘之机，迅速进入谈判介绍阶段。从9:00—11:30，铺天盖地地向日本代表展示了图表、数据、计算机图案、辅助资料、航行画面等。

介绍结束后，波音公司的谈判代表自负地拉开窗帘，充满期待地望着对方问道："你们认为如何？"三个日本客人不为所动地笑笑说："我们不明白。"波音公司的领队大惑不解地问："你们不明白？这是什么意思？你们不明白什么？"三个日本代表歉意地要求他们重新讲一遍。波音公司的领队非常泄气，却又无可奈何。波音公司的谈判代表重复那两个半小时的介绍时，已经失去了最初的热忱和信心，不时地为这种莫名其妙的挫折而烦躁。

在接下来的谈判中，日本人显得很迟钝，让波音公司的人觉得，早已准备好的论点、论据和推理用在愚笨的日本人身上是没有用的，精心选择的说服策略也无用武之地。第二天的谈判后，波音公司也没有组织一些招待或娱乐活动。连日来，波音公司已经被搅得烦躁不安，实在担心再遇上纠缠不清的问题，只想尽快结束这种与笨人打交道的灾难，于是直截了当地问对方："我们的飞机性能是最佳的，报价也是合情合理的，你们有什么异议吗？"这个时候，日方代表便抓住时机，把价格压得很低，最后以日方提出的价格成交。

# 案例讨论

### 1. 伊朗"办公室的故事"

2009年，中国某公司（以下简称A公司）为在伊朗开展业务，于当地成立分公司。分公司共聘用了15名伊朗员工，派遣了李经理去主持工作。"伊朗办公室"正式运营，在这里也发生了一个又一个小故事。

分公司总经理李经理原为国内公司的中层领导，具有多年的带队经验，工作作风过硬，决策果断，言出必行，深受领导赏识。李经理第一次到海外工作，上任后即着手规章建制、招聘人员，公司很快运作起来。15名伊朗员工供职于不同部门，他们均具有良好的教育背景，且都是第一次到中资公司工作。其中，3名员工具有在西方公司工作的经历。

故事1：玛利亚姆的丈夫是伊朗政府部门工作人员，相对其他伊朗员工，玛利亚姆较为保守、着装传统，尤其是头巾戴得特别正规。入职第二天，她的丈夫随其来到办公室，查看办公室的布置环境以及玛利亚姆的同事，尤其是关注男同事们是否穿着整齐、言行文明。另外，他对男女员工是否在独立的办公室办公、相互的距离是否合适等颇为在意。考察后感到比较满意，便放心地让妻子在这里工作。

故事2：伊朗分公司的午餐时间，一般都是中方员工坐在一起、伊朗员工坐在一起。中方员工吃饭时欢声笑语，大家谈论最多的话题往往是伊朗员工，认为对方不懂中文，听不懂谈话内容，没有任何回避，且总是提到伊朗员工的名字。在旁就餐的伊朗员工每每听到这些名字，明白中方员工在谈论自己，但又不知详情，心里会感到很不舒服。

故事3：利扎是伊朗分公司的行政部工作人员，主要负责办公用品的采购及其他日常行政管理工作。伊朗分公司最初没有专用车，员工外出办事均是打出租车，并凭车票到财务管理部报销。中方财务人员在审核他的票据时，每次都会以怀疑的口吻说："怎么这么多票？"利扎每次都要一一进行解释，深感自己不被信任，人格受到了"侮辱"，随后辞职。

故事4：一天，HSE部工作的罗亚因母亲病故而告假。李经理闻后，立刻指示行政部经理联系罗亚，询问其母亲下葬时间，并让罗亚放下工作，全心处理母亲的丧事。罗亚母亲下葬当天，分公司派车辆帮忙接送亲人，李经理则带所有员工到达，慰问罗亚的亲人，并为罗亚母亲送上花圈。葬礼进行顺利，罗亚的亲友们对李经理等人非常感谢，认为中国人注重情意,讲究礼节。罗亚事后一直将此事当作公司和同事对他的巨大帮助,工作十分敬业。

故事5:伊朗分公司办公基地建设初期,因中方人员刚到伊朗,人生地不熟,负责装修的承包商及其家人热心帮助选家具、买东西、处理琐碎事务,极大地提高了工作效率。李经理很是感动,并赠送了从国内带来的礼物,再三表示感谢。可是没过两天,承包商拿来了账单,索要服务费用。李经理感到很不悦,觉得本是人情帮忙,怎么突然成了交易?

【思考题】
(1) 伊朗"办公室的故事"折射出了哪些文化元素和文化理念?
(2) 李经理的跨文化沟通理念是怎样的?
(3) 李经理应在哪些方面加强做好跨文化沟通工作?

**2. 沉默**

玛莎:"谈判进行得怎样?"
珍妮特:"不是很好,我们处于下风。"
玛莎:"出什么事了?"
珍妮特:"哎,我提了我方的起价,山田先生什么也没说。"
玛莎:"什么也没说?"
珍妮特:"他就坐在那里,看上去很严肃的样子。所以,我就把价格放低了。"
玛莎:"后来呢?"
珍妮特:"他还是没说话。但是有点惊讶的样子。所以我就把我方的价格降到了底线,在等他的反应。我已经不能再降了。"
玛莎:"他怎么说?"
珍妮特:"他沉默了一会儿,就答应了。"
玛莎:"我们最后还是成交了。你应该开心才是。"
珍妮特:"我也这样想的。但后来我得知山田先生认为我们的起价太优惠了。"

很明显,美国人与日本人对"沉默"的理解非常不同。美国人害怕沉默,如果沉默,会感到是对方不满意、不高兴的表现,而不是在深思熟虑。所以当山田先生不说话时,珍妮特就担心他嫌价格太高而不肯答应成交。因为想做成生意,珍妮特就一个劲地主动降价。美国人对沉默的不可忍受恐怕是世界之最,平时不管是上课、开会,还是一起出去午餐,总是说个不停,所有的时间都用言辞填满。如果偶尔出现大家都不作声的场面,很快就会有人"冲"进来填补这个空白,否则会让大家产生尴尬的感觉。在这里,山田先生无意间用沉默获得了有利于自己的交易,令人拍案叫绝。

【思考题】
(1) 在跨文化沟通中,不同的文化背景对沟通会产生什么样的影响?
(2) 本案例对你有何启示?

## 实 训 项 目

**1. 文化风俗小测验**

（1）在日本，喝汤时发出很大的吮吸声会被认为是喜欢这种汤的表现。

（2）在拉丁美洲，管理者一般会雇用自己家族的成员。

（3）在印度，进食时恰当的举止是取食物和吃都只用右手。

（4）美国的管理者对下属的绩效评估是以其下属的工作表现为基础的；而在伊朗，管理者则对下属进行友情基础上的绩效评估。

（5）在西欧，当送礼送花时，不要送菊花和马蹄莲。

（6）德国办公室和家里的门通常紧闭着，是为了保护隐私和个人空间。

（7）在印度，当一个出租车司机左右摇头时，他的意思可能是他会带你去你要去的地方。

（8）作为对一个西班牙员工工作出色的奖励，最好不要当众赞扬他（她）。

（9）在法国，朋友间相互交谈时比美国人站得距离近。

正确答案：（1）√ （2）√ （3）√ （4）√ （5）√ （6）√ （7）√ （8）√ （9）√

**2. 认识跨文化沟通**

（1）上网查询"跨文化沟通"的相关理论知识，进一步学习和领悟什么是跨文化沟通以及沟通和文化的关系。通过自我反省和对照，发现自己在跨文化沟通方面的优势和不足，分析存在的主要障碍，有针对性地提出改善措施。

（2）上网查询"跨文化沟通"的资料，收集相关跨文化沟通成功和失败的案例，总结其经验和教训，从而认识跨文化沟通的内涵和重要意义。

## 课 后 练 习

1. 何谓跨文化沟通？
2. 跨文化沟通的障碍有哪些？
3. 如何克服跨文化沟通障碍？
4. 试述不同地域或国家的文化习惯对跨文化沟通的影响。
5. 以某国为例，谈谈其风俗习惯及其对跨文化沟通的影响。
6. 比较一下不同文化对老年人的不同态度及其对跨文化沟通的影响。
7. 请你身边在我国的外国人谈谈中国文化中哪些习俗最使他们认同，哪些最不认同，说明原因，并请他谈谈自身的文化特征。

# 参考文献

[1] 刘桂华,王琳.大学生实用口才训练教程[M].北京:人民邮电出版社,2018.
[2] 张荷英.人际关系与公共礼仪[M].北京:首都经济贸易大学出版社,2018.
[3] 周朝霞.人际关系与公共礼仪[M].杭州:浙江大学出版社,2018.
[4] 高琳.人际沟通与礼仪[M].北京:人民邮电出版社,2017.
[5] 徐飚.沟通技巧[M].北京:电子工业出版社,2017.
[6] 龙璇.人际关系与沟通技巧[M].北京:人民邮电出版社,2016.
[7] 蒋红梅,张晶,罗纯.演讲与口才实训教程[M].3版.北京:清华大学出版社,2016.
[8] 刘丽萍,于艳丽.社交礼仪与管理技巧[M].天津:天津大学出版社,2016.
[9] 刘淑娥.演讲与口才[M].北京:首都经济贸易大学出版社,2016.
[10] 梁辉.有效沟通实务[M].北京:中国人民大学出版社,2015.
[11] 谢红霞.沟通技巧[M].2版.北京:中国人民大学出版社,2015.
[12] 吕淑梅.管理沟通技巧[M].大连:东北财经大学出版社,2015.
[13] 周璇璇,张彦.人际沟通[M].厦门:厦门大学出版社,2015.
[14] 王建民.管理沟通理论与实务[M].北京:中国人民大学出版社,2015.
[15] 龙小语.从零开始学演讲[M].上海:立信会计出版社,2015.
[16] 史钟锋,张传洲.演讲与口才实训[M].南京:东南大学出版社,2015.
[17] 陶莉.职场口才技能实训[M].北京:中国人民大学出版社,2015.
[18] 张波.口才与交际[M].2版.北京:机械工业出版社,2015.
[19] 张月霞,唐邈芳.秘书沟通实务[M].北京:高等教育出版社,2015.
[20] 邹晓春.沟通能力培训全集[M].北京:人民邮电出版社,2014.
[21] 赵京立.演讲与沟通实训[M].2版.北京:高等教育出版社,2014.
[22] 王瑞永.管理沟通——理论、工具、测评、案例[M].北京:化学工业出版社,2014.
[23] 张昊民,马君.管理沟通[M].上海:上海财经大学出版社,2014.
[24] 崔晓文.人际沟通与社交礼仪[M].北京:清华大学出版社,2014.
[25] 李元授.人际沟通训练[M].武汉:华中科技大学出版社,2014.
[26] 李元授.演讲与口才[M].3版.武汉:华中科技大学出版社,2014.
[27] 刘凤芹.沟通能力训练[M].北京:科学出版社,2014.
[28] 刘恋.沟通技巧[M].西安:西安电子科技大学出版社,2014.
[29] 王晶.口才训练实用教程[M].北京:清华大学出版社,2014.
[30] 徐静,陶莉.有效沟通技能实训[M].北京:中国人民大学出版社,2014.
[31] 袁红兰.演讲与口才[M].北京:航空工业出版社,2014.
[32] 许利平.职业口才训练教程[M].北京:北京交通大学出版社,2007.
[33] 孙健敏,徐世勇.管理沟通[M].北京:清华大学出版社,2006.
[34] 金常德.学生社交口才实践教程[M].北京:北京大学出版社,2013.
[35] 毛锦华,周晓.商务沟通与礼仪实务教程[M].北京:电子工业出版社,2013.
[36] 许玲.人际沟通与交流[M].3版.北京:清华大学出版社,2013.
[37] 杨利平,艾艳红.实用口才训练教程[M].长沙:湖南人民出版社,2013.
[38] 张珺.实用口才[M].南京:南京大学出版社,2013.

[39] 杜慕群.管理沟通案例[M].北京：清华大学出版社,2013.
[40] 王振翼.商务谈判与沟通技巧[M].大连：东北财经大学出版社,2012.
[41] 杨丽彬.沟通技巧[M].北京：机械工业出版社,2012.
[42] 宋倩华.沟通技巧[M].北京：机械工业出版社,2012.
[43] 傅春丹.演讲与口才案例教程[M].北京：中国水利电力出版社,2011.
[44] 张建宏.社交礼仪与沟通技巧[M].北京：国防工业出版社,2011.
[45] 彭于寿.商务沟通[M].北京：北京大学出版社,2011.
[46] 屈海英.新编演讲与口才[M].杭州：浙江大学出版社,2011.
[47] 汪彤彤.商务口才实用教程[M].北京：中国人民大学出版社,2011.
[48] 丁宁.管理沟通[M].北京：清华大学出版社,2011.
[49] 刘晖,等.管理沟通[M].北京：机械工业出版社,2011.
[50] 许罗丹,林蓉蓉.管理沟通[M].北京：机械工业出版社,2011.
[51] 谢玉华,李亚伯.管理沟通[M].大连：东北财经大学出版社,2010.
[52] 张秋筠.商务沟通技巧[M].北京：对外经济贸易大学出版社,2010.
[53] 郭文臣.管理沟通[M].北京：清华大学出版社,2010.
[54] 卢海燕.演讲与口才实训[M].大连：大连理工大学出版社,2009.
[55] 张文光.人际关系与沟通[M].北京：机械工业出版社,2009.
[56] 黄琳.有效沟通：王牌沟通大师的制胜秘诀[M].北京：中国华侨出版社,2008.
[57] 惠亚爱.沟通技巧[M].北京：人民邮电出版社,2008.
[58] 明卫红.沟通技能训练[M].北京：机械工业出版社,2008.
[59] 莫林虎.商务交流[M].北京：中国人民大学出版社,2008.
[60] 穆子青.最受欢迎的说话方式[M].北京：海潮出版社,2008.
[61] 徐丽君,明卫红.秘书沟通技能训练[M].北京：科学出版社,2008.
[62] 许爱玉.魅力来自沟通[M].杭州：浙江大学出版社,2008.
[63] 周璇璇.实用社交口才[M].北京：北京大学出版社,2008.
[64] 陈秀泉.实用情境口才——口才与沟通训练[M].北京：科学出版社,2007.
[65] 刘维娅.口才与演讲教程[M].武汉：华中师范大学出版社,2007.
[66] 王伟峰.能说会道：最实用说话技巧全集[M].重庆：重庆出版集团,2007.
[67] 徐卫卫.大学生交际口语[M].杭州：浙江大学出版社,2007.